本书获贵州大学学术出版基金项目资助出版

印度尼西亚民族学/人类学叙事

唐 欢◎著

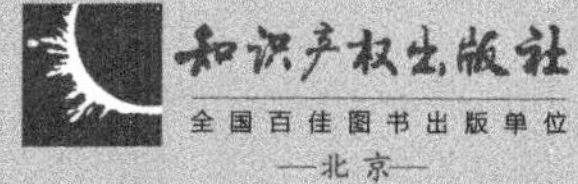

图书在版编目（CIP）数据

印度尼西亚民族学/人类学叙事 / 唐欢著. — 北京 :知识产权出版社, 2023.11
ISBN 978-7-5130-8875-6

Ⅰ. ①印… Ⅱ. ①唐… Ⅲ. ①民族人类学—研究—印度尼西亚 Ⅳ. ①K342.8

中国国家版本馆CIP数据核字（2023）第162468号

内容提要

本书基于人类命运共同体全球治理视角，采用民族学、人类学理论方法，通过文献分析、田野观察和访谈，呈现印尼民族学/人类学研究在不同时代的学科发展和研究范式演进轨迹，旨在探讨印尼的学科知识生产机制与国家社会发展治理的关联，最后参照印尼学科成果和现实需求，提出加强中国—印尼学术合作建议。

本书适合高校民族学、人类学、区域国别学专家学者与学生，以及对印尼民族文化感兴趣的各界人士阅读。

责任编辑： 王　辉　　　　**责任印制：** 孙婷婷

印度尼西亚民族学/人类学叙事

YINDUNIXIYA MINZUXUE /RENLEIXUE XUSHI

唐　欢　著

出版发行：	知识产权出版社有限责任公司	**网　　址：**	http:// www. ipph. cn
电　　话：	010—82004826		http:// www. laichushu. com
社　　址：	北京市海淀区气象路50号院	**邮　　编：**	100081
责编电话：	010—82000860转8381	**责编邮箱：**	laichushu@cnipr.com
发行电话：	010—82000860转8101	**发行传真：**	010—82000893
印　　刷：	北京中献拓方科技发展有限公司	**经　　销：**	新华书店、各大网上书店及相关专业书店
开　　本：	720mm×1000mm　1/16	**印　　张：**	12.75
版　　次：	2023年11月第1版	**印　　次：**	2023年11月第1次印刷
字　　数：	200千字	**定　　价：**	78.00元

ISBN 978-7-5130-8875-6

前　　言

本书基于人类命运共同体全球治理视角，采用民族学、人类学的理论与方法，通过文献分析、田野观察和访谈，呈现印度尼西亚（以下简称“印尼”）民族学/人类学研究在不同时代的学科发展和研究范式演进轨迹，旨在探讨印尼的学科知识生产机制与国家社会发展治理的关联，最后参照印尼学科成果和现实需求，提出加强中国—印尼学术合作建议。

本书由六章构成。

第一章“导论”，陈述选题缘由与问题意识，基于前人研究成果梳理确立本书研究的框架。

第二章“印尼概述”，依据考古、历史、地理等文献资料，揭示印尼民族文化多样性的形成过程与现状。知识是社会生活的产物，印尼民族学/人类学学科知识生产源于其社会现实，即与印尼独特的历史情境、民族文化心理、时代精神、文化制度、权力结构等社会生活文化息息相关。因此，本书首先概述印尼的地理、生态、人口、政治、经济、社会、民族、语言、宗教的形成与现状，为理解学科研究与国家发展治理的关联奠定基础。

第三章“印尼学科传统”，以时间为轴，了解印尼民族学/人类学学科整体概况。论述外国学者在印尼的民族学、人类学研究，印尼本土学科创建过程，学科现状及学术发展中的整体成就。首先，梳理他者（主要是英国、荷兰、美国）在印尼的民族学、人类学研究的选题及一些研究成果，这些研究成果是印尼后期民族学/人类学研究重要的参考。其次，论述印尼本土民族学/人类学学科的建立。这里所使用的“本土”概念，指由印尼人所进行的民族学/人类学的教学与研究。荷兰高校及其在印尼建立的高等院校对印尼青年的相关教育，促使了印尼本土民族学/人类学的萌芽。但民族学/人类学的殖民性质，也导致印尼独立建国后对民族学/人类学学科的质疑与批判。最终印尼第一个人类学系1957年在印度尼西亚大学文化科学学院建立，各地方高等院校也逐渐建立相关专业。最后，简单描述印尼民族学/人类学专业与非专业人才的培养、相关机构的建立，以及学科发展与教学的成果。

第四章“印尼学科研究与范式”，从国家社会的“问题意识”维度呈现印尼民族学/人类学在不同时期社会背景下知识生产的成果，总结其研究范式的演进。笔者将之分为国家初建、“新秩序”、后“新秩序”三个时期。第一个时期从印尼民族学/人类学学科初建到苏哈托“新秩序”时期之前，这个时期的国家精神是“治理”，印尼民族学/人类学多为社会、经济、文化生活认知性的初级研究；第二个时期是苏哈托的“新秩序”时期，该时期的国家精神是“发展”，政府严格控制学术与言论自由，印尼民族学/人类学偏向发展与应用性研究，自上而下推广国家政府的发展项目；第三个时期为后“新秩序”时期，即 1998 年苏哈托下台后哈比比上台，进行民主改革运动，印尼国家精神从“发展”回归“赋权”与“服务”，印尼民族学/人类学重新反思自身角色，更多开展自下而上的研究，更多参与地方政府、企业、非政府机构等的项目，偏向实用主义。

第五章“新兴国家学科知识生产”，总结印尼民族学/人类学知识生产的机制，结合印尼与东南亚、南亚区域民族学、人类学知识生产及其规律特色，对照反思我国学术研究，包括对欧美学科传统的承袭、应用研究的注重，以及学科本土化的努力，作为展望中国与印尼知识互鉴的结论基础。印尼的民族学/人类学知识生产植根于印尼本土民族文化多样性和学术传统，也深受国家政治权势、经济资源配置和国际博弈格局制约，但印尼民族学/人类学家也表现出了较强的主体能动性。学者们在新兴国家曲折的政治进程中，已然形成彰显地方特性的“文化”与重视经济社会发展的“社会”两个学派。20 世纪 90 年代以来，印尼政治借助国际局势走向开放，学界趁机与时俱进，借鉴欧美后现代转型成果。政学两界认定民族文化多样性是国家发展的财富资源而非负担，共同致力完善包括地方自治在内的各类制度建设，在“求同存异”中营造出维持国家团结统一的新格局。这种趋势，与我国的经验可以相互印证。

第六章“结论：中国—印尼知识互鉴”。首先，总结印尼民族学/人类学学科知识生产的特色及其与国家发展治理的关联。印尼民族学/人类学研究偏向发展应用,凸显地域特色,但因体制局限而缺乏理论创新。其次,探索中国—印尼学术互鉴的潜力领域,包括文化知识的取长补短和多元一体的政治智慧。最后,提出我国海外民族研究的问题意识与语言自觉的思考。

目　录

第一章 导 论

第一节 选题与意义

一、选题缘由

笔者本科和研究生阶段攻读社会学，对发展中国家边疆农村产生研究兴趣。2016年，笔者考入中央民族大学成为世界民族研究专业的博士研究生，又希望扩展视野，理解世界各地各民族的社会文化。阅读文献时，笔者看到中外前辈学者写出诸多民族志经典，呈现的地方民族知识极为丰富但仍美中不足，即反映第三世界区域国家民族学、人类学知识生产进程的学科史著作仍然少见，邻近我国的东南亚各国更是如此。现在我国要推动“一带一路”合作与构建“人类命运共同体”，这部分缺憾亟待弥补。

2016年9月，印尼加查马达大学[1]文化科学学院人类学系普若·瑟穆迪（Pujo Semedi）和历史系班邦·波万多（Bambang Purwanto）两位教授来访中央民族大学世界民族研究中心。他们对中国与印尼学界同行交流欠缺深有憾意。笔者单位当时正与国家留学基金管理委员会合作推进“创新型人才国际合作培养项目”，且与印尼加查马达大学建有博士生联合培养项目。导师建议笔者选择印尼民族学/人类学史作为学位论文选题，借此窗口洞察东南亚各国民族文化知识生产机制并与我国比较，增强发展中国家学界认同和创新自信。笔者的硕士论文本与东南亚文化有关，因而愿意推进印尼民族学/人类学[2]的学科知识生产与国家社会发展治理关联的选题。印尼两位教授听到笔者诉求由衷高兴，鼓励笔者争取

[1] 加查马达大学印尼语为“Universitas Gadjah Mada”，位于印度尼西亚日惹特别行政区。

[2] 因印尼的民族学与人类学实为同一学科，只有年代的区别，因此用“印尼民族学/人类学”称谓；其他的用“民族学、人类学”称谓。

访学。他们院系愿作接待单位且两位教授愿作笔者田野导师。中央民族大学的领导和老师对此也全力支持。

二、问题意识

本书取题“印度尼西亚民族学/人类学叙事”,基于如下三个问题意识。

一是在学界提出复数“世界人类学群”(World Anthropologies)的时代背景下,包括印尼在内的发展中国家民族学、人类学知识生产,对经济崛起走向世界的中国学科知识创新和海外民族志撰写有何启发?中国与印尼固有诸多差异但两国仍有诸多相通之处,如中国与印尼都同属亚洲国家,都曾经受到西方列强冲击,如今都要在民族文化多样性基础上构建多元一体的民族认同,两国的人文社会知识命题因而也多有相似及相互理解、相互借鉴之处。

二是尝试用民族学、人类学学术共同体的知识生产折射国家社会的发展治理。传统民族学、人类学研究村落社区以小见大,旨在用局部分析折射国家社会整体。小个案研究细节丰富,鞭辟入里,但类型单一,用于折射中国、印尼等多民族国家社会全貌则力有不逮,需要增加宏观视角以资互补。美国学界在第二次世界大战期间推出的区域研究就是一种新进路。当今我国基于“一带一路”建设支持区域国别研究,但理论方法仍须发展完善。本书尝试用民族学、人类学学术知识生产折射国家社会结构和发展治理经验,尝试提供新视角解释宏观对象。

三是揭示多民族国家社会发展治理与知识生产的关系以资借鉴。全球化时代国家社会发展治理与人文社会知识生产之间的关系,既是多民族统一国家,也是区域和全球人类命运共同体必须面对的重大问题。马克思主义原理认定学术是意识形态上层建筑,能折射区域国家政治军事、经济科技、社会文化、民族结构及发展治理需求。民族学、人类学学者运用自下而上的底边视角,折射知识—权力关系更为深刻。本书因此尝试这条选题思路。

三、选题意义

本书基于上述问题意识,用学科史方法折射印尼学科知识生产与国家发展治理的关联,概有如下意义。

一是促进发展中国家学术交流互鉴。16—17世纪的欧洲文艺复兴、宗教改革、科学革命推动地理大发现和欧洲殖民扩张，异域知识迅速积累。18世纪欧洲启蒙运动倡导理性、科学、进步，美国独立运动和法国大革命高扬自由、平等、博爱、法治旗帜，奠定了现代科学发展基础。19世纪工业革命导致国际工人运动与共产主义运动风起云涌，促进了民族学、人类学学科生成。欧美军政科技和知识霸权在支撑现代世界体系扩张的同时也导致两个后果：一是两次世界大战消解了西方文明的自信；二是苏联崛起，两极世界形成。第二次世界大战之后，西方各殖民地纷纷独立建国并抵制欧美学术。欧美学界被迫回归本土，推动社会思想解放，美国民权运动捷足先登。法国萨特等思想界前辈借鉴德国先期成果，倡导现象学、存在主义，反对本国对非洲及越南的殖民战争；列维-施特劳斯借助美洲民族志资料总结人类的共同心理结构，推出结构人类学。20世纪70年代，美国格尔茨等学者基于认知人类学先后推出阐释论、象征论、文化批评、“写文化”、多点多声道实验民族志写作，带动后现代转型，族性(Ethnicity)、社会性别(Gender)和环境论(Environmentalism)兴起。加拿大1970年参照我国经验倡导多元文化主义国策。联合国和世界银行大量引进民族学、人类学专家参与第三世界各国家发展建设项目社会影响评估。美国前总统奥巴马的母亲安·邓纳姆此时来到印尼，写成博士学位论文《困境中求生存：印度尼西亚的乡村工业》。❶

新兴国家民族学、人类学知识精英，积极研究经济发展、社会治理、文化教育振兴、构建国民文化认同，抵制殖民宗主国消极影响。20世纪90年代以来，亚太区域经济相继崛起，需要民族学、人类学界提出包容第三世界知识多样性的知识需求。巴西学者里贝罗在21世纪之初，联合全球学者提出复数的“世界人类学群”(World Anthropologies)概念，旨在缓解后殖民时代西方与非西方知识间的张力，倡导全球学术共同体相互承认区域国家学科多样性，交流借鉴学科史成果，进而在对话交流基础上重建学科共识。❷这是全球发展中国家学界面对欧美学

---

❶ 安·邓纳姆．困境中求生存：印度尼西亚的乡村工业[M]．徐鲁亚，等译．北京：民族出版社，2013.

❷“世界人类学群”(World Anthropologies)概念参见巴西古斯塔夫·林司·里贝罗．全球化人类学(Global Anthropologies)[M]．北京：知识产权出版社，2011。该书的要旨是：当今世界的民族学、人类学经过第二次世界大战后的非殖民化和后现代转型，出现了基于区域国家文明板块的“复数化”现象。日本、俄罗斯、印度、中国、墨西哥、巴西及巴尔干、阿拉伯和撒哈拉南部非洲暨南非的发展尤其值得重视。

术强权，倡导相互学习的学术自觉。在此期间，中国经济崛起，推动“一带一路”合作和人类命运共同体理念发展，更加重视与周边国家学术知识交流。

二是推动我国的“海外民族志”撰写。我国民族学、人类学早年借鉴欧美传统，争取民族解放国家统一。我国又从苏联引进马克思主义民族学，增强了全球民族志视角。但受历史文化和经济资源局限，我国民族学、人类学无力做世界民族海外民族志研究，只能长期关注本土各民族文化。时至今日，我国经济活动已经遍及世界各地，但相较于西方国家甚至日本和韩国，我国知识生产对世界影响仍然有限。当今我国经济总量位居世界第二，但包括民族学、人类学在内的学术知识文化影响力远远不能匹配，亟须通过海外民族志写作跟世界各国尤其是发展中国家互联互通提升影响力。回顾历史，我国学术前辈自20世纪40年代以来，曾经做出一次又一次“中国化”暨“本土化”努力，意在形成“中国学派”。[1]但学界对欧美以外乃至近邻的发展中国家民族学、人类学仍知之甚少。

21世纪以来，随着我国经济崛起和对海外社会文化知识需求的增加，再加上我国民族学、人类学学者对海外研究的自觉意识的增强，越来越多的中国学者加入海外研究行列。[2]北京大学高丙中教授率先推动“海外民族志”撰写，指出这是中国知识持久创新的根基。[3]麻国庆继费孝通之后倡导“学术自觉、全球意识”。[4]2013年，我国提出“一带一路”即“丝绸之路经济带”和“21世纪海上丝绸之路”倡议，旨在协同沿线国家开展双边、多边合作，实现共赢、和平发展，建立人类命运共同体。“海外民族志”越发成为中国民族学、人类学重点，以配合国际经济技术合作。

三是东南亚暨印尼知识补课。中华人民共和国成立后学术机构经过苏联版

---

❶ 杨圣敏. 中国学派的道路：“费孝通、林耀华百年诞辰纪念会暨民族学中国学派理论与方法学术研讨会”论文集[M]. 北京：中央民族大学出版社，2012；杨圣敏. 民族学百年回顾与新时期的总结[M]//王延中，祁进玉. 民族学如何进步. 北京：社会科学文献出版社，2018.

❷ 包智明. 海外民族志与中国人类学研究新常态[J]. 中央民族大学学报（哲学社会科学版），2015（4）：5-8.

❸ 高丙中. 凝视世界的意志与学术行动——海外民族志对于中国社会科学的意义[J]. 广西民族大学学报（哲学社会科学版），2009（5）：2-6；高丙中. 海外民族志——发展中国社会科学的一个路途[J]. 西北民族研究，2010（1）：20-33.

❹ 麻国庆. 中国人类学的学术自觉与全球意识[J]. 思想战线，2010（5）：1-7.

院系调整,北方陆上邻国知识连续积累较多,但对隔海相望的邻国知识积累时有中断。当今我国经济崛起推动"一带一路"建设,对东南亚各国的知识需求更为迫切,印尼作为东南亚人口最多、面积最大的国家尤为重要。我国与东南亚自古交流密切,但主流学界关注点多在华人华侨且多在陆上国家,如越南、缅甸、柬埔寨、泰国等,而不在海岛国家,如印尼、菲律宾、马来西亚等。回顾我国的东南亚学术研究,可知印尼跟我国历史渊源深厚,直到第二次世界大战后东南亚海岛国家多属西方阵营才与我国形成新的知识隔膜,以致双方学界长期听不到对方声音。眼下我国在印尼的影响力仍限于经济、外交而非学术文化。印尼虽有大量华人,但我国对印尼的社会文化影响力却远远不及欧美、中东和印度。本书拟从区域国别研究视角从学术知识生产研究入手,促进中国—印尼文化交流互鉴。

印尼是东南亚人口最多、面积最大的国家,也是我国"一带一路"重要合作伙伴。2013年,习近平主席到访印尼,发表《携手建设中国—东盟命运共同体》演讲,揭示中国—印尼合作前景,印尼雅万高铁投资建设,就是两国合作标志性的成果。2018年,亚太经济合作组织在巴布亚新几内亚召开会议,我国与印尼成为全面战略合作伙伴,签署了"一带一路"和"全球海洋支点"建设备忘录。我国关注印尼有诸多理由:其一,印尼苏门答腊岛就在扼制太平洋与印度洋十字路口交通咽喉的马六甲海峡的南岸;其二,印尼是世界人口排名第四的国家,是亚洲"四小虎"之首;其三,印尼是全球唯一的万岛之国,有着上千个种群、亚种群和数千种语言、方言,治理难度堪称全球之冠;[1]其四,印尼曾先后被佛教、印度教主导,后经欧洲荷兰殖民350年,是全球穆斯林人口最多的国家。独特的社会与文化复杂性,使印尼成为民族学、人类学研究的天堂。

梳理印尼民族学/人类学学科史主要有如下意义。

其一是丰富我国民族学、人类学学界知识,增强学术创新自觉。这项研究基于中国视角展开并涉及中外学科史比较,旨在突破知识局限,发挥他山之石的攻玉作用,反思促进我国学术发展。

其二是透过民族学、人类学学科知识反映印尼社会文化现实需求。印尼作为新兴独立国家,不仅地缘位置特殊,而且由诸多古代文明邦国组成,文化生态与民族文化多样性根基深厚繁复,厘清印尼民族学/人类学学科史与国家社会发

[1] 史蒂文·德拉克雷.印度尼西亚史[M].郭子林,译.北京:商务印书馆,2014:1.

展治理的关系，有利于检验学科理论工具，促进两国全方位合作，对于我国学术知识辅助“一带一路”意义特殊。

其三是印尼国家的规模和经历，特别适合与中国等统一的多民族国家的学术知识生产和国家社会发展治理做比较研究。考察印尼学科史，不仅有助于理解印尼，也有利于理解东南亚各国乃至印度等国学界的知识话语叙事机制和意义体系，进而有利于我国理解“一带一路”沿线各国的民族宗教知识叙事、博弈机制和意义追求并参与全球治理。

第二节　文献综述

本书的文献综述，包括对中国有关东南亚的知识梳理，民族学、人类学学科史写作、知识生产、国家社会发展治理等方面的成果认知和理解阐释。

一、中国有关东南亚的知识梳理

我国汉代之后，历史见闻开始录有东南亚（旧时称为“南洋”）包括印尼的身影。[1]范晔《后汉书》最早记录下我国与爪哇古国的往来贸易。三国东吴人康泰的《吴时外国传》，东晋高僧法显的《历游天竺记传》即《佛国记》，南朝的《宋书》《梁书》《南史》，唐朝高僧义净的《大唐西域求法高僧传》和《南海寄归内法传》，南宋赵汝适的《诸蕃志》，元朝周致中的《异域志》、汪大渊的《岛夷志略》，明朝时期郑和下西洋随行人马欢的《瀛涯胜览》、费信的《星槎胜览》、巩珍的《西洋番国志》及后世张燮的《东西洋考》、魏源的《海国图志》、徐松庵的《瀛寰志略》、印尼土生华人林天佑的《三宝垄历史》等，都有相关记载。[2]

许云樵在文章《50年来的南洋研究》里，梳理了古今中外南洋研究成果。[3]他说欧美早年并无南洋区域概念，南洋资料仅见于东方学汉学领域。欧美殖民

[1] 李学民，黄昆章．印尼华侨史［M］．广州：广东高等教育出版社，2016：1-89；冯承钧．中国南洋交通史［M］．北京：商务印书馆，2011.

[2] 李学民，黄昆章．印尼华侨史［M］．广州：广东高等教育出版社，2016：1-89；冯承钧．中国南洋交通史［M］．北京：商务印书馆，2011.

[3] 许云樵．50年来的南洋研究［EB/OL］．(2015-11-12)［2019-04-16］．https://www.docin.com/p-1354649358.html.

扩张后，对南洋地区社会文化记载增多，但多限于宗主国殖民领地：英国关注马来群岛，美国关注菲律宾，荷兰关注印尼群岛等。第二次世界大战后美国崛起，东南亚才成为美国的区域研究整体目标。我国前现代南洋资料多见于地志、行记、丛钞，关注点多为历史、地理、物产，社会文化知识少见。正式的南洋研究协会与刊物均始于20世纪，南洋学会1940年创立，许云樵主编的《南洋学报》是南洋研究首份学刊，其他有何海鸣在北京创办的《侨务旬刊》，刘士木主编的《南洋研究》，还有冯承钧组建的尚志学会翻译西方汉学家的南洋研究成果。尚志学会出版的译著包括费琅的《苏门答腊古国考》，马思伯乐的《占婆史》，伯希和的《扶南考》《郑和下西洋考》。冯承钧撰有《中国南洋交通史》《南海地名》《海录注》等。[1]

"南洋"一词如今由东南亚替代，但研究机构及相关学刊仍以南洋命名，如厦门有南洋学院、厦门大学南洋研究院，期刊有《南洋资料译丛》《南洋研究》等，东南亚及东盟研究皆在其名下。我国现代东南亚区域人文社会研究仍侧重历史、考古及华人华侨，包括林惠祥编译的《婆罗洲民族志》《苏门答腊民族志》等。简言之，我国已有的东南亚及印尼社会文化研究仍然薄弱，需要用"海外民族志"方法加以强化。

二、学科史梗概

（一）学科称谓

民族学（Ethnology）源于希腊文ethnos（族）+logia（科学），意为"族类之学"。[2]人类学（Anthropology）源于希腊文anthropos（人）+logia（科学），意为"人类之学"。[3]国内理解"人类"涵盖"族类"，但以人是社会文化动物且以群分而言，族类乃研究人伦、人道、人心、人性及群体规范的实体单位。民族学、人类学不同称谓源于欧美学术体制差别。欧洲大陆国家早期多用民族学研究社会文化，用人

---

❶ 许云樵．50年来的南洋研究[EB/OL]．(2015-11-12)[2019-04-16]．https://www.docin.com/p-1354649358.html.

❷ 黄淑娉，龚佩华．文化人类学理论方法研究[M]．广州：广东高等教育出版社，2013：5.

❸ 王铭铭．人类学是什么[M]．北京：北京大学出版社，2002：4.

类学研究生物领域人类进化。19世纪90年代，德裔移民学者博厄斯在美国创建“人类学”学科，他借鉴德国规范结合美洲学术需求，倡导包含体质/生物、考古/物质、语言/符号、文化制度习俗的广义民族学，后来演变成四分支的人类学学科。美国体制里的“文化人类学”有广狭两义：广义并列于体质人类学而包括考古学和语言学，相当于欧洲大陆国家对应于人类学的民族学；狭义则与四分支之一的民族学同义，侧重习俗与制度。林耀华曾在《人类学与民族学方面的中美学术文化交流》一文里明确过这种观点。[1]相比之下，带有法国社会学色彩的“社会人类学”于1922年兴起于英国，与民族学并列建系。其研究领域仍为亲属、经济、政治、宗教，相当于欧洲大陆国家狭义民族学。林耀华先生因而判定当前西方的“人类学包括体质和社会（文化）两方面，而社会人类学基本上等同于民族学”，国际人类学与民族学联合会（The International Union of Anthropological and Ethnological Sciences，即IUAES），就是两个学科名称并列的国际联合会。[2]

陈永龄、王晓义的《二十世纪前期的中国民族学》一文，总结过两个名称纠结的四个时期：民族学包括人类学时期、两者并立时期、人类学包括民族学时期、两者互为姐妹科学时期。[3]

张海洋认为民族学与人类学在中国的境遇差别源于政治生态。民族学一级学科地位基于两个原因：一是蔡元培1926年用“说民族学”引进欧陆学科传统；二是1952年全国高校院系按苏联体制调整，突出民族学并重温“社会发展史”，因而在中国社会科学院、民族类院校、多民族省区强化了欧陆体制且为各地各民族喜闻乐见。相比之下，文化人类学及社会学早年多由当时教会、私立大学如燕京、华西、岭南等从美英引进（1949—1953年院系调整结束后，原教会大学的校名全部取消或改名或与其他高校合并）。1952年全国高校院系调整时，人类学与社会学一起从主流大学消失，直到改革开放初期又与社会学一起恢复，迄今作为社会学二级学科跟民俗学并列，目前仍争取一级学科地位。[4]

黄淑娉与龚佩华在《文化人类学理论方法研究》一书中指出，人类学跟民族

---

1. 林耀华．人类学与民族学方面的中美学术文化交流［J］．社会科学辑刊，1983(1)：87-91.
2. 林耀华．创办民族学系　培养民族学人才［J］．中央民族学院学报，1983(3)：24-26.
3. 陈永龄，王晓义．二十世纪前期的中国民族学［J］．民族学研究，1981(1)：261-299.
4. 此为笔者与导师张海洋探讨整理的结果，理解或有偏差，文责自负。

学“曾经相互兼容并包，有时民族学包括人类学，有时人类学包括民族学，有时相提并论，有的地区民族学学科名称逐渐为人类学所取代”❶。杨圣敏在“中国学派的道路”“民族学如何进步：对学科发展道路的几点看法”两篇文章中指出，中国民族学与人类学学科称谓争论不在学理而在学科地位及其背后资源配置。❷马玉华在《20世纪中国人类学研究述评》一文中明言，民族学与人类学的研究主题和理论方法实无本质差异。❸何星亮因而建议“把民族学与人类学并列为一个一级学科是较符合中国实际情况的，应以‘民族学/人类学’或‘民族学·人类学’的表述方式作为一级学科的名称，其下分若干二级学科”❹。

无独有偶的是，印尼学界也有相似纷扰。印度尼西亚大学建系前随荷兰传统，将相关系科统称“民族学”。1957年始有“文化人类学”称谓，现有“社会人类学”(Antropologi Sosial)和“文化人类学”(Antropologi Budaya)两种叫法，约同于美国“文化人类学”与欧洲大陆“民族学”并存。印尼的体质、考古、语言等学科分属生物、考古、语言等院系，且与社会文化人类学关联不紧，颇似中国分别从欧美及苏联引进的两种体制。本书包括印尼学科1957年前后进程，结合我国实际情况，采用学者何星亮的折中方案，行文尽量把两个名称并列。

(二)中国学科史关注

我国学界前辈一直注重追踪学科史进展。20世纪90年代，学科史成果丰硕，多部专著和译著在我国出版。王建民的《中国民族学史》实为前驱。张丽梅、胡鸿保在《中国民族学学科史研究概述》一文中指出相关动态并详细梳理出中国民族学、人类学学科史脉路。❺其实我国所有学科概论类教材都有简明中外学科史的章节设置，这为本书开展中国—印尼学科史比较特别有利。

---

❶ 黄淑娉，龚佩华．文化人类学理论方法研究[M]．广州：广东高等教育出版社，2013：5.

❷ 王延中，祁进玉．民族学如何进步[M]．北京：社会科学文献出版社，2018：1-37；杨圣敏．中国学派的道路："费孝通、林耀华百年诞辰纪念会暨民族学中国学派理论与方法学术研讨会"论文集[M]．北京：中央民族大学出版社，2012：41-66.

❸ 马玉华．20世纪中国人类学研究述评[J]．江苏大学学报(社会科学版)，2007(6)：11-21，48.

❹ 何星亮．关于“人类学”与“民族学”的关系问题[J]．民族研究，2006(5)：41-50，108.

❺ 张丽梅，胡鸿保．中国民族学学科史研究概述[J]．北方民族大学学报(哲学社会科学版)，2011(4)：109-115.

我国对外国的民族学、人类学学科史研究多关注英、法、德、美，对其他如印度、墨西哥、巴西、印尼等国的学科史知之甚少。贾东海的《世界民族学史》，简述了“西方”之外诸多国家的学科形成与发展，但东南亚仅讲到越南而止。[1]近年我国学者到东南亚调查研究越来越多，但焦点却不在学科史知识生产，这也构成本书问题意识之一。

（三）东南亚印尼学科轨迹

我国现有的东南亚印尼民族类学科叙事多从英语转译。1992年，张继焦译有印尼人类学之父昆扎拉宁格拉特（R. M. Koentjaraningrat，本书译为科恩贾兰宁格拉特，简称“科恩”）的《印度尼西亚文化人类学的教学与研究》。[2]该文概括了印尼独立后各大学人类学系建设发展、课程设置、人员配置等情况。2012年，埃里克·汤普森（Eric C. Thompson）的文章《人类学在东南亚：民族传统与多国实践》（*Anthropology in Southeast Asian: National Traditions and Transnational Practices*），概述了印尼、马来西亚、泰国、新加坡四国的学术传统及实践，指出印尼人类学受荷兰、澳大利亚、美国影响实深，且论述印尼本土人类学多种倾向。[3]2003年，维克多·金（Victor T. King）与威廉·威尔德（Willian D. Wilder）合著的《东南亚现代人类学》（*The Modern Anthropology of South-East Asian*）指出，东南亚各国殖民时期（1900—1950年）的学术均是殖民母国附庸；后殖民时期（1950—1970年）仍受欧美传统影响；近期各国更多关注本地经济社会变迁、民族身份认同、民族主义、性别及城市生活。[4]该书将东南亚各国整体看待，分述荷、英、法、美等殖民母国学者在印尼、越南、缅甸、泰国、马来西亚、柬埔寨的实地研究，讨论了进化、传播、功能、结构、文化人格等理论方法影响，还有各国经济社会转型研究进展。康敏在《马来西亚本土人类学发展述评》一文中简述了马来西亚学术围绕社会发展、

[1] 贾东海、孙振玉．世界民族学史［M］．银川：宁夏人民出版社，1995．

[2] 昆扎拉宁格拉特，张继焦．印度尼西亚文化人类学的教学与研究［J］．民族译丛，1992(2)：43-49．

[3] ERIC C THOMPSON. Anthropology in Southeast Asia: National Traditions and Transnational Practices ［J］. Asian journal of science, 2012, 40(5-6): 664-689.

[4] VICTOR T KING, WILLIAN D WILDER. The Modern Anthropology of South-East Asian［M］. London and Newyork: RoutledgeCurzon, 2003.

族群认同、社会性别、生态保护四大主题的发展史。[1]阿南·甘加纳潘的《亚洲全球化与泰国人类学》,论述泰国人类学具有本国"内向"特色。[2]

范·布勒门(Jan van Bremen)、艾雅·本-阿里(Eyal Ben-Ari)、赛·阿拉塔斯(Syed Farid Alatas)合编的《亚洲人类学》(*Asian Anthropology*),对东亚、南亚、东南亚主要国家学科史均有简述。[3]其中,东南亚仅两篇文章,均讲到印尼学科历史,即普拉杰(Michael Prager)论述《从荷兰的民族学到印尼的人类学:人类学专业在战后印尼的出现》,拉姆斯泰特(Martin Ramstedt)论述了《人类学与民族国家:印尼的应用人类学》。两人对印尼学科的历史分期大致相同:独立前民族想象、苏加诺建国、苏哈托"新秩序"、当今"后新秩序"。他们都强调印尼民族学/人类学早期服务于荷兰殖民统治而倾向应用,独立后仍重应用轻理论。

印尼学界的学科史论述虽多但语焉不详,至今没有完整的学科史专著。1975年,科恩(Koentjaraningrat)的《印尼人类学:一个文献综述》(*Anthropology in Indonesia:A Bibliographical Review*)重点梳理了第二次世界大战前后印尼的民族学、人类学客位研究的概况。[4]他对荷兰殖民者的印尼研究成果叙述翔实,但讲述第二次世界大战后到1975年的本土学科建设和研究状况则很简略。1997年,科恩的学生马斯纳姆博沃(E. K. M. Masinambow)主编的《科恩贾兰宁格拉特与印尼人类学》一书涵盖四个主题:科恩的人类学研究概述、人类学与发展建设、印尼的社会文化变迁、印尼文化及社会诸方面。[5]马扎里(Amri Marzali)的《人类学与公共政策》(*Anthropologi dan Kebijakan Publik*)也把印尼人类学史概述设为首章。[6]它们均有参考价值,但都不能构成学科史体系。

---

❶ 康敏. 马来西亚本土人类学发展述评[J]. 国外社会科学,2013(6):133-143.

❷ 阿南·甘加纳潘,龚浩群. 亚洲全球化与泰国人类学——来自乡土东南亚的视角[J]. 中国农业大学学报(社会科学版),2010(2):72-81.

❸ JAN VAN BREMEN, EYAL BEN-ARI, SYED FARID ALATAS. Asian Anthropology[M]. London and Newyork:Routledge,2005.

❹ KOENTJARANINGRAT. Anthropology in Indonesia:A Bibliographical Review[M]. Hague:Koninklijk Insitituut voor Taal-,Land-en Volkenkunde,1975.

❺ E K M MASINAMBOW. Koentjaraningrat dan Antropologi di Indonesia[M]. Jakarta:Yayasan Obor Indonesia,1997.

❻ AMRI MARZALI. Anthropologi dan Kebijakan Publik[M]. Jakarta:Fajar Interpratama Mandiri,2012.

三、知识生产

广义的知识是人类对客观世界事实及现实的综合认知成果。民族学、人类学的知识生产成果就是对人类不同群体及其文化认识的描述分析文本，即民族志。人类群体的多样文化就是各群体成员基于自身经历和文化生态开发积累的“地方知识”。民族学、人类学家按照社会需求，进行地方知识发掘整理，再对照自身文化加以分析阐释，然后呈现给公众以求明心见性之效，这就是知识生产基础研究。知识生产成果用于公共项目咨询，服务于文明国家开明社会市场经济的公平制度建设，就是学术应用。印尼民族学/人类学知识生产与发展治理的关联，也是兼顾基础与应用的民族学、人类学知识生产。它要求在理解印尼人文源头、文化生态、历史经历、社会结构基础上，把握印尼民族学/人类学家的知识生产机制，进而基于跨国跨文化的分析比较，阐释印尼社会文化知识产品的价值，用于经济发展社会治理包括“一带一路”建设。这从哲学层面讲就是知识社会学及现象学。福柯的“认识型”和“权力—知识”论述、托马斯·库恩的“范式”都是理解知识生产与社会关系的重要理论工具。

（一）知识与社会

“知识社会学”源于19与20世纪之交，关注知识与社会生活的关联。其哲学根源可追溯到马克思的论断：“不是人们的意识决定人们的社会存在，相反，是人们的社会存在决定人们的意识。”[1]这个历史唯物论表述，体现了意识形态上层建筑受制于现实存在的“社会决定论”。法兰克福学派继承了马克思的论断，又加入马克斯·韦伯新教伦理与资本主义关系的论述，侧重分析意识对存在的反作用而强调知识与社会互动。它“一方面从知识的社会决定论出发，认为包括科学技术、文化艺术、社会理论等在内的所有系统知识都具有歪曲现实的意识形态性质；另一方面认为，这些意识形态知识业已成为资本主义统治的工具，以各种方式对资本主义现实产生了异化作用”[2]。马克斯·舍勒（Max Scheler）的《知识社会学问题》首次打出知识社会学旗号，确认马克思知识暨意识形态源于社会生活的

[1] 马克思恩格斯选集（第2卷）[M]. 北京：人民出版社，1995：82.

[2] 高涵. 法兰克福学派的知识社会学思想研究[D]. 天津：南开大学，2010.

论断。[1]1929年，卡尔·曼海姆（Karl Mannheim）的《意识形态和乌托邦：知识社会学引论》，述及思想观点和意识形态的起源问题，认为不同的思想或知识，都源自不同社会群体生活实践。不同群体的生活形式，会对同一世界产生不同的认知阐释。[2]

20世纪30年代后期，知识社会学形成两个重要分支：一个基于现象学，"集中探讨日常知识的社会根源"；另一个沿袭解释学，"考察知识与社会之间的因果关系"。[3]例如，胡塞尔现象学强调知识源于行动者自身的反思意识。他的学生海德格尔则主张现象学阐释，指出存在先于意识并提出"此在"的本体论结构，不同人因其社会位置有别，会对相同的存在产生不同认知和阐释。推而广之，每个学科领域甚至每个人面对相同的社会行动和实物存在，都会因其各自关怀及认知基础不同而有不同的认知阐释。这个论断的认知相对论假设是：每个人或每个群体的认知角度都有长处和局限，不同个体或群体交流互鉴，才能相互启发而使对特定事物的认知更为完善。

1964年，托马斯·库恩出版的《科学革命的结构》指出，即使自然科学知识也会受制于特定科学共同体的社会存在及学术范式。任何范式都不完美且有不可通约性，因而会在相互竞争中导致范式转换科学革命，进而在持续的范式创新中实现知识的互补创新，推动科学技术和社会制度创新。这个观察承认了学术知识与社会存在之间的互动作用，特别有助于人文社会科学，尤其是民族学、人类学知识生产研究。福柯的《词与物》一书也指出：每个历史阶段都有不同于前期的知识和认识的一套规则。不同的场域既然存在不同的"场基"，就会有不同的"认识型"。[4]这个观察对印尼和东南亚学术史研究的启示意义在于：各个区域的民族学、人类学不仅有不同的文化生态根基，而且有不同时代的发展环境，因而会有纷繁多样的不同"认识型"暨库恩的学术共同体"范式"。福柯的作品《疯癫与文明》及《规训与惩罚》里所讲的"知识—权力"互构体系，也是本书认知分析模

---

[1] 舍勒．知识社会学问题[M]．艾彦，译．北京：华夏出版社，1999.

[2] 卡尔·曼海姆．意识形态和乌托邦：知识社会学引论[M]．霍桂桓，译．北京：中国人民大学出版社，2013.

[3] 崔绪治，浦根祥．从知识社会学到科学知识社会学[J]．教学与研究，1997(10)：43-46，65.

[4] 福柯．词与物[M]．莫伟民，译．上海：上海三联书店，2001.

型之一。

(二)范式与实践

“范式”(Paradigm)概念由美国科学哲学家托马斯·库恩在《科学革命的结构》中提出。库恩讲“范式”是科学共同体在特定时期共同接受的治学信念标准。它构成一种无形而有力的“模型模式+经典范本”,引导共同体课题设置研究进路甚至预示研究结论。不同范式/学派是不同学者群体看待世界和实践的方式。新范式取代旧范式暨新理论取代旧理论,这不能证明旧理论有错或新理论更好,只是新范式能够解释旧范式不能解释的“反常例外”。科学家采用新范式,采用新视角,能够看到旧范式看不到的很多事理。因此,新范式取胜并不是科学革命终结,而是新一轮革命的起点。生活世界毕竟会有新的反常例外。对本书而言,库恩“范式”具有两层含义:一层是特定共同体的成员所共有的信念、价值、理论方法体系;另一层是指学科的基础技术方法元素,包括常规科学引导谜题求解的理论模型、成功范例和不言自明的范本效应。[1]库恩范式还有三个隐含维度,一是“符号概括”,指共同体成员公认且不加怀疑地使用的定理公式;二是“形而上学”,即共同体成员持有的共同信念和价值取向;三是经典范本范例对一些具体问题的解答示范。

英国人类学家巴纳德的《人类学:历史与理论》,采用库恩范式概括了学科史三个母体范式:“历时观、共时观、互动观”。[2]历时观包括进化论、传播论、马克思主义和区域研究的某些方面;共时观包括相对论、文化人格论、结构功能论、结构人类学、认知人类学和区域研究的多数方面,功能论和阐释论的某些方面;互动观包括互动论、过程论、女性论、后结构论、后现代主义,以及功能阐释和马克思主义的某些方面。他认为,学科史范式转换的趋向是从历时向共时再向互动。他总结了学科史研究五种正统视角,即事件/理念顺序、时间框架延续、思想体系、国家传统平行复线、程式跳转过程。巴纳德比较各种视角利弊发现,“事件/理念顺序”客观但缺少范式关系论述;“时间框架延续”能呈现范式互动但缺少动态比较;“思想体系”能反映历时变化但忽视多样复杂性;“国家传统平行复线”注

[1] 托马斯·库恩.科学革命的结构[M].四版.金吾伦,胡新和,译,北京:北京大学出版社,2012:147.

[2] 艾伦·巴纳德.人类学:历史与理论[M].王建民,等译.北京:华夏出版社,2006:9-10.

重不同范式比较，但缺少时间序列体系相关性分析；“程式跳转过程”则容易忽视范式关联性。这些提示对本书的研究都有警示。

武汉大学朱炳祥的《社会人类学》概括学科演进的四大范式对本书也有启示，即“历史构建理论、整体分析理论、意义探求理论、后现代人类学理论”[1]。历史构建包括古典进化论、传播论、历史特殊论和新进化论诸学派；整体分析包括法国社会学派、英国功能学派、法国结构论学派；意义探求包括20世纪60年代以来的欧美认知、象征、解释人类学（均为德国传统）；后现代人类学是20世纪70年代以来美国学界关于民族志撰写的批判反思。朱炳祥指出，学科范式转换先由时空对立转向符号意义与事实对立，再从经验研究转向“研究的研究”。在这个转变的过程中，旧范式总是被新范式涵括，新范式总会带有旧范式的特点。

黄淑娉、龚佩华指出：“不同时代、不同国家、不同学派的代表人物提出不同的具体研究任务，其共同点都是为当时各国家的政治和社会需要服务，为解决现实问题服务。”[2]这个总结带有现象阐释学的印迹，也是对学科范式文化生态根基导致区域国别范式差别的解读。印尼的民族学/人类学原属“东方学”。东方各国相关学科最初都受西方殖民宗主国影响。各国独立后虽然去殖民化，但仍要用欧美典范衡量本土国情和学术本土进程。

法国学者迈克尔·普拉杰和荷兰学者马丁·拉姆斯泰特指出：印尼人类学史与印尼国家政治体制紧密相关。前者的学科史分期是：1898—1945年殖民时期的印尼人类学萌芽及创建，1945—1949年独立战争时期的印尼人类学政治僵局，1950—1958年后独立时期的印尼人类学发展；后者的分期是：1950年印尼独立前时期的学科创立发展，1950—1965年苏加诺时期的研究进程，1965—1989苏哈托“新秩序”时期的研究现状，1989年以来印尼后“新秩序”时期的学术反思与转变。这种用国家政局变迁作为基点的分期方式清晰明了，最能体现福柯所讲的“权力—知识”关系，但它不能反映学术共同体在学科范式转变中的能动性，因而需要补充完善。

---

❶ 朱炳祥．社会人类学［M］．二版．武汉：武汉大学出版社，2009：7.

❷ 黄淑娉，龚佩华．文化人类学理论方法研究［M］．广州：广东高等教育出版社，2013：10.

（三）印尼学科范式演进

20世纪90年代，享受到社会政治解放成果的印尼学界开始探讨学科范式，展现出更强的学术主体能动性。1997年，赫迪·释利·艾姆萨-普特拉（Heddy Shri Ahimsa-Putra）从认识论角度回顾分析印尼学科鼻祖科恩的人类学研究，回顾他提出的民族学、人类学研究主要任务分为三类：一是事实收集，二是普遍性质概括，三是比较归纳演绎验证，以期建立社会文化通则认知。赫迪指出，科恩的方法论应用导向强烈，具有功能论实证特点，并指出其方法论假设有待澄清。[1]

同样在1997年，苏利斯欧瓦蒂·伊里安多（Sulistyowati Irianto）将民族学、人类学理论分为实证性、阐释性和批评性三类。[2]其中，实证性包括进化论、新进化论、功能论、新功能论、结构功能论、结构论、唯物论和心理人类学；阐释性包括符号和象征人类学；批评性包括冲突理论和女性主义理论。苏利斯欧瓦蒂回顾科恩提出的文化概念和社科范式，确认科恩的研究范式属于社科实证论。印尼民族学/人类学普遍的理论取向研究范式于此可见一斑。

2008年11月，赫迪到访加查马达大学作"文化人类学中的范式与科学革命"主题讲座。[3]他指出，印尼民族学/人类学尚无共同范式且缺少相关意识，亟须开启"范式"话语，透过学科史反思强化学科对话意识。赫迪从三方面批评印尼人文社会科学研究，一是轻视理论方法建构，介绍理论方法的著作成果虽多，但缺少批评检视，无助于推出印尼本土社会文化科学新范式；二是学科建构方向不明，缺少共同愿景使命和实现方法；三是对本土社会文化问题缺少理论贡献。赫迪指出印尼学界因"范式"意识薄弱而欠缺发展新范式的意图，强烈推荐库恩的

---

[1] HEDDY SHRI AHIMSA-PUTRA. Antropologi Koentjaraningrat: Sebuah Tafsir Epistemologis[M]//E. K. M. MASINAMBOW. Koentjaraningrat dan Antropologi di Indonesia. Jakarta: Yayasan Obor Indonesia, 1997: 25-48.

[2] SULISTYOWATI IRIANTO. Konsep Kebudayaan Koentjaraningrat dan Keberadaannya dalam Paradigma Ilmu-Ilmu Sosial[M]//E. K. M. MASINAMBOW. Koentjaraningrat dan Antropologi di Indonesia. Jakarta: Yayasan Obor Indonesia, 1997: 49-57.

[3] 参见 Heddy Shri Ahimsa-Putra 2008年11月10日出任加查马达大学文化科学学院教授的就职讲座。

"范式"概念。他基于欧美学科的论述而整理出民族学、人类学15种理论范式：进化论、传播论、历史特殊论、结构功能论、跨文化比较、变量分析、文化人格论、文化阐释/解释人类学、结构论、民族科学/科技、文化唯物论、历史唯物论、现象建构论、行动者本体论（Actor-Oriented）、后现代主义，但未总结印尼民族学/人类学范式。

拉卡索诺（P. M. Laksono）的"印尼人类学导论"课程（Pengantar Antropologi di Indonesia），讲到科恩早年界定的印尼民族学/人类学诸多命题，现在面对更加复杂的现实亟待创新。[1]全球政治经济社会变迁和学科范式转换都有新挑战。他识别的普遍研究范式为实证论、后实证论、批评理论、建构论和底边研究，更深的问题为本体论、认识论、方法论及学者站位等。

四、发展和治理

发展和治理都是当代世界热词。热词意味着应用，应用会带来变异。因此，任何热词运用到不同场域、不同时代，都需要学界加以定义考释兴利除弊。英文动词develop概有及物他动的"开发"与不及物自动的"发展"二义。从哲学角度看，"开发"须有客体对象，"发展"则是主体自为。"发展"意指人和事物趋向于成熟美好的进步、进化、前进动作。

曾天雄、李小辉梳理的联合国发展观以10年为期概有五轮变化：第一轮是20世纪60年代的"数量型增长观"，即追求物质财富数量倍增。当年联合国和国际社会都把提高发展中国家经济增速，缩小其与发达国家及伙伴国之间的经济差距作为工作重点。第二轮是20世纪70年代的"内源发展观"。其动因是前期经济增长未能解决国际贫富差距反而引发种种危机。联合国因而要区分纯粹的经济增长与综合的经济社会发展，鼓励发展中国家发挥主体能动性，探索以人为本的多样化发展道路，增强自身内源发展能力。第三轮是20世纪80年代的"可持续发展观"。它更加突出强调全球各国以人为本的公平正义和人权的可持续性发展。第四轮是20世纪90年代的"文化发展观"。这一轮发展仍然重视经济社会，但更强调地方共同体主导的和平、健康、社会正义和自由民主制度建设。第五轮即21世纪初倡导的"综合发展观"。它用更清晰的环境、教育、健康、平等

[1] 引自加查马达大学人类学教授P. M. Laksono的"印尼人类学导论"课件资料，2018年3月聆教。

指标，强调综合平衡全面发展。[1]曹荣湘总结人类发展观演进轨迹四个节点：一是“从经济增长到经济发展、社会发展，再到人类发展”；二是“从物到人，把人的发展最终确定为发展的根本目标”；三是“从欧美中心主义到发展道路的多样化”；四是“从发展速度到发展代价，逐步关注发展的负面效应”。[2]联合国指标代表着全球人类各国共识。我国是联合国创始国之一且一直是安理会五个常任理事国之一和新发展观推动者。改革开放以来的中国共产党历次代表大会，都提到协调中国发展与联合国和全球人类发展观。中国共产党十六届三中全会确立了“坚持以人为本，树立全面、协调、可持续的发展观”，随后党的代表大会都强调统筹协调、综合全面可持续的科学发展观。中国共产党第十八次全国代表大会以来提出的“四个全面”“五位一体”“新发展理念”更说明中国与联合国发展观契合的紧密程度。

“治理”概念跟人类文明一样古老，但其含义却有中外生态和古今时代变更。儒家传统经典《大学》《中庸》都有君子之道修齐治平、“致中和，天地位焉，万物育焉”的古训，代表了中国古人向往的“家国天下”治理境界的鲜明文化生态学和天道中庸取向。

西方的govern原意也是君主政府依照规范习俗超然统治。当前这种相对于管理的治理概念，则源于20世纪70年代至80年代经济衰退引发的全球管理危机。曾庆捷分析西方治理概念有如下特性：一是政府减少对企业和社会组织的直接管理，通过设立目标进行间接指导；二是多层级多主体，国家政府位置再高也只是体系内的行动者之一；三是发挥市场在公共服务中的资源配置作用，简言之，就是政府尽量精兵简政设立基金规则竞标购买服务；四是政府创建决策网络互动平台，通过协商共识求取合作共赢。[3]中国社会治理研究兴于20世纪90年代。周巍、沈其新分析2000—2015年中文数据库里的13 656篇发展治理研究论文，指出研究重点均在社会治理模式和实践。[4]俞可平在《推进国家治理体系和

---

❶ 曾天雄，李小辉．论联合国发展观的嬗变及其在我国的实践[J]．长沙理工大学学报(社会科学版)，2009(1)：113-117.

❷ 曹荣湘．国外发展观演变的新趋势[J]．精神文明导刊，2009(1)：19-21.

❸ 曾庆捷．“治理”概念的兴起及其在中国公共管理中的应用[J]．复旦学报(社会科学版)，2017(3)：164-171.

❹ 周巍，沈其新．社会治理研究的文献计量学分析[J]．求索，2016(4)：88-92.

治理能力现代化》一文中指出，理解国家社会需要治理而非统治，这需要思想观念转变。他提出"协同治理"即政府与公民的共建秩序。[1]郭苏建在《中国国家治理现代化视角下的社会治理模式转型》一文中提出"以社区组织为主体、社会自主管理为核心的自治社会治理模式转型"，政府尽量减少干预、管制或包办事务，而应"运用法律、法规、民主协商、社会政策来规范、引导、支持、服务社会自主管理"[2]。

本书要研究印尼知识生产与国家发展治理的关联，还将对理解新型治理增加三个维度：一是1949年中国人民政治协商会议第一届全体会议通过的《中国人民政治协商会议共同纲领》体现的多党派多民族多界别代表协商民主真谛；二是民族学、人类学的自下而上自外而内底边视角主位（Emic）意识；三是经济学新制度学派的博弈论原理。第三个维度详见美国诺贝尔经济学奖得主埃莉诺·奥斯特罗姆（Elinor Ostrom）的《公共事物的治理之道：集体行动制度的演进》。在此书中，奥斯特罗姆反思公地悲剧、囚犯困境博弈、集体行动逻辑，提倡政府、企业与公众的协同治理。[3]统一的多民族国家的治理，目标无论是国家统一、民族团结还是社会秩序和人民福利，都须尊重差异，包容多样性，自下而上协商达成共识。

第三节　路径框架

一、思路框架

印尼的民族学/人类学学科知识生产，源于其社会现实与文化生态根基，包括印尼独特的历史情境、民族文化、时代精神、权力结构、政治制度、社会形态等生活世界现象。本书首先论述印尼社会文化多样性的形成及其现状，将其作为知识基础。其次，基于复数的"世界人类学"视角，对印尼学术共同体进行整体观

[1] 俞可平．推进国家治理体系和治理能力现代化[J]．前线，2014(1)：5-8，13.

[2] 郭苏建．中国国家治理现代化视角下的社会治理模式转型[J]．学海，2016(4)：16-20.

[3] 埃莉诺·奥斯特罗姆．公共事物的治理之道：集体行动制度的演进[M]．余逊达，陈旭东，译．上海：上海三联书店，2000.

察,呈现其学科体系、研究选题、主流成果和范式演进。同时,重点梳理知识权力关系,揭示印尼学科知识生产机制和学者主体能动性。最后,探讨印尼学科知识生产特色及其与国家发展治理的关联,尝试与我国学科知识生产和国家发展治理经验实现互鉴。这就需要理解印尼民族学/人类学学科史分期和范式考量。

(一)学科史分期

印尼本土民族学/人类学确立于20世纪50年代。它在创建之初,仍继承西方特别是荷兰体系。印尼本土学科鼻祖科恩曾以第二次世界大战为分界点,将印尼的学科分为第二次世界大战前、第二次世界大战后及印尼建国后三个阶段。拉姆斯泰特、普拉杰则将印尼民族学/人类学分为五个阶段。

第一阶段是第二次世界大战前。印尼民族学/人类学研究由欧洲暨荷兰政学两界学人主导,采用宗主国荷兰的理论方法,主旨是协助殖民统治制定民族政策,同时孕育出印尼本土民族学/人类学萌芽。

第二阶段是印尼日据到独立战争时期(1942—1949年)。1942年,日军侵占荷兰东南亚领地,荷兰语教材尽废,教育机构全关。战乱之中的印尼民族学/人类学田野研究很少。

第三阶段是印尼独立国族整合时期(1950—1958年)。印尼民族学/人类学迎来建设机遇,但新成立国家视民族学、人类学为殖民统治工具,心存质疑,加以批判并欲以社会学取代,幸而因多民族国家需要建构国民文化统一性才勉强存活。

第四阶段是冷战和"新秩序"时期(1959—1998年)。20世纪50年代后期,东西方两大阵营形成,美国人类学影响增强,印尼受其影响形成社会人类学与文化人类学分派格局。

第五阶段是"新秩序"结束至今(1998—)。后苏哈托时代社会开放,印尼民族学/人类学开始后现代批评和自身角色反思,积极加入东盟各国学科建设交流合作,同时推动亚洲与西方学术对话并自觉传达"地方声音"。

如上阶段是基于学科经历但对知识生产机制语焉不详。本书要研究印尼本土民族学/人类学建设发展、范式演进和知识生产机制,因而须根据"问题意识"

参照前人成果,在文化生态社会结构叙事基础上将印尼本土民族学/人类学学科史分为四个时期:一是20世纪50年代之前萌芽期;二是20世纪50年代至60年代中期初建期;三是20世纪60年代中期至90年代中期强权控制之下艰难发展期;四是20世纪90年代中期后的自主发展期。

(二)范式考量

印尼地处东南亚,其知识生产难免受区域文明生态影响,即与国家政体休戚与共,学术主题受制于国家社会现实需求。本书要讨论印尼民族学/人类学范式,就得涉及学科整体,探讨印尼民族学/人类学共同体各时期公认的主题。公认"主题"不是说所有同仁都从事与之相关的研究,而是国家社会问题意识与学科主导范式叠合。本书关注问题意识和主导研究范式概有如下考虑。

一是人文社会科学对于时代精神更为敏感。它在特定时期的研究主题和主导范式能反映学界在该时代的地位、背景和价值取向。

二是印尼民族学/人类学始于欧洲尤其是荷兰殖民时期并服务于殖民统治。1957年建立的本土学科在欧洲大陆学术传统基础上,接受美国文化人类学。科恩当年派遣年轻学者及学生到不同国家学习民族学、人类学不同分支理论方法,回国后在各高校人类学系任职,传承各自学到的理论方法并研究各自问题。结果学界并未产出印尼特色理论方法,各时期也没有公认范式。本书只能透过研究主题推导问题意识构拟主导范式。

三是把握"问题意识"和"主导范式"有助于理解印尼地方知识生产的社会机制。今天的印尼民族学/人类学虽能粗分出社会、文化两大派系,折射欧陆民族学的"社会"与美国人类学的"文化"传统,但研究实践更为复杂多样。英国民族学、人类学学科史研究专家巴纳德在《人类学:历史与理论》一书中指出,侧重社会研究的学者多用进化论、功能论、结构功能论、互动论、过程论、马克思主义和后结构主义绝大部分、结构论的某些方面,以及区域和女性研究的某些部分;侧重文化研究的学者则多用文化传播论、相对论、认知人类学、阐释论、后现代主义和区域研究的绝大多数方面、结构论绝大部分、后结构论、区域及女性研究的某些方面。[1]巴纳德认为,民族学、人类学最初的问题意识都是社会连接机制,包括人类协作、社会变迁和社会组织机制结构功能。19世纪90年代博厄斯向美国人类学注入德国文化哲学,文化研究才得到更多关注。

印尼早期从欧洲引进民族学、人类学,服务于荷兰殖民统治;印尼独立后引进美国文化人类学,适应现代国家建设整合需求,服务于国家统一国民认同;"新秩序"时期,印尼民族学/人类学侧重应用,服务于经济社会发展治理;后苏哈托时代,印尼民族学/人类学开始角色反思,发出"地方声音"保护文化多样性权益。社会、文化两派在印尼学科发展中倚重倚轻并存不废,研究主题、内涵、理论、方法等实无根本差别。两派都看重实证不太关心理论范式。20世纪80年代末,虽有阐释论、建构论研讨,但实证研究仍是多数。本书因而以印尼不同时期的国家社会"问题意识"和人文社会研究的主流作为"范式"讨论基础。

二、主题界定

本书题为"印度尼西亚民族学/人类学叙事",旨在从区域国别的文化生态和学术机构知识生产入手,审视区域国别知识与权力关系结构、社会意识和国家发展治理需求及学科学术回应,然后与我国学科史做比较研究,实现交流互鉴。简言之,就是要透过印尼学科史范式演进,揭示知识生产与印尼国家社会发展治理的关联。

印尼学科史研究对理解周边国家包括我国的民族学、人类学知识生产创新也有启示。这个学科源于地理大发现导致的知识扩张和殖民统治需求。印尼诸岛沦为航海大国荷兰殖民地300多年。在列国纷争时代,这种稳定性令人称奇。直到第二次世界大战期间日本发起太平洋战争才中断荷兰殖民统治。印尼精英在第二次世界大战后顽强抵制荷兰殖民复辟,完成独立建国大业。印尼独立后面对冷战采取不结盟政策。

研究印尼的学术知识生产与经济社会文化关系,有助于理解我国知识生产创新需求。本书还将关注其他发展中国家学科经历,支撑我国人文社会知识创新。

---

[1] 艾伦·巴纳德.人类学:历史与理论[M].王建民,等译.北京:华夏出版社,2006:11-13.

本书内容包括五个要点:一是印尼文化多样性基础结构;二是印尼民族学/人类学建设发展,包括不同时期的课程设置、学生培养、各地研究机构设置和后来的反思转向;三是印尼民族学/人类学不同时期的范式演进研究成果;四是知识生产机制反思和学者的主体能动性;五是印尼学科知识生产特色及其与国家发展治理的关联,挖掘中国—印尼学科知识生产互鉴的潜力。

第二章 印尼概述

印度尼西亚共和国(印尼语为Republik Indonesia)是单一制民族国家,政治权力集中于总统和雅加达中央政府。印尼号称“万岛之国”,领土由17 508个岛屿组成,总面积近191.9万平方千米,在东南亚各国面积最大且人口最多(2.70亿[1])。印尼由五座著名大岛撑起:加里曼丹、苏门答腊、爪哇、苏拉威西和新几内亚(半边)。国民人口主要分布在爪哇、苏门答腊两岛平原地带,其中爪哇岛人口约占全国51.69%。[2]

印尼地处赤道两侧,是典型热带气候,按季风分旱、雨两季,日均温度介于26~33℃,全年温差不大。地质上,印尼位于欧亚大陆、太平洋盆底、印度洋—澳大利亚三大板块交界。板块运动导致火山众多,火山喷发和地震频繁。地质灾害加上移民过往,促成印尼宗教信仰资源丰富。印尼中央政府承认六种宗教:伊斯兰教、基督教、天主教、印度教、佛教、儒教。此外还有地方民间原始信仰多种。2021年,印尼内政部人口和民事登记总局指出印尼穆斯林人口约占印尼总人口86. 93%,绝对数达两亿,居全球单国穆斯林人数之冠。

印尼的文化多样性源于其特殊的历史及地理位置,它跨越赤道,沟通太平洋、印度洋,且是亚洲与大洋洲诸岛桥梁。印尼苏门答腊岛与马来西亚、新加坡之间的马六甲海峡,是欧亚贸易海道咽喉和全球列强必争之地。全球各种文明均在当今印尼领土反复交汇,原生人文因素包括非洲族裔文化多样性,然后深受印度、中国、阿拉伯、欧洲(葡萄牙、荷兰、英国)、日本和美国影响。印尼文化史学家索莫诺(R. Soekmono)将印尼文化史略分四期。

(1)史前期:自有人类到5世纪为原生多样性时代,也是“印尼人文”源头奠定期;

---

[1] 印尼中央统计局2020年人口普查数据[EB/OL].[2023-03-16]. https://sensus.bps.go.id/main/index/sp2020.

[2] 根据印尼中央统计局2020年人口普查数据计算[EB/OL].(2020-05-10)[2023-03-16]. https://sensus.bps.go.id/topik/tabular/sp2020/5/1/0.

(2)古典期:公元初印度文化扩张到约1500年,印度教佛教文明由盛转衰;

(3)马蒂亚期(Madya):印尼伊斯兰教确立到19世纪末;

(4)近现代/新时期:约自20世纪初西方推动印尼现代化至今,是欧美现代文明影响兴盛和印尼本土文明崛起期。❶

印尼(Indonesia)区域/国家称谓由来对我国读者也有意义。它由希腊语印度(Indus)+岛屿(nèsos)合成,意为印度群岛。❷但该名称历史并不长,最早只能追溯到18世纪。20世纪初,荷兰仍称印尼殖民地为东印度群岛,执政中心在巴达维亚(今雅加达),但其他国家学术界已通用印尼。❸1949年独立后,印尼才成为正式国家称谓,领土包括整个荷属东印度群岛的范围。

古代中国对现代印尼区域称谓很多。最早记载见于范晔《后汉书》记录的中原与爪哇古国贸易,所用称谓有诃陵、阇婆、三佛齐等。元代疆域扩张且用拼音语言,南洋爪哇国名逐渐普及。《元史·外国列传》《明史·外国列传》、汪大渊《岛夷志略》都有专述。❹此后随着人口扩张、贸易增加、阿拉伯航海挑战,中国开始关注南洋。时人把南海以西远至非洲东岸的海洋及沿海岛岸统称"西洋",如明代郑和下西洋就有七次。❺明代还曾称婆罗洲(今加里曼丹岛)以东的海洋及沿海岛岸为"东洋"。事见明代张燮《东西洋考》:"文莱即婆罗国,东洋尽处西洋所自起也。"❻分界线约在东经110°线今文莱所在。此线以东的东加里曼丹、苏拉威西、马鲁古、巴布亚诸岛均属东洋;以西的爪哇、西加里曼丹、苏门答腊等则属西洋。明末清初以来,"西洋"才专指大西洋及两岸欧美各国,"东洋"才专指中国东海上的日本琉球。清末到民国,江苏、浙江、福建、广东等沿海各省也曾称"南

---

❶ SOEKMONO. Pengantar Sejarah Kebudayaan Indonesia 1[M]. Edisi 3. Yogyakarta: penerbit kanisius, 1981:16.

❷ TOMASCIK T, MAH JA, NONTJI A, MOOSA MK. The Ecology of the Indonesian Seas-Part One[M]. Hong Kong: Periplus Editions, 1996.

❸ 雅加达是爪哇岛西北部海港城市历史悠久,曾被称为"巽他格拉巴 Sunda Kelapa",1927年,印尼人打败葡萄牙收复此地,改名为"雅加尔达",简称"雅加达",意为"胜利之城",1596年荷兰殖民印尼后,改名"巴达维亚",直到印尼1945年宣布独立,恢复"雅加达"的名称。参见百度百科"雅加达"条。

❹ 史为乐. 中国历史地名大辞典[M]. 北京:中国社会科学出版社,2005:446.

❺ 史为乐. 中国历史地名大辞典[M]. 北京:中国社会科学出版社,2005:935.

❻ 史为乐. 中国历史地名大辞典[M]. 北京:中国社会科学出版社,2005:696.

洋”，而称江苏以北沿海各省为北洋。[1]但这里的南北洋所指，显然不是国际地理而是中国现代海军即“北洋”与“南洋”两水师防区。

王丽敏在《中国和西方对东南亚称谓略考》一文中指出欧洲殖民者因该区位于印度以东而称“东印度”“东印度群岛”或“远东”。“东南亚”和“亚洲东南部”(South-Eastern Asia)称谓在19世纪出现。第二次世界大战时，“东南亚”为大国战区名称。1943年，英国为对抗日本扩张，在锡兰(今斯里兰卡)设“东南亚司令部”，覆盖缅甸、泰国、马来亚(今马来西亚)、新加坡及苏门答腊岛。1945年后，整个荷属东印度群岛纳入东南亚。第二次世界大战后，美国在“东南亚”利益吃重，1955年霍尔版《东南亚史》明确了东南亚的地域范围。[2]

1961年，马来西亚、菲律宾、泰国在曼谷首倡“东南亚联盟”。1967年，“东南亚联盟”成立并吸收印度尼西亚、新加坡加入，此后渐次接纳文莱、越南、老挝、缅甸、柬埔寨，构成“东盟十国”。1999年东帝汶独立，如今东盟有11个国家。1989年，澳大利亚、美国、日本、韩国、新西兰、加拿大和当时东盟6国在堪培拉成立亚太经济合作组织(APEC)，此后范围扩大到亚洲及太平洋沿岸。2013年，美国为应对我国崛起，倡导“印太”取代“亚太”，意在把印度洋沿岸诸国特别是印度、阿拉伯及非洲东岸建群，对亚太格局再平衡。本书认为无论亚太、印太，东南亚都是枢纽。

第一节　群岛叙事

一、地貌构成

魏格纳的“大陆漂移说”，赫斯的“海底扩张说”，勒皮雄、麦肯齐和摩根等人的“板块构造说”，都明指印尼群岛原属于亚洲板块。各群岛在地质史上逐渐形成迄今仍在渐变。1973年，印尼史学家索莫诺将地球史分为四代，第四代即新生代约从6000万年前延续至今略分两期，即第三纪(印尼语Tertiair)、第四纪(印尼语Quartair，约260万年前至今)。印尼群岛出现于第三纪中期且形态不同于现

---

[1] 史为乐. 中国历史地名大辞典[M]. 北京：中国社会科学出版社，2005：1809.

[2] 王丽敏. 中国和西方对东南亚称谓略考[J]. 东南亚纵横，2014(1)：61-65.

在。当时爪哇岛由两块山地普里昂干(Priangan)与塞乌(Sewu)合成。苏门答腊与加里曼丹两岛之间的勿里洞岛(Belitung),苏门答腊岛以东、新加坡岛以南的林加岛(Lingga),苏门答腊以东及加里曼丹岛以西的廖内群岛(Riau)后来加入,连绵到马来西亚西部而达缅甸。苏门答腊原先或仅是爪哇外围小岛,爪哇北边还有数个岛屿。从苏腊巴亚(Surabaya,即泗水)纵向到苏拉卡塔(Surakarta,亦称"梭罗"Solo)的肯登山(Kendeng)出现最晚。亚洲各类哺乳动物曾经通过这些陆桥到达印尼,分布在西爪哇省东部及中爪哇省西部。第三四纪交接时,爪哇岛与北边各岛间海域缩小,最终演变成内陆淡水湖。湖泊消失就有了连接塞乌—肯登两山的平原。爪哇岛变大但其北部、东部地区仍是海洋。

第四纪最近"冰川期"导致印尼海平面大幅下降。地球板块漂移及火山喷发导致多地隆起,很多海区成陆地,包括巽他诸岛板块。苏门答腊、爪哇、加里曼丹与马来西亚西端因此连片,成为亚洲大陆东南缘。加里曼丹北部与近邻的菲律宾诸岛也曾在海退时期延伸到亚洲大陆。苏拉威西岛则通过米纳哈萨、辛吉尔岛(Sngir)连到菲律宾。爪哇岛东部和苏拉威西南部则通过努沙登加拉群岛(Nusa Tenggara)连接东帝汶。爪哇、苏拉威西、菲律宾等地同期动物化石表明,亚洲大陆到印尼的迁徙路线不仅有南线马来西亚,还有一条东线,即从菲律宾到加里曼丹和爪哇再分支到苏拉威西。远古人类循这些路线建立起亚洲大陆与印尼的文化联系,印尼一度连成大陆。最后冰期结束,海平面再次升高,巽他诸岛从陆地沉没,印尼又变回列岛并形成当前地貌。

二、先民来源

印尼诸岛人口起源概有两说,一是"非洲起源",推测百万年前的先民从非洲经亚洲南缘经马来半岛抵达印尼诸岛;二是"本地起源",认为印尼人在当地进化。实际情况更可能是两源综合。索莫诺引用考古成果确认爪哇岛在第四纪已有人类,其化石出于当时地层,属亚洲最古人种。这些古人类化石显示东爪哇200万年前曾有"惹班猿人",直立人在百万年前抵达。现代智人约4.5万年前出现并构成印尼原始先民,包括早期的尼格利陀人(Negritto),中期东来的韦达/吠陀人(Veddoid/Vedda),后期南来的马来西亚人(Malaysian)。

三、史前文化

体质人类学资料表明，印尼诸岛及澳洲的尼格利陀先民来源距离“走出非洲”的先民更近，但后来占主导地位的印度—马来民族的先民根基则源于亚洲。随后者而来的还有南亚、东亚大陆东南两缘的原始物质和精神文化，包括渔猎、船筏捆造技术、萨满教天人合一信仰等。这些先民群体在印尼广袤复杂的自然生态下，都能借地利找到生存小环境孵化丰富多样的语言文化。此后不断加入的外来族裔使得印尼语言文化复杂性持续增加，体现为多样的房屋建筑、宗教信仰、语言文字和民族服饰。考古发现的陶器、骨制武器、石制货币、各类装饰品、捶打制作的树皮布等物品，粟、蜀、黍栽种技术，还有万物有灵、图腾崇拜、祖先崇拜、精灵供奉等传统信仰，都是先民文化贡献。

印尼先民早期靠采集渔猎生计，高地农耕基础由太平洋中南部诸岛移民奠定。大约9000年前，美拉尼西亚人开始在新几内亚高地培育芋头、甘蔗，显示社会定居人口集中的结构演进。生产技术方面，史前石器工具概有“方斧”“椭圆斧”两类。专家认为方斧因由西路传播而分布在印尼西部；椭圆斧因由东路传播而分布在印尼东部。这是确立印尼文化与亚洲大陆关联的首次迁移。印尼金属时代（Logam）大约始于公元前500年初，应是第二波文化迁移产物。它带来了越南东山（Dongson）文化，主要文物为漏斗形铜斧和特色铜鼓（Nekara），其传播路径是从南亚山地经泰国和马来西亚西部，再向东传遍南岛各地。印尼石器时代与金属时代文化都有大石块建筑文化相伴。❶

李学民、黄昆章在《印尼华侨史》中指出，我国汉代已与印尼苏门答腊岛、爪哇岛先民发生经济文化交往。有专家认定印尼出土的一些石碑雕刻、陶器艺术与汉初文化关联密切。1934年，荷兰考古学家海涅·赫尔德恩（Heine Geldern）在苏门答腊岛南部发现与我国陕西霍去病之墓前诸石刻相似的石碑雕刻。1936年，荷兰学者奥赛·德·弗玲尼斯（Orsey de Flines）在爪哇西部发现供祭祀用的汉代陶器等。❷

❶ SOEKMONO. Pengantar Sejarah Kebudayaan Indonesia 1[M]. Yogyakarta: penerbit kanisius, 1973.

❷ 李学民，黄昆章. 印尼华侨史[M]. 广州：广东高等教育出版社，2016：7-8.

第二节　外来文化融合

南亚印度、中东阿拉伯、东亚中国和地中海北大西洋文明区，均对东南亚豆蔻、丁香、胡椒等香料及珍馐海产有持续的需求。前现代经贸体系渴望多样文明互通，现代工业和军备对天然橡胶的依赖轮番推动海商繁荣，使东南亚包括印尼成为贸易交通枢纽，同时演化出复杂规范的水稻种植、灌溉体系及相应的经济、社会、政治组织。东南亚国家形态因而出现较早。

各文明区商贾分别涌入爪哇印尼港口，印度教、佛教、伊斯兰教、中国儒学等文化要素先后嵌入印尼社会。16世纪后的现代西方扩张就要面对这套原生复杂的结构系统。

一、印度要素："点石成金"

(一)印度文化传入

公元1世纪，印尼已出现印度商人踪迹。口述史称印尼苏门答腊在2世纪已有印度殖民。考古学显示，印度文明对早期印尼的社会政治组织结构、伦理哲学宗教信仰、语言文字及手工工艺均有深刻影响。例如，巴塔克人(又称峇搭人，Bataks)承袭了印度的"水稻、马、犁、特殊形制房屋、棋、棉花、纺车和印地语言文字和宗教观念"[1]等。现代印尼语中仍有很多梵文借词，如文化"Budaya"的词根是梵文"Budhayah"，都城"Negara"意为宫殿、首都、国家、领土、城镇，辖区"Desa"意指乡村、地区、属地，这些都证明梵文在南洋曾广泛使用。[2]

印度文化传入概有两条路径：一是商人移民殖民；二是统治者存心借用。早期印尼王国统治精英都视印度统治者"神化权力、国家权威、财富和抽象文化"为效法对象。[3]他们学习印度文化并引进印度教、佛教，为王权披上神圣合法外衣。印尼统治者常派高僧去印度修习宗教，同时学习建筑雕塑艺术。他们返回带来

---

[1] E. M. 勒布，R. 汉·格顿. 苏门答腊民族志[J]. 林惠祥，译. 南洋问题资料译丛，1960(3)：1-139.

[2] 克利福德·格尔兹. 尼加拉：十九世纪巴厘剧场国家[M]. 赵丙祥，译. 上海：上海人民出版社，1999：2.

[3] 史蒂文·德拉克雷. 印度尼西亚史[M]. 郭子林，译. 北京：商务印书馆，2009：15.

印度的技艺和素描书画。国王命令他们照书中图样修建宫殿、庙宇和雕塑，同时加入本土文化信仰要素。印尼古代纪念碑和雕像因而既有印度元素，又有显而易见的当地风格元素。❶

苏沃尔多诺（Suwardono）的专著《印度尼西亚史：印度教—佛教时期》整理了印度教传入印尼的几条推论。一是刹帝利论（Teori Kesatria）。穆克吉（Mookerji）、博格（C. C. Berg）、莫恩斯（J. L. Moens）等学人主张这种观点。他们认为印尼曾被印度殖民，执行印度教文化传播的是印度教的刹帝利/骑士种姓。爪哇王公与普通人原有等级区隔，与印度教种姓制度契合。印度教骑士种姓曾在印尼建立王国，或者在既有王国位居高位，或者与当地王国女王、公主通婚，借以传播印度教理念。二是吠舍论（Teori Waisya）。克罗姆（N. J. Krom）等认为在印尼传播印度教、佛教的是印度商人。他们在印尼王宫获得高位并与贵妇结婚，从而传播印度文化。三是婆罗门回传论（Teori Brahmana dan Arus Balik）。范·鲁尔（J. C. Van Leur）等主张此说。他们认为印度教婆罗门和学者在印尼传教功不可没。他们可能到印尼传教，也可能是印尼学人到印度学习教法，然后传回印尼得到宫廷重用。❷

（二）印度教、佛教王国兴盛

哈利逊在《东南亚简史》一书中考证公元之初有位印度婆罗门王子跟今天柬埔寨境内的一位地方女王结婚，创建扶南国。这是东南亚早期印度教国家，后沿湄公河进入马来半岛。文献记载的印尼最早国家，是5世纪建于东加里曼丹岛的古戴王国和西爪哇的多罗磨王国，古戴王国留下的碑文显示当时印度文化已经深深融入印尼。5世纪后半叶，佛教王国三佛齐（又称室利佛逝，Srivijaya）在苏门答腊兴起，是印尼史上第一个锋芒毕现的强大帝国。7世纪时，中爪哇还有印度教强大王朝夏连特拉（意为山王），自称扶南国正统传人，其统治者和使节均用梵文名字。三佛齐和夏连特拉两强盛的印度教、佛教王国及其与诸小国竞争轮替，导致印尼佛教与印度教融为一体。8世纪的三佛齐王朝热心经商弘扬大乘

---

❶ SUWARDONO. Sejarah Indonesia：Masa Hindu-Buddha［M］. Cet. 3. Yogyakarta: Penerbit Ombak，2017：6.

❷ SUWARDONO. Sejarah Indonesia：Masa Hindu-Buddha［M］. Cet. 3. Yogyakarta:Penerbit Ombak，2017：8-13.

佛法，把佛教奉为国教，在中爪哇建立起艺术成就最高的“婆罗浮屠”寺庙群。9世纪中叶，夏连特拉国王以其母后乃是三佛齐公主之名，继承三佛齐王位实现两强合一，在9世纪晚期，建成印度教著名神庙普兰巴兰寺庙群。

12世纪，东爪哇柬义里王国成为印度教毗湿奴信仰中心，但仍有佛教元素并形成湿婆—佛陀崇拜。13世纪初，柬义里王国被颠覆，新政权中心移向新柯沙里，新国王又被柬义里继承者杀害，王子逃往满者伯夷1292年登位，建立满者伯夷王国并发起战争，控制海上贸易。宰相加查·马达策划，东征巴厘、松巴岛，西平风雨飘摇的三佛齐，北控加里曼丹，基本奠定当今印尼版图范围并达成统一。❶

（三）印度文化与印尼

印尼文化早年大量吸收印度文化元素。峇搭人等诸多民族高层宗教皆源于印度，其宗教法物形状、用途效法印度，民众信仰至今仍大量保留印度教、佛教元素，多持“造物主，世界的创造，天上的分层，天的升起，死人灵魂的经历，占卜吉凶，动物牺牲及真的神巫”等观念，且仍在这些民族中占主导地位。❷峇搭人世界观和创世观同于婆罗门教，都认为宇宙分三界：上界七层是神族的居所；中界是人的居所；下界是死人和鬼怪的居所。创世神（梵天）至高无上但不理事务，宇宙间事务由三位二级神治理。

印度教、佛教在印尼传播与当地文化交融。例如，在印尼婆罗门的权威低于世俗国王，❸普遍使用几百年的南印度跋罗婆文字改成了当地卡威文字，婆罗浮屠浮雕的面孔、服饰和生活样态，均呈印尼特色并混合成湿婆—佛陀崇拜。❹

如今巴厘岛仍是印度教主导的地区，爪哇传统文化中也有印度文化要素保留传承。摩诃婆罗多（Mahabharata）、罗摩衍那（Ramayana）的故事迄今流行，且仍是爪哇皮影戏（Wayang）的经典曲目。巽他、爪哇、巴厘居民都把这些故事当成印尼民族文化。简言之，印度文化仍是印尼文化的深层基调。

❶ 梁敏和，孔远志．印度尼西亚文化与社会［M］．北京：北京大学出版社，2002：14.

❷ E. M.勒布，R.汉·格顿．苏门答腊民族志［J］．林惠祥，译．南洋问题资料译丛，1960（3）：1-139.

❸ 克利福德·格尔兹．尼加拉：十九世纪巴厘剧场国家［M］．赵丙祥，译．上海：上海人民出版社，1999.

❹ 史蒂文·德拉克雷．印度尼西亚史［M］．郭子林，译．北京：商务印书馆，2009：15-16.

二、阿拉伯文化：内外联通

阿拉伯文化对印尼的影响主要源于伊斯兰教的传播。印尼学界认定伊斯兰教传入当地不在其扩张迅猛的7世纪，而在印度北部伊斯兰化的13—14世纪。文献记载我国东南沿海的福州、泉州、广州诸城在唐朝已建有穆斯林社区。[1]印尼扼守阿拉伯波斯到我国东南海陆要冲，不可能全无穆斯林踪迹。而印尼学界认为伊斯兰教13—14世纪从印度传入，笔者推理原因主要是古史主体多为王国王朝，13—14世纪在印尼出现的已非穆斯林寻常社区，而是出现了穆斯林国家，此前应该早有穆斯林商人带入伊斯兰教文化，马六甲海峡沿岸港口城市出现规模化穆斯林社区的时间不会晚于9世纪。伊斯兰教传入印尼有两条路径：一是经由印度古吉拉特（Gujarat）的波斯穆斯林商人商贸，二是经由爪哇岛皈依伊斯兰教的统治中心推动。[2]

17世纪后，伊斯兰教在印尼渐占上风，19世纪成为印尼主要宗教，但真正主导印尼文化还要等到20世纪。20世纪后，伊斯兰教更为普及，深深影响了印尼人的日常生活、行为方式、文学艺术、世界观和政治制度。

三、我国移民技术贡献

我国虽是文明古国且靠近印尼，使得印尼生活世界多有中国文化元素，但印尼历史叙事却少见中国踪影。其实中国与印尼自古联系紧密，接触交流甚至早于印度并持续至今，包括人口迁移、海上贸易、使团互访及佛教文化交流。中国—印尼贸易源远流长，如今华人，是除爪哇、巽他、马都拉、米南卡保等民族之外最大族群，约占总人口的1.2%[3]，经济角色极为重要。值得指出的是，1.2%只是人口登记时华人自报，实际人口远多于此。早期华裔移民早已融入当地。有些且发展出其他民族称谓。另一些则因政治、经济压力放弃华人身份。中国—印尼关系一波三折导致中国的文化贡献主要在于华人充实了印尼百业。

---

❶ 中国印度见闻录[M].穆根来，汶江，等译.北京：中华书局，1983:40，140.

❷ SYARIF MOEIS. Pembentukan Kebudayaan Nasional Indonesia[R]. Bandung: Fakultas Pendidikan Ilmu Pengetahuan Sosial, Unirersitas Pendidikan Indonesia, 2009.

❸ 根据印尼2010年人口普查数据计算。

(一)古代渊源

我国古代曾称东南亚海区为“南洋”。南方华人入海移民称“下南洋”。林惠祥在“南洋马来族与华南古民族的关系”一文中,曾根据丰富的考古和民族学材料,包括体质、语言、纹身、拜蛇、巢居、史前古物和航海等文化特性,证明“马来人与中国东南方人同源”❶。

原始马来人经东西两路从华南迁移印尼诸岛。苏门答腊、爪哇、加里曼丹岛曾出土大批汉代中国人墓中的陶器。铭文显示汉代已有华人居住印尼。❷最迟在公元前1世纪,中国文化已有直接影响。《印尼华侨史》考证,印尼华侨源于汉代,续于三国两晋南北朝。华人成批定居则始于唐末黄巢动乱。华侨社区形成于宋、元、明三代。荷兰于清初殖民印尼又有大批移民和契约劳工前往定居。❸中国与东南亚早有海上贸易,汉代有商人到达印尼诸岛。印尼古国使团汉末时曾来中国。411年,高僧法显陆路求经印度,归途时乘船在印尼苏门答腊或爪哇岛滞留近半年。南北朝史书记载,一些南洋古国多次遣使到中原朝贡。670年,室利佛逝王国遣使来华,获得多种赏赐。672年,我国佛教僧人义静曾乘波斯商船到室利佛逝,在此学习梵文半年才去印度,归途又在室利佛逝留居10年。❹664—665年,曾有印尼高僧助中国僧人翻译经典;717年,有印度高僧到中国传法之前在印尼停留。❺室利佛逝/三佛齐等印尼古国均与我国保持友好关系往来。宋、元、明、清史籍均有双方交流的记载。

我国古代人口迁移印尼,主要居住苏门答腊、爪哇、加里曼丹各地。我国文化如语言、习俗、艺术、建筑、祖先崇拜、儒教、道教、汉传佛教等,早与印尼传统文化交融。苏门答腊东北部和加里曼丹西部一些民族的语言接近粤语、闽南语,印尼语中也有汉语闽南方言的借词。

---

❶ 林惠祥. 南洋马来族与华南古民族的关系[J]. 厦门大学学报(社会科学版),1958(1):189-213,215-221,223-234.

❷ 布塞尔. 东南亚的中国人 卷一 总论[J]. 徐平,译. 南洋问题资料译丛,1957(4):1-22.

❸ 李学民,黄昆章. 印尼华侨史[M]. 广州:广东高等教育出版社,2016.

❹ B. 哈利逊. 十六世纪前东南亚的印度化国家[J]. 桂光华,译. 南洋资料译丛,1983(1):88-105.

❺ SUWARDONO. Sejarah Indonesia: Masa Hindu-Buddha[M]. Cerita 3. Yogyakarta: Penerbit Ombak, 2017:7.

(二)华人现状

现代印尼华人概指16世纪荷兰殖民到20世纪上半叶到印尼定居的华人移民,以及这些移民后裔中在身份证上保持华人身份认同的那些人。明末清初的广东、福建地区大规模“下南洋”人口,是印尼华人的公认祖先。华人内部因而也有语言文化差异,如闽南、潮州、客家、粤语方言群体。[1]但印尼政府视华人为一体。

闽南华人在印尼地位较高,多能参与国家经济自然资源等生财领域。讲潮州客家语的潮州人相对贫困,荷兰殖民时多做苦力,分布在苏门答腊东部、邦加、勿里洞和加里曼丹西部。客家人更喜欢做买卖,19世纪扩展到西爪哇、雅加达等地。广府人讲粤语,多在围绕邦加锡矿谋生,或在其他地区开店办工商企业。20世纪前期,福建华侨多在“爪哇各地,苏门答腊西部、南部及东岸,加里曼丹东南部,苏拉威西,马鲁古等地”,客家华侨多在“爪哇、苏门答腊北部、邦加、勿里洞、西加里曼丹等地”,潮州人多分布于“苏门答腊东岸、廖内、西加里曼丹等地”,广府人多在“加里曼丹东南部、苏门答腊东岸、邦加、苏拉威西、马鲁古及小巽他群岛等地”。[2]

印尼华侨在荷兰殖民和日本占领时期多保持中国籍。20世纪初跟我国联系尤其紧密,包括创办汉语报刊、开办华人教育。1955年4月,我国和印尼关于双重国籍问题的条约在万隆签订,规定华侨只能保有单一国籍。多数华侨转籍印尼,后虽经印尼同化政策,但仍保留华人文化要素,包括语言习俗、宗教信仰。雅加达中国城的华人开中药铺、中餐馆,修建中国特色建筑,有些小商家制作传统脸谱,卖“福”“喜”贴纸灯笼等传统年货。给人的观感是他们虽换了国籍,但生活方式仍与祖籍无大差异。

华人在印尼的影响多在经济领域,包括进出口贸易、矿物开采、商品批发、超市零售及餐饮等,政治和文化领域仅有间接影响。华人林绍良曾是印尼首富,2018年印尼富豪排行榜上的前两名也是一对华人兄弟——黄惠忠、黄惠祥。华人富豪虽然没有政治职位影响力,但能跟印尼实权派联手寻求政治保护与经济

---

[1] ZULYANI HIDAYAH. Ensiklopedia Suku Bangsa di Indonesia[M]. Jakarta: Yayasan Pustaka Obor Indonesia, 2015: 100.

[2] 李学民,黄昆章. 印尼华侨史[M]. 广州:广东高等教育出版社,2016:229.

垄断。印尼学界华人也较少,民族学/人类学领域学者寥寥无几且研究范围仅限于印尼华人社区文化。印尼社会认知研究所社会文化研究中心华人董朱兰(Thung Ju Lan)专注于研究印尼华人民族冲突。[1]综合看,华人对印尼社会政治、文化影响偏弱概有两个原因:一是印尼古代王国、殖民当局和现代国家政府,都对华人心存忌惮,担心他们身在曹营心在汉;二是印尼华人多在工商底层,经济理性超过政治和文化价值诉求。

(三)华文处境

1949年后,我国跟印尼苏加诺政府交好。1955年后,多数华侨选择加入印尼国籍。华侨子弟为融入印尼主流社会,也把学习重点转向印尼语。但印尼政府仍出台诸多条例限制华校的发展及汉语的传播:

1957年8月8日,印尼文教部发出通告,自1958年1月1日起,印尼籍学生不得在外侨学校就读;1957年11月,颁布了《监督外侨教育执行条例》,限制华校的发展;1958年4月17日,印尼陆军参谋长纳苏第安以中央战时掌权者的名义颁布了禁止华文报刊的条例,即禁止印刷、出版、公布、传递、散发、买卖、张贴用非拉丁字母、非阿拉伯字母,或是印尼地方文字字母出版的报纸杂志。1965年印尼发生"9·30"运动,华校受到冲击,于1966年4月5日,印尼军部通令关闭所有印尼华侨社团和学校。根据1979年印尼情报部长第116号决定,除《印尼日报》可以刊登中文消息外,禁止所有其他的中文广告、新闻和文章;1978年12月,印尼贸易与合作社部长发布禁令,禁止进口、出售和发行中文印刷品,包括书籍、刊物、传单、手册和报纸;1979年6月,印尼最高检察长发布命令,禁止进口华语录像带;1980年10月,雅加达市政府作出规定,要求把该市现有的办事处、商店、企业中非拉丁字母外文(主要指中文)的招牌一律改成印尼文。[2]

这些禁令导致印尼华人华侨及其40岁以下子孙中绝大多数人都不懂汉语且不能阅读汉文。华人华侨传统文化成为同化目标。20世纪90年代初期,后现代思想在印尼发酵助推地方分权运动,文化多样性价值得到承认,华人华侨文化

---

[1] THUNG JU LAN. Masalah Cina: Konflik Etnis yang Tak Kunjung Selesai[J]. Antropologi Indonesia, 1999 (58): 21-26.

[2] 梁敏和,孔远志. 印度尼西亚文化与社会[M]. 北京:北京大学出版社,2002:255-256.

价值重现，同化政策放松。此后，两国经贸关系迅速展开，高校交流日益频繁。一些印尼华人自费到中国、新加坡、马来西亚求学。1992年，印度尼西亚大学与北京大学签订文化交流备忘录并合作编写《印尼语—汉语大词典》和《汉语—印尼语大词典》。[1]2005年，中国—印尼签订建立战略伙伴关系协议。两国政治、经济、科技和文化教育各领域全方位合作。2013年，习近平总书记访问印尼，以"一带一路"倡议作为两国合作发展的契机。

四、欧美体系强势入主

（一）欧洲殖民后果

15世纪（1453年）前后，西欧经济社会复苏，更加渴求东方黄金香料。天主教从地中海西北岸发力，从阿拉伯手中夺回西班牙南端安达卢西亚重镇格林纳达。奥斯曼帝国从地中海东侧发力，攻克东正教拜占庭千年帝都君士坦丁堡，掐住欧亚贸易通道咽喉且迫使东正教古希腊文化余荫经巴尔干退守俄罗斯。西欧各国借助基督教知识和维京人造船技术开启文艺复兴、科学革命、宗教改革，进而沿大西洋南下做地理大发现。西班牙、葡萄牙作为意大利知识前沿，开始推动航海探险，为资本和宗教寻找新的财源信众。

1492年，哥伦布意外发现美洲财源。葡萄牙人突破阿拉伯人在印度洋的贸易垄断，在亚洲捷足先登。1497年，葡萄牙人登录印度西海岸果阿，取代穆斯林商人向欧洲直供亚洲香料；继而东进瓦解马六甲王国，诸多小王国诞生。印尼古代强国室利佛逝、满者伯夷、马六甲王国势衰。葡萄牙联合诸多小王国向较大穆斯林王国及满者伯夷竞争。西班牙、英国、德国也乘机进入印尼。16世纪，天主教传入印尼，主要分布在佛洛勒斯、帝汶、马鲁古和中爪哇等地。葡萄牙人主导印尼香料贸易近百年后，信奉基督新教的荷兰人1596年前来印尼扎根。

1602年，"荷兰东印度公司"成立且跟葡萄牙竞争。英、西、葡、荷围绕香料混战。荷兰凭借股份公司体制和海上交通技术优势，在印尼诸岛胜出。英国、西班牙、葡萄牙则在印尼外围殖民中胜出，如在南亚、东南亚其他国家及非洲、拉丁美洲。荷兰排挤葡萄牙后，为控制香料、木料货源而深入印尼各岛内陆并残暴驱

---

[1] 梁敏和，孔远志. 印度尼西亚文化与社会[M]. 北京：北京大学出版社，2002：244.

逐屠杀原住民。印尼各地人奋起对抗，旷日持久。荷兰东印度公司为此陷入沉重负债并于18世纪末破产。荷兰政府接手继续推行军政殖民强权，但也开始政治建设。1811—1816年，英国短暂排除荷兰占据印尼；1816年，荷兰重新掌控印尼，1850年后，荷属殖民地遍及印尼全境。1941年12月，日本袭击珍珠港发动太平洋战争征战东南亚；次年3月8日迫使荷兰投降。1944年9月，日本扩大合作避免战争失利，允诺印尼独立并于1945年3月创建“印度尼西亚独立筹备工作调查委员会”。同年8月15日，日本无条件投降，8月17日印尼宣布独立并对试图复辟的荷兰展开独立战争，四年半后独立建国。

（二）殖民统治的影响

1. 荷兰殖民

葡萄牙商人、荷兰东印度公司、荷兰政府的殖民统治除了带来天主教和基督教，还使印尼面貌全面深刻改变，包括从地方民族分散到集权统一。1870年的《土地法》《农业法》，1880年的《苦力法令》，1930年东印度群岛总督约翰尼斯·范·登·博施推出的耕作制度改良，都助长了荷兰殖民企业发展，继而用现金税购买剥夺印尼土地，签订“劳动契约”发展种植园私人资本主义经济。后来印尼转向工业化、都市化，引发大量劳动力流动。新经济模式要求发展基础设施，包括铁路、公路、港口和农田灌溉体系，进而要求官僚制度跟进并影响荷属东印度各层面。法律、法规、司法体系、官僚制度、教育、卫生事业渐次推进，到19世纪末及于印尼全境。

殖民政府为改善治理，于20世纪初推出新“民族政策”，向印尼青年开放高等教育的机会。1920—1927年，新教育精神促使地方行政当局大办管理培训学校。印尼青年高中毕业后可以到荷兰高校留学获取经济、法律、农业专业学位。这套相对自由的教育体制在本地青年里孵化出民主社会、民族主义等新政治思想。1908年5月20日，印尼组建“至善社”，这是首个有组织、有领导、有纲领的本土政治组织。但它更关心复兴爪哇文化和鼓励原住民创业，没有提出民族独立口号。真正的民族主义组织是商人阶层在1912年9月10日建立的伊斯兰联盟。同年12月25日，印度欧洲移民及土著知识分子联合创建“东印度党”，首次提出印尼独立目标。[1]这些知识青年进入各层管理部门，奠定了印尼民族主义和民族独立骨干队伍。

荷兰政府支持基督教，对伊斯兰教压制笼络兼用。殖民政府先分印尼居民为三等，西方及日本人为一等；东方华人、穆斯林和印度人为二等；土著居民为三等。这套民族等级还辅以宗教等级观念，基督教关乎“进步和上等社会”，伊斯兰教则等而下之。殖民政府御用学者也研究伊斯兰教，意在掌握、打击与笼络伊斯兰教。20世纪初，殖民政府推行道义政策，放松对伊斯兰土著去麦加朝圣的限制，节制基督教进攻谋取伊斯兰教主导地区，减少冒犯和敌意。[2]

印尼人把抵制天主教和基督教等同于反殖民政府，以致于殖民政府的基督教和天主教信仰反而成为伊斯兰教扩散的推手，伊斯兰教借机传播。伊斯兰教作为抵制洋教的资源，伊斯兰教联盟成为民族主义政治组织，推动伊斯兰教成为印尼主导宗教。如今基督教和天主教仅在印尼部分地区扎根，集中在西伊里安、北苏拉威西、松巴岛等地，在其他地区仅有分散的虔诚的信众。但由于西方文化与现代化思想观念互融，世俗层面的印尼文化受基督教和天主教濡染颇多。

2. **日据时期策略**

1941年，荷兰加入英美反法西斯同盟，荷属东印度对日本实行经济禁运。1941年12月，日本偷袭珍珠港横扫东南亚，掠夺战略资源特别是石油和橡胶。1942年3月8日，荷兰东印度政权投降。日军占领印尼全境并解散荷兰殖民政府，1941年11月，实施预先制定的“东南亚占领区行政管理治理原则”，印尼领土被分成3个行政区，由三个军事实体统治：陆军第16军统治爪哇，第25军统治苏门答腊，海军部统治其他地区。[3]三块军管区各自整合，实行不同政策。

日本还为满足战争需要试图改变印尼社会结构，控制印尼人民的生活并残酷掠夺资源。文化上，日本试图用“泛亚洲认同思想”统治亚洲国家，大力宣传日

---

❶ 参见梁敏和，孔远志．印度尼西亚文化与社会[M]．北京：北京大学出版社，2002：17.

❷ 梁敏和，孔远志．印度尼西亚文化与社会[M]．北京：北京大学出版社，2002：90-91.

❸ TOD JONES. Kebudayaan dan Kekuasaan di Indonesia：Kebijakan Budaya Selama Abad Ke-20 hingga Era Reformasi[M]. EDISIUS RIYADI TERRE，terjemah. Jakarta：Yayasan Pustaka Obor Indonesia，2015：67.

本代表亚洲优于西方。日本政府还用印尼艺术传播日本文化,同时用印尼传统文化,包括政治、文学、音乐、美术、表演艺术等,排挤清除西方文化影响。[1]日本占领印尼三年半时间,强行关闭所有欧洲企业和学术机构,严禁荷兰语、英语并借助教育机构和新闻媒体推广日语,包括用电影宣传日本生活方式。日本还强调在印尼尽量任用印尼民族主义者协助管制。这些举措客观上培育了印尼民族主义并培训现代行政人才,为后来印尼独立建国奠定了人事基础。

日本宗教事务局强行管制清真寺,禁止一切政党活动(包括伊斯兰政党);同时又百般拉拢印尼大伊斯兰理事会。1943年7月至1945年5月,日本当局曾对穆斯林基层骨干集训一月,然后派往农村协助日军统治。[2]日本在印尼的殖民遗产性质复杂一言难尽。

3. 短暂联邦

1945年8月17日,印度尼西亚在日本投降两天后,宣布印度尼西亚共和国独立。印尼新政府骨干多有日本培训经历。英国代表战胜国联盟跟日军交接后,欲将占领区交还荷兰。但业已独立的印尼新政府誓死反对。荷兰为恢复殖民利益悍然动武引发印尼独立战争。荷兰利用海陆空武装优势,加上日本1945年8月遣散了印尼地方军队指挥系统,导致印尼新政府节节败退。1948年,荷兰政府捕获了印尼共和国的主要领袖苏加诺和哈达。

荷兰的殖民野心和殖民行径,遭到美国、英国、澳大利亚及新生的联合国的强力指责,招致外交围困。美国更对荷兰强烈施压,包括把印尼问题列入联合国1946年大会议程,强制荷兰退让。1947年5月25日,荷兰与印尼展开圆桌谈判。荷兰提议建立双层联邦,即宗主国荷兰主导联邦实体,西印尼共和国进入联邦政府,然后跟婆罗洲国(Negara Borneo)和东印尼共同组成共和制联邦国。但"民族国家独立"已是第二次世界大战后时代精神,印尼新政府坚决排除荷兰殖民统治。1949年,美国力压荷兰跟印尼共和国妥协。双方协定建立荷兰主导的印尼联邦国(RUSI),印尼共和国是多个联邦实体之一。但实际上印尼共和国因其人

[1] TOD JONES. Kebudayaan dan Kekuasaan di Indonesia: Kebijakan Budaya Selama Abad Ke-20 hingga Era Reformasi[M]. EDISIUS RIYADI TERRE, terjemah. Jakarta: Yayasan Pustaka Obor Indonesia, 2015: 69-72.

[2] 梁敏和,孔远志. 印度尼西亚文化与社会[M]. 北京:北京大学出版社,2002:91-92.

口绝对居优而能主导联邦。共和国元首苏加诺兼任联邦共和国总统,印尼国军是联邦国军队骨干。数月后,联邦国的其他实体都被吸入印尼共和国。1949年5月7日,荷兰签署文件同意将治权全部归还印尼共和国政府(首都日惹)。1950年8月,苏加诺傲然宣布中央政府集权统一的印度尼西亚共和国成立。荷兰主导的联邦国黯然退场。

这个联邦国虽然短命,但也有积极遗产:《联邦宪法》第47条明确写有地方自治条款。"公民自身生活权利"(Hak atas kehidupan rakyat sendiri)受到各地精英领袖支持,从而为后来的地方民族自由运动埋下伏笔。1998年,苏哈托被迫下台,民主改革成功,联邦思想复兴,地方自治政策制定和实施再次提升到印尼政治议程。

(三)印尼现代化与"求同存异"(Bhinneka Tunggal Ika)

1. **大国博弈背景**

美国在第二次世界大战后对印尼政治、经济、军事和社会文化知识生产影响上升。但荷兰和日本殖民时期的机制对印尼教育医疗、社会观念、法律文化的影响依然显著。印尼地大物博,具有重要的战略地位,其丰富的石油、煤、天然气、黄金、橡胶、棕榈油、香料等资源,令上述大国垂涎。[1]冷战初期,印尼明智地选择不结盟政策,争取美苏经济援助并节制荷兰殖民者野心。荷兰在第二次世界大战结束后因贪恋黄金开采利益而不肯归还印尼西伊里安,印尼针对荷兰掀起"去殖民化"运动,直到1963年荷兰归还西伊里安才缓和两国关系。英国也曾为保留殖民权益操纵马来西亚节制印尼,一度导致印尼与马来西亚两国对抗。印尼通过睦邻菲律宾向美国示好,1950年8月成为联合国第60名成员。

1920年5月23日,印尼共产党(Patai Komunism Indonesia,PKI)创建。印尼共产党早年曾组织起义被荷兰粉碎。印尼1945年发起独立战争期间,苏联支持印尼共产党重建,印尼共产党1955年成为全国普选四大政党之一。[2]1964年,苏加

---

[1] 金矿主要分布在伊里安岛、苏拉威西岛;石油主要在中爪哇、苏门答腊;煤主要在加里曼丹,天然气主要在亚齐等地。

[2] 1955年印尼普选获胜四大政党为:马斯友美党、伊斯兰教师联合会、印尼民族党、印尼共产党。

诺公开用共产党术语宣扬“两阶段革命论”:先期消灭封建主义和帝国主义;后期走上社会主义道路。这些举措引发印尼国内多方忧虑。1965年,苏加诺参加印尼共产党45周年庆典。中国、古巴、阿尔巴尼亚、罗马尼亚、日本等国的共产党派代表参加。

美国为防范印尼倒向东方阵营,着手支持印尼各地分离运动,包括支持马斯友美党对抗印尼共产党。20世纪60年代初,美国出面调停荷兰—印尼金矿争端时,迫使荷兰撤出西伊里安。1965年“9·30”事变[1],美国支持陆军将领苏哈托逼迫苏加诺下台,进而强力镇压华人清除印尼共产党党员。苏哈托建立“新秩序”投向欧美阵营。苏哈托宣布共产党组织非法并加以取缔,查禁马克思主义出版物且跟中国断交迫害华侨。苏哈托军政府紧傍美国、日本和欧洲自由市场经济,全力发展经济增强合法性,同时制定政策遏制华人经济并强制同化。苏哈托上台不久就关闭所有华文学校,两年内禁止华人儿童入学。1968年禁令解除后,华语课程均改印尼语,不许办中文学校。

1975年,美越经过巴黎谈判终结越南战争。殖民国家葡萄牙经过艰难谈判,决定向东帝汶归还统治权终止殖民格局。苏哈托见猎心喜,要用体制优势把东帝汶纳入印尼版图收割沿海石油资源,他悍然派军入侵东帝汶,镇压独立运动,捕杀共产党人。

联合国代表多数国家根据1948年《世界人权宣言》原则支持东帝汶人民反抗侵略,并强烈谴责印尼殖民强权的反人权罪行。20世纪90年代,东帝汶青年组织通过CNN等媒体把苏哈托政府在东帝汶的恶行曝光,引起联合国制裁。美国和澳大利亚等周边国家转变立场联手施压终止IGGI项目资助,重创印尼经济和国际形象。1999年,东帝汶在美国、澳大利亚支持和联合国监督下公投独立,2002年独立建国并成为联合国第191个成员。

2. 国家文化构建

印尼的群岛生态,海洋边界的通透性,文明交叉口的区位特点,多种文明、宗

---

[1] “9·30”事件的起因是1965年9月30日晚身穿总统卫队服的武装士兵在雅加达到7名陆军将军的寓所搜捕,结果6名陆军将领被杀。10月1日下午,掌握陆军战略预备队兵权的苏哈托将军将之定义为共产党策划的“政变”,指挥反击行动。

教与原住民部落共生机制，以及周边强国持续介入的现实情况，使得前现代印尼难以形成天下大一统政体，同时也使其具有更强的文化包容性，从而形成了复杂多元的社会文化现状。现代国家建构仍须借助前现代基础。1945年，印尼宪法规定，印尼是多民族统一国家，倡导神道、民族、民主、人道、公正的“建国五基”(Pancasila/潘查希拉)。这些定性信条能使现代印尼国家对印度教、佛教、伊斯兰教、西方现代文明和中国传统文化兼收并蓄。印尼宪法规定国家在至高神明指引下，保证人民宗教信仰、仪式、实践自由。印尼承认伊斯兰教、基督教、天主教、印度教、佛教和孔学儒教，也是各党派谈判妥协的结果。

1948—1954年，印尼连续召开三次文化大会和一次探讨印尼文化与外国文化关系的会议共四次会议来确定国家文化与相关政策。1948年，第一次文化大会在日惹召开，将文化分为物质与精神两大部类，明确新兴印尼文化要土洋结合，包容本土传统与西方现代元素。1950年，印尼国家文化研究所(Lembaga Kebudayaan Indonesia，LKI)在雅加达召开“民族文化及其与其他国家文化之间的关系”(Kebudayaan Nasional dan Hubungannya dengan Kebudayaan Bangsa-Bangsa Lain)的会议，明确印尼国家文化与其他国家文化尤其是荷兰文化的关系，确认印尼文化应该吸收其他国家文化精髓。1951年，第二次文化大会在万隆召开，会议鼓励文化运动机构发展并讨论了文化政策、版权归属、艺术批判、电影传媒和文献积累五个主题。1954年，第三次文化大会在梭罗召开，确立社会文化政策和教育界文化主题，探讨社会学校早期文化教育、城市社会和农民社区三个主题。[1]

印尼1945年宪法第32条指出政府推进印尼国家文化(Kebudyaan Nasional Indonesia)，且有如下补充说明：

Kebudayaan bangsa ialah kebudayaan yang tombul sebagai buah usaha budinya rakyat Indonesia seluruhnya. Kebudayaan lama dan asli yang terdapat sebagai puncak-puncak kebudayaan di daerah-daerah di seluruh Indonesia terhitung sebagai kebudayaan bangsa. Usaha kebudayaan harus menuju ke arah kemajuan adab, budaya, dan per-

[1] TOD JONES. Kebudayaan dan Kekuasaan di Indonesia: Kebijakan Budaya Selama Abad Ke-20 hingga Era Reformasi[M]. EDISIUS RIYADI TERRE, terjemah. Jakarta: Yayasan Pustaka Obor Indonesia, 2015: 89-97.

satuan dengan tidak menolak bahan-bahan baru dari kebudayaan asing yang dapat memperkembangkan atau memperkaya kebudayaan bangsa sendiri, serta mempertinggi derajat kemanusiaan bangsa Indonesia.

国家文化是印尼全民行动产生之结果。全印尼各地公认的高端古老及原始文化均属国家文化。国家文化不拒斥外国文化中有助于本国发展丰富,促进礼仪、文化、团结、进步并提高印尼国家人文程度之要素。[1]

新兴印尼国家文化理念强调包容与多元,涵盖印尼各个民族部落优秀文化乃至其他国家的文化精髓。1957年,开国元首苏加诺思想退化,批评议会民主影响决策,倡导解散议会推行"指导性民主"(Demokrasi Terpimpin),声称某些外国文化不适合印尼,提倡回归印尼自身认同需求。1959年后,印尼文化政策更多由苏加诺思想主导,包括倡导"国民认同""国家认同"、文化"融合"即合多样文化于"潘查希拉"的国家文化认同。苏哈托上台后则将苏加诺文化政策束之高阁,专注经济与现代化建设。"一切为经济发展服务"成为独裁政府"新秩序"合法性工具和文化思想。军政府一面吸收西方现代科技,一面担心现代化削弱集权,因而仍要诉诸印尼民族文化为国家整合提供同质环境,并通过丰富的文化和历史增强国民自豪感,以此抵制外来文化侵蚀。在此期间,考古学、博物馆学和历史学的著述再次受到鼓励,旨在构建印尼社会文化。婆罗浮屠、普兰巴兰等世界文化景观遗址在新秩序时期仍然开放,且有博物馆建设,还有巴厘岛文化旅游项目开发。这样既能把政治领域的民主呼声转移到文化领域,又能显示"新秩序"下文化繁荣。20世纪70年代初的"美丽印尼迷你公园"也出自同样的"命令式同化"构思。但无论何人掌权都不忘对华人采取同化政策。

1998年苏哈托下台,短暂联邦时期的民主改革和地方分权等宪政理念复活。国家理解地方民族文化和民间组织需求,主动倡导文化多样包容。政府

---

[1] TOD JONES. Kebudayaan dan Kekuasaan di Indonesia: Kebijakan Budaya Selama Abad Ke-20 hingga Era Reformasi[M]. EDISIUS RIYADI TERRE, terjemah. Jakarta: Yayasan Pustaka Obor Indonesia, 2015: 113; MJUNUS MELALATOA. Kajian Etnogragi dan Pembangunandi Indonesia[M]//E K M MASINMBOW. Koentjaraningrat dan Antropologi di Indonesia. Jakarta: Yayasan Obor Indonesia, 1997: 93-104.

图2-1　印度尼西亚共和国国徽

收回命令式政策，减少社会文化控制。2000年，国会通过1945年宪法第二修订案。其中第36条A项规定印尼国徽图案为：昂首展翅的印度金翅神鹰握持国家箴言卷轴；神鹰胸前盾牌分五个部分，分别代表建国五基五个原则，金星象征信仰至高神明、牛头象征公正人权人道、绿树象征民族国家团结统一、棉桃稻穗象征民主繁荣昌盛、金链象征全民平等社会公平（见图2-1）。

第三节　多元结构

当今印尼是汇集了近万年文史的参天大树，树干下有着盘根错节的文化文明根系，在本土文化外有印度、中国、大中东、欧洲、北美等文明。南岛语系原住民文化，印度教、佛教文化，伊斯兰教文化，华南工商匠心文化，欧美基督教和现代工商文化踪迹，在印尼国徽甚至印尼诸岛国人言行中都有显现。巴厘岛有印度教传统；雅加达、泗水等都市有唐人街；亚齐、望加锡、巴东高地有穆斯林城堡；密纳哈萨、安汶有加尔文新教社区；弗洛勒斯和帝汶岛有天主教堂。[1]南苏拉威西帕洛波融合了上述所有人文精华。印尼文化文明多样性源于特殊的地理生态历史过程。群岛地理环境使迁来的原始马来人能在相对封闭的环境里跟原住民从容涵化并发展出多样的族裔语言文化传统。如今印尼社会文化多样性在政治、经济、社会、民族、语言、宗教、生活方式、文学艺术等方面都有共存性状。

一、民族和语言

当今印尼学界承接第二次世界大战后印度等新兴国家传统，对“民族”概念使用严苛，对国内人群通常不称“民族”（Nationality）甚至不称“族裔”（Etnik），而是沿用殖民时期惯用的“部落”“部族”（Suku Bangsa）称谓。

---

[1] 克利福德·格尔兹. 尼加拉：十九世纪巴厘剧场国家[M]. 赵丙祥，译. 上海：上海人民出版社，1999.

本书按中国习惯，且将这些地方语言文化习俗群体称为“民族”，相当于我国各少数民族。印尼国内民族群体至今没有权威定数，政府也不用“民族”作为分类范畴，皆因担心民族识别增强地方民族意识妨害国家整合。官方因此也就没有地方民族部族数据。希尔德雷德·格尔茨（Hildred Geertz）曾估算印尼民族群体300多个，语言超过250种，地方语言分三大语群：波利尼西亚马来语群分布在印尼西部及中部岛屿；北哈马黑拉语群分布在北马鲁古省及哈马黑拉岛；巴布亚语群分布在安汶（Ambon）东部，苏拉-巴坎（Sula-Bacan）及南哈马黑拉巴布亚地区。[1]印尼某些网站和书籍称印尼有民族300多个语言700多种。祖雅尼·希达雅（Zulyani Hidayah）再版的《印尼部落百科全书》罗列了民族部落名称700多个。人口占全国近53%的爪哇岛仅有5个族部：巽他、爪哇、藤格尔（Tengger）、巴杜伊（Baduy）、贝塔维（Betawi）；苏门答腊岛则有99个民族；加里曼丹岛亦有近百个民族；苏拉威西岛有民族百余；西伊里安岛则有两百多个民族；其他小岛群概有民族近百且分布相对密集。

印尼政府将国内各族分为三类：部族（民族）、外籍人后裔、边远部落。部族各有文化生态家园。外籍人后裔包括中国、阿拉伯、印度、欧美和印欧混血后裔，其中阿拉伯后裔同化最深，跟本土人区别仅在体征。边远部落指生活在封闭环境里的原住民，他们仍操游耕渔猎生计且用刀耕火种方式开垦山林粗放种植水稻和芋头等块根作物。[2]原住民群体分布在印尼各岛，相对独立发展，基于不同生态环境发展多样文化，形成独特语言、习俗、服装、建筑、原始宗教信仰等，是印尼文化多样性重要组成部分。位于雅加达的印尼文化缩影公园集中展现了各地各民族建筑。边远部落多数人仅讲本民族语言而不会讲印尼语。各民族成员结婚仪式上仍穿戴民族传统服饰。

二、法律和宗教

当今印尼国家宪法和其他法律条例，多依循欧美即荷兰、美国体制。但地方

---

❶ HILDRED GEERTZ. Aneka Budaya dan Komunitas di Indonesia［M］. A RAHMAN ZAINUDDIN, terjemah. Jakarta：Yayasan Ilmu-Ilmu Sosial dan FIS-UI，1981.

❷ SYARIF MOEIS. Pembentukan Kebudayaan Nasional Indonesia［R］. Bandung：Fakultas Pendidikan Ilmu Pengetahuan Sosial，Unirersitas Pendidikan Indonesia，2009.

法律体系因仍有各地习惯法赓续呈现多样性状。亚齐省甚至仍然实施伊斯兰教法。范·佛伦霍芬在1948年将印尼分为19个部落习惯法盛行区:(1)亚齐;(2)伽佑-阿拉斯(Gayo-Alas)、巴塔克(Batak);(2a)尼亚斯(Nias)、巴图(Batu);(3)米南卡保(Minangkabau);(4)南苏门答腊;(4a)恩卡诺(Enggano);(5)马来(Melayu);(6)邦加和勿里洞(Bangka dan Biliton);(7)加里曼丹;(8)米纳哈萨(Minahasa);(8a)桑吉尔-塔拉乌(Sangir-Talaud);(9)格若塔罗(Gorontalo);(10)托拉查;(11)南苏拉威西;(12)德尔拉特(Ternate);(13)安汶和马鲁古岛;(13a)达雅西部群岛(Kepelauan Barat-daya);(14)伊里安岛;(15)帝汶岛;(16)巴厘和龙目岛;(17)爪哇岛中部和东部;(18)苏拉卡尔塔和日惹;(19)爪哇岛西部。[1]国家法律体系随着印尼民族国家现代建设逐渐完善。但各地涉及生育、婚姻、遗产继承的习惯法,仍能影响秩序实践。

印尼"建国五基"首条强调"信奉至高神明",但不限定宗教信仰类别,只将信教作为公民义务并倡导多样信仰并存。现代印尼国家承认五个制度性宗教,即伊斯兰教、基督教、天主教、印度教、佛教。此外还有原始信仰以及中国的儒教、道教。这些宗教在多数地区都非单一传承而是相互融合仅有不同侧重。佛教主要分布在廖内省北部及东部海岸;印度教主要分布在巴厘岛和加里曼丹省中部;天主教主要分布在东努沙登加拉省;基督教主要分布在西伊里安、北苏拉威西省、松巴岛以及苏门答腊省北部;占国民总人口近87%的穆斯林分为近俗与虔诚两类:近俗穆斯林主要分布在楠榜省(Lampung)和爪哇岛,虔诚穆斯林主要分布在苏门答腊、加里曼丹、苏拉威西和西努沙登加拉省多数地区。笔者在日惹特别行政区水宫曾看到佛教、印度教、伊斯兰教文化符号共存的建筑装饰。

这样的格局也是印尼不同政治权力博弈的结果,宗教信仰范围即政权辐射范围。1—14世纪佛教、印度教自西向东传播,如今在巴厘岛、龙目岛以西尤其是爪哇岛占据主导。这是古代佛教印度教王朝范围。13世纪伊斯兰教传入,主要依托商贸网络在苏门答腊、爪哇两岛跟佛教印度教王国竞争,如今在苏门答腊岛根基最深。16世纪后,葡萄牙带来欧洲天主教,后被荷兰基督新教顶替。事

[1] KOENTJARANINGRAT. Pengantar Antropologi I[M]. cet. 4. Jakarta: Rineka Cipta, 2014: 193-194.

实证明,西方宗教在佛教、印度教和伊斯兰教信仰较深地区传播受阻最大,其重心因而落在巴厘岛和苏拉威西岛以东。具体而言,天主教核心在东帝汶及周边东努沙登加拉岛,基督教新教核心在北苏拉威西、伊里安查亚地区。伊斯兰教伴随民族主义运动在第二次世界大战及独立战争中与天主教、基督教逆势竞争,现依托社会组织成为印尼主流宗教。荷兰殖民统治政权辐射地方最广,基督教传播次之。印尼各地都有基督教社区皆因为荷兰殖民政权曾经普及,但其在苏拉威西以西仍非主流宗教。

三、政治和经济

印尼国家政治体系包括地方与中央关系均有地域差异。如今印尼共有一级行政区34个,包括31个省、2个特区、1个首都区。亚齐、雅加达、日惹、巴布亚、西巴布亚的立法和地方自治权限较其他省区为大。2001年修订施行的地方自治法明确亚齐、日惹、伊里安查亚(2003年2月分为巴布亚、西巴布亚)享有自治地位。日惹是印尼独立战争根据地及前首都。日惹苏丹对国家贡献突出,所以至今不废,只是变成特别行政区。

日惹如今仍有两套统治并存:苏丹王国体系和现代国家市长体系。日惹苏丹每年仍要在莫拉比火山、日惹王宫和海边举行仪式祈求国泰民安、风调雨顺。日惹东边的梭罗也保留了苏丹,苏丹帕库布沃诺十二世(Sultan Pakubuwono XII)仍然在位。亚齐位于苏门答腊岛北部马六甲海峡南岸,石油天然气资源丰富且战略地位重要。亚齐对印尼政府财政盘剥不满,曾发起长期独立运动,最终印尼政府承认亚齐自治权,亚齐有权制定地方性法规,且于2003年开始实行伊斯兰教法。伊里安查亚即新几内亚岛西部,黄金矿藏丰富,1963年才由荷兰归还,很多巴布亚人不愿归入印尼而发起自由巴布亚运动,印尼政府最终承认其自治权。这两个案例说明民族区域自治不仅能维持稳定治理且能达成国家统一。

格尔茨对印尼文化生态多样性有如下观察:"内陆婆罗洲或西里伯斯的马来亚-波利尼西亚人的部落制度;巴厘、西爪哇、苏门答腊和西里伯斯的传统农民村落;中部和东部爪哇河谷平原上的'后传统'农村无产者村落;婆罗洲和西里伯斯海岸拥有市场观念的以渔业和走私生计村落；爪哇内陆和外围诸岛上业已衰落的地方城市和小城镇；雅加达、棉兰、苏腊巴亚和望加锡的人口众多、混乱不堪和半现代化的大都市。”[1]

科恩把印尼分为城市与农村两类。城市再分为工业欠发达的小城市与工业大都市。农村则分四类：第一类是种植根茎作物兼采集狩猎，尚未经历青铜文化、印度教和伊斯兰教等外来宗教文明洗礼，近现代稍受基督教影响的原生村落，其分布区在尼亚斯、门达崴（Mentawai）、伊里安查亚等地。第二类是佛教、印度教主导的水稻种植村落。它形成较早，后来分别受伊斯兰教和荷兰殖民影响，跟殖民城市关系间接，其分布区在爪哇、巽他、巴厘等地。第三类是伊斯兰教主导的水稻种植村落，跟荷兰殖民政府的中心城市有关且受印度教影响较少，其分布区在亚齐、米南加保、望加锡（Makassar）等地。第四类是基督教主导的丘陵农村，主要跟荷兰殖民者拓建的中小城市有关，其分布区在巴达克、达雅、米纳哈萨、弗洛勒斯、安汶等地。格尔茨与科恩分类都把城乡作为首要界别，其差别全在农村分类简繁：格尔茨整合一类与四类且城市归为同一类。[2]这缘于他研究印尼较早，城市间差别还小。

各国学者研究印尼农村均强调水稻种植。其实印尼农村生计也有多样性，如沿海就多有渔村。马来西亚、菲律宾、印尼交界处的巴瑶人（Bajau）更有“海上吉普赛人”之称。他们在浅海造屋，常年潜水捕鱼为生。美国前总统奥巴马母亲安·邓纳姆的《困境中求生存》则呈现过爪哇有别于稻作农耕的工匠村：其主要生计包括打铁、制陶、纺织、制革、竹编、蜡染布、制作皮影，等等。[3]

四、小结

印尼地理区位文化生态包括语言宗教、习俗法律、民族结构、经济社会多样

---

❶ 克利福德·格尔兹．尼加拉：十九世纪巴厘剧场国家［M］．赵丙祥，译．上海：上海人民出版社，1999：1-2.

❷ AMRI MAARZALI. Klasifikasi Tipologi Komunitas Desa di Indonesia［M］//E K M MASINAMBOW. Koentjaraningrat dan Antropologi di Indonesia. Jakarta：Yayasan Obor Indonesia，1997：139-150.

❸ 安·邓纳姆．困境中求生存：印度尼西亚的乡村工业［M］．徐鲁亚，等译．北京：民族出版社，2013.

性活力，都是其发展民族学/人类学的社会文化生态基础。地方、族部、语言、宗教等民族文化多样性秉赋，各民族部落在多样基础上的经济社会政治诉求、民俗习惯法和现代城市化人口流动，还有列强扩张、殖民挑战和新兴国家对外去殖民化融入国际体系，对内团结统一协调整合的现实需求，都是印尼民族学/人类学成立发展和知识生产主题。

第三章　印尼学科传统

本章叙事主要参考科恩的著作《印尼人类学》、马斯纳姆博沃主编的《科恩贾兰宁格拉特和印尼的人类学》(文集)、阿姆里·马扎里(Amri Marzali)的《人类学与公共政策》、维克多·T. 金和威廉·D. 威尔德的《东南亚现代人类学》、迈克尔·普拉杰的文章《从荷兰的民族学到印尼的人类学专业:印尼人类学在战后印尼的出现》和马丁·拉姆斯泰特的文章《人类学与民族国家:印尼的应用人类学》及其他相关文献。

第二次世界大战前印尼地区民族学/人类学的人文社区研究,由殖民宗主国荷兰学界主导,同时也有英国、德国、法国、澳大利亚学人参与,特点就是“欧洲人研究非欧洲人”。他们用进化论、传播论等范式,把印尼社会视为“部落”“原始”“野蛮”“异教”,旨在收集资料建构人类文化或社会发展史框架,助推殖民统治基督教传播,用所谓的文明富裕取代贫困落后。这种局面甚至在印尼独立建国后仍有近十年延续。

1957年,新兴印尼着手去殖民化和建设本土民族学/人类学,外国人入境受限但本土学人仍不愿研究本土知识。印尼高校教学和研究仍受荷兰影响,沿用前期教材且延请荷兰专家任教、研究。杜文达(J. ph. Duyvendak)1935年编写的《印度群岛民族学概论》(*Inleiding tot de Ethnologie van de Indische Archipel*),费斯彻(Fischer)1940年编写的《荷属印度民族学概论》(*Inleiding tot de Volkenkunde van Nederlands-Indie*),赫尔德(Gerrit Jan Held)的教学大纲等,仍是印尼民族学主要参考书。直到1956—1958年,印尼因西伊里安岛(今伊里安查亚省)统治权跟荷兰翻脸才驱逐荷兰学者。荷兰1963年归还西伊里安岛后,荷兰学者又能返回印尼。1957年,科恩刻意聘用本土学者创建印尼大学人类学系,同时受命在其他各高校建立学科做本土研究。

第二次世界大战后,美国学界关注东南亚,印尼地位提升。1967年IGGI项目启动后,欧美人类学学者和学生在印尼开展研究的数量增加。印尼学者和学生多到美国访学、留学与交流，导致美国人类学传统在印尼占据主导地位。1975年后，印尼在东帝汶独立问题上跟美国和澳大利亚对垒，双方交流受限。外国学者活动范围缩小。当时的西方人类学家只有跟印尼学者合作，才能参与研究印尼机构项目。在此过程中，印尼学者相对于外国学者地位提升。

第一节　客体叙事

本节叙述第二次世界大战前西方特别是荷兰殖民当局组织学界开展的印尼人文研究成果。

一、早期交流记述

印尼文字出现较晚，当地人及其文化的早期记述多见于外界如古代中国、印度、阿拉伯相关文献，包括马可·波罗、伊本·白图泰等记述的印尼风土人情。这些文献显示，印尼群岛在5世纪前即为外界所知。这跟中国高僧法显海外求经年代相近。更详细乃至足以成为印尼人文研究记载依据者，来自大航海时代以来的西欧人。他们留下的文献包括：①旅行家日记；②基督教传教士记载；③语言学家作品；④自然博物学家写作；⑤殖民官报告。[1]这些早期记载数量庞大质量不高，却是学科发展的基础，有人专门就此做过目录介绍。[2]

（一）旅行家日记

2世纪罗马人克劳狄乌斯·托勒密（C. Ptolemy）的《地理学指南》记有印尼群岛。《马可·波罗游记》第三卷中有爪哇、亚齐等风土人情概述。葡萄牙旅行家托梅·皮莱资（Tome Pires）和意大利旅行家安东尼奥·皮加斐塔（Antonio Pigafetta）都曾写到印尼。前者1512年借道印尼到达我国写有《东方简述》（*Suma Oriental*），简单介绍过印尼的苏门答腊、努沙登加拉岛、马鲁古和马六甲等地风俗。后者

❶ KOENTJARANINGART. Anthropology in Indonesia：A Bibliographical Review［M］. Hague：Koninklijk Instituut voor Taal-，Land- en Volkenkunde，1975：1-27；仓田勇，周星．印度尼西亚习惯法的研究轨迹［J］. 民族译丛，1991（4）：28-36.

❷ 有关印尼早期记载的目录性写作可参见KOENTJARANINGART. Anthropology in Indonesia：A Bibliographical Review［M］. Hague：Koninklijk Instituut voor Taal-，Land- en Volkenkunde，1975：1-5.

16世纪前期来到印尼，用日记记录下这些岛屿的风俗习惯，还编译马来语词典收录426个词是为开山之作。欧洲其他国家旅行家也留下了16世纪印尼风俗习惯见闻。德国民族学前辈巴斯蒂安（Adolf Bastian）1884—1889年出版的五卷行记《印尼马来诸岛秩序》（*Indonesien, order die Inseln des Malayischen Archioels*）最为丰富。

（二）传教士及圣经译员记载

西方传教士17世纪开始尝试向印尼传播基督教。他们在印尼几个岛上建立教堂和宗教学校，但对当地民情记载甚少。19世纪末，传教士才对印尼风俗习惯显出兴趣。瓦伦丁（F. Valentijn）在1686年前后推出的七卷本《古今东印度群岛》（*Oud en Nieuw Oost-Indien*），已有印尼岛屿多种主题的详细信息，如教堂会议、进出港口船只、贸易交往和其他情况，还有不同岛屿风俗习惯的记载。19世纪，一些传教士开始强化传教并出版通讯刊物，包括1857年推出的《荷兰传教会的通讯》（*Mededeelingen van wege het Nederlandsche Zendelinggenootschap*）。越来越多的传教士开始发表文章，有些颇具民族学、人类学价值。例如，特费尔（M. Teffer）详述过一个灵媒的神力附体仪式；威尔肯（P. N. Wilken）作了北苏拉威西米纳哈萨县（Minahasa）的人文介绍；颇恩森（C. Poensen）描写了爪哇风情、民俗、服饰、建筑艺术，很多作品价值颇高。颇恩森1869年的报告里讲到爪哇穆斯林概分"银白"（Bangsa Putihan）与"棕红"（Bangsa Abangan）两派。前者是虔诚穆斯林，后者信仰层次较浅。

19世纪末，有些传教士成为印尼语言、风俗、信仰专家。1890年，克鲁伊特（A. C. Kruyt）到苏拉威西传教兼作宗教学校教师，他还跟儿子和传教同仁合作研究当地语言文化，亲身考察印尼其他地方并生动记载各地艺术、工艺、经济、家庭生活、社会组织和宗教信仰。

《圣经》翻译家也是一股学术力量。19世纪前，西方各国尽管都有了本国《圣经》译本，但各国传教士无力克服东方语言障碍，无法译出东方民族语言的《圣经》，从而限制了宗教传播深度。19世纪中后期，启蒙运动和工业革命促成思想解放，东方语文学发展迅速，《圣经》翻译提上日程。很多西方人为了把《圣经》译成东方当地语言而学习各地民族文化。有荷兰东方学者借助哲学文献学习印尼—马来语，旨在看懂印地语、梵语、巴厘语和马来语古文献。把《圣经》译成南苏拉威西文的马提斯（B. F. Matthes），写了很多描述当地民族风俗习惯的文章。范·德尔·图乌克（H. N. van der Tuuk）出于同样目的学习托巴巴塔克（Toba Batak）语言并研究居民习俗。

（三）博物探险家作品

19世纪，英国、荷兰、德国、瑞典科学家海外科学探险成风。博物学家直接兴趣不在民族文化，但其报告也多有人文信息。印尼是东方航海探险要冲。1847年，瑞士植物学家佐林格（H. Zollinger）到苏门答腊南部、爪哇岛、苏拉威西南部和其他岛屿探险，记载诸多重要人文信息。1843—1848年，德国地理学家施瓦纳（C. Schwaner）考察了加里曼丹岛西部和东南部，并在1853年的报告中呈现了这些地方的民族文化。1840—1870年，德国动物学家冯·罗森伯格（H. von Rosenberg）到印尼苏门答腊岛各地、马鲁古岛、西伊里安等地，其报告对所到之处的自然环境和人文景观乃至生命周期仪式均有述及。1878—1883年，英国动物学家福布斯（H. O. Forbes）考察了印尼东部岛屿写下居民信息。

（四）殖民官员报告

19世纪，欧洲哲学社会科学水准提升，表现于颇具专业水准的殖民官员的工作报告。

1. 英国殖民官

1771—1779年，马斯登（W. Marsden）出任南苏门答腊明古鲁（Bengkulu/明古鲁省）殖民官。他于1783年写的《苏门答腊岛史》（*The History of Sumatra*）描述了该岛多个民族的体质特征、服装、建筑、家庭设施、农业设备技术和生命周期仪式、亲属制度、社会化过程及宗教等，并提出理论观点，包括比较目标社区与印尼其他地区的文化多样性，并按水准分出五层。他最早关注印尼习惯法且是首个使用马来—印尼语“习惯法 Adat”的外国人。[1]他的很多观点成为20世纪民族学、人类学和法律人类学的重要命题。语言学家对他尤为敬重，因为他精通马来语并最早研究南岛即马来—波利尼西亚语系（Malayo-polynesian）各语言关系。

1811—1816年，拉弗斯（T. S. Raffles）出任印尼诸岛副总督。他对爪哇文化

[1] 仓田勇，周星．印度尼西亚习惯法的研究轨迹[J]．民族译丛，1991(4)：28-36.

多有偏见，但其1817年出版的两卷本《爪哇史》(*History of Java*)至今仍是爪哇史重要著作，对爪哇经济、传统技术、艺术手工艺、社会体系、土地使用权体系、习惯法、信仰、宗教和文学表达形式多有论述。他的报告主要基于政府公务员资料而关注土地所有制，旨在改革殖民地土地制度。

1811—1816年，约翰·克劳福德(J. Crawfurd)分别任职于马来槟城(Penang)和印尼中爪哇，学会了马来—波利尼西亚语。他最主要的著作是1812年基于中爪哇资料撰写的三卷本《印度群岛史》(*History of the Indian Archipelago*)：第一卷是艺术手工艺，描写服装、武器、建筑、数学、医药和印尼地理；第二卷是语言文化，讨论爪哇、马来等地民族语言文化细节；第三卷是社会政治，论述当地社会组织、政治结构和习惯法。

1840—1869年，詹姆斯·理查森·洛根(J. R. Logan)担任槟城法院公证人并学会南岛语言文化，发表过关于东南亚和马来的食物、服装、语言、宗教等著作。

2. **荷兰殖民官**

荷兰早期对印尼民族风俗习惯不了解且无兴趣，殖民官员培训机构也不提供相关知识。19世纪初，鲍德(J. C. Baud)建议荷兰开设殖民官员培训课，讲授印尼语言、风俗和生活方式。19世纪后半叶，荷兰殖民官对印尼民族文化理解力提升，工作报告开始呈现当地人文内容。荷兰政府要求殖民官员在不同地区轮值，威勒尔(T. J. Willer)就曾任职于苏门答腊西部、廖内、西加里曼丹、东爪哇和马鲁古地区，并写出多个地方的语言文化报告和专著。

荷兰殖民官的很多报告呈现了印尼地理、土地使用权、习惯法、税收、地方政治结构、治理状态、秘密会社、宗教、原始信仰和风俗习惯礼仪等信息。这些报告作为学术知识在巴达维亚(现印尼首都雅加达)学界创办的期刊如《巴达维亚社会的艺术和科学》(*Bataviaasch Genootschap van Kunnsten en Wetenschappen*)、《印度语言、土地和民族学杂志》(*Tijdschrift voor Indische Taal, Land- en Volkenkunde*)上发表，或列入专著文库《巴达维亚社会的艺术和科学论文》(*Verhandelingen van het Bataviaasch Genootschap van Kunsten en Wetenschappen*)。这些报告对于研究20世纪20年代的印尼社会文化意义重大。范·佛伦霍芬基于早期殖民官员的报告分析了印尼习惯法。1938年后，在巴达维亚发行的《荷属印度杂志》(*Tijdschrift voor Neerland's Indie*)成为研究印尼社会文化学术重镇。

另外，荷兰殖民政府在1867年就建有爪哇岛与马都拉岛居民调查委员会。1902年，委员会为掌握村民生活状况，系统调查了爪哇居民的渔业、畜牧、农业、商业、人际关系、勤劳程度、灌溉设施、法制、裁判、警察、村落经济、婚姻的缔结、艰苦的行业、卖淫、赌博、粮食、家屋、健康、财物的保管、资本积累等533项问题。[1]

(五)早期文献评价

印尼学界对欧洲同仁的早期印尼人及其文化记载批评颇多。科恩曾列举6点缺陷，日本学者仓田勇更指出10点缺陷。笔者概括如下：①多基于作者自身经历罗列印象，信息零碎，缺少社会文化整体综述；②多讲文化元素如奇风异俗表象哗众取宠，缺少深层意涵功能研讨；③多以作者自身文化标准看待印尼风俗习惯、宗教信仰，偏向欧洲中心论而少文化相对论；④多基于作者自身接触的地区、人群、事件，难免偶然性、片面性而不能兼顾全局整体；⑤风俗习惯描述多有主观偏见缺少客观实证；⑥多为物质文化记述，缺乏当地主位深层思想意识呈现；⑦多受时代局限而忽略现代学界关心的社会分工、女性角色地位等信息。但这些早期记载毕竟积累了珍贵原始材料，作为后期民族学/人类学研究基础弥足珍贵。

二、殖民研究命题

(一)荷兰殖民研究

1. 第二次世界大战前

19世纪中期，荷兰对印尼大部分地区实行殖民统治，同时印尼各地仍有抵制。印尼各地尤其是爪哇岛地区突出的贫困问题，促使殖民当局思考对策。荷兰政府为有效地统治，改变原先的强取豪夺而提出“伦理政治”，开始研究印尼土著居民的社会、生活、语言、文化，特别关注社会福利、居民健康、教育问题以求治

[1] 仓田勇，周星．印度尼西亚习惯法的研究轨迹[J]．民族译丛，1991(4)：28-36.

理创新。19世纪初,鲍德促使荷兰政府分别于1832年在苏洛卡尔塔、1836年在布雷多、1843年在代尔夫特学院开设殖民官员培训课程。1864年,荷兰政府建立专门学校——荷属印度国家语言、土地和民族学研究所(Rijksinstelling voor Taal-Land- en Volkenkunde van Nederlandsch-indie),向殖民官员培训印尼土著语言、土地和民族部落文化的知识。

1877年,荷兰莱顿大学设立民族学、人类学学科教授职位,1891年承接殖民官员培训任务。20世纪初,荷兰殖民官员的培训任务整体转归莱顿大学和阿姆斯特丹大学,代尔夫特等相关机构的培训被取消。1910年,荷兰殖民研究所(Koloniaal Instituut)开设印度学课程。维特、乔治·亚历山大·威尔肯、纽文宇、科内利斯·范·佛伦霍芬、斯努克·于尔格伦杰(C. Snouck Hurgronje)、哈泽(C. A. J. Hazeu)、乔赛林·德·荣格和克恩(R. A. Kern)等曾在莱顿大学教授印度学。阿姆斯特丹大学的印度学教师则有皮佩尔(G. F. Pijper)和施里克(B. J. O. Schrieke)等。

殖民官员的培训课程包括爪哇语言文学、马来语言文学、印尼地理、民族学、民俗学、阿拉伯学、伊斯兰教组织机构、印尼习惯法及印尼经济等,旨在使殖民官员了解印尼的语言、风俗、生活方式和当地民族思维方式。这就是印度学(Indologie/Indology)区域研究前身,在第二次世界大战期间改称"印度尼西亚民族科学"(Ilmu bangsa-bangsa Indonesia),下设三大领域:印尼历史和文献、社会政治、社会经济。习惯法和农村经济隶属于民族学/人类学,属于印度学二三级学科专题。殖民官员、教师、传教士及荷企职员均须在国内受训,然后到印尼实践教学,同时把当地知识写成近似民族志的工作报告反哺学术研究。有些人回国后就任印尼民族学/人类学专家教授。荷兰印度学家还尝试用规范方法概括学科基本规则建立学科体系模型,或者用归纳演绎法做比较研究。

作为马克斯·韦伯所谓的《新教伦理与资本主义精神》典型国家,荷兰同样重视殖民地学术建设。1778年,荷兰政府在印尼巴达维亚建有"巴达维亚社会的艺术和科学"研究机构,该机构在1853年推出《印度语言、土地和民族学学刊》(*Bijdregen tot de Taal-,Land-en Volkenkunde*)。19世纪中期,欧洲各国建立民族学、人类学专业机构时,荷兰于1850年创建"语言、土地和民族学皇家研究所"(Koninklijk Istituut voor de Taal-,Land- en Volkenkunde),该所于1853年推出《荷属印度的语言、土地和民族学学刊》(*Bijdragen tot de Taal-, Land- en Volkenkunde van Nederlandsch-Indië*),成为荷兰民族学、人类学重要园地。当年荷兰高校和研究机构秉承德奥学派重视地理环境的传统,用"荷属印度土地和民族学"(Land- en Volkenkunde van Nederlandsch-Indie)统辖印尼研究。《荷属印度学刊》把"民族"与"土地"均列入民族土地板块,统称Land- en Volkenkunde,包括印尼文化及印尼的火山、山脉、河流等研究。这些都是为荷兰殖民统治服务,但也都展现出殖民大国学术雄心。

著名学者霍兰德(J. J. de Hollander,1817—1886年)是马来语教师,教授印尼历史、地理及民族学课程。他1861—1864年间写成两卷本《印尼土地和民族学教程指南》(*Handleiding bij de Beoefening der Land- en Volkenkunde van Indie*),篇章包括印尼地理、气候、自然、历史,政府结构、各地人的体质特征、服装、人格类型、语言特性、文学史、宗教模式、社会体系、社会组织、教育、纪念活动、娱乐和游戏等。后人评论这部专著缺少整体概念框架但原始数据丰富。

维特(P. J. Veth,1814—1895年)原修神学,在自学了东方语言和文学后对马来语言文学和印尼伊斯兰教产生了兴趣,并因相关研究成果被授予莱顿大学东方语言文学荣誉博士学位。他1841年任弗兰尼克雅典学院的希伯来语和古典文学教授,1864年任荷兰殖民官员培训学院的荷属印度语言土地和民族学教授,1877—1885年任莱顿大学荷属印度土地及民族学教授,到1894年80岁时,作品多达353项。维特组织了由23名学者组成的团队,1877—1879年间在苏门答腊岛中部收集当地地理、自然环境以及人们的语言、文化和历史数据,然后主编出版了九卷报告《苏门答腊中部》(*Midden Sumatra*)。

乔治·亚历山大·威尔肯(G. A. Wilken,1847—1891年)是19世纪后叶印尼人文研究最重要的荷兰学者。1869年成为荷兰殖民官员,在印尼各地任职开始学术写作,1881年回荷兰莱顿大学进修,1884年获博士学位,1885年成为莱顿大学教授并发表多篇论文,直到1891年去世。他的著作仍深受当时流行的单线进化论影响,认为进化论能解决文化和社会起源等问题。他尊崇达尔文的生物进化论,但拒绝采纳摩尔根《古代社会》的阶段分期,而是接受巴霍芬(J. J. Bachofen)的四阶段进化说,包括认定人类父权之前曾有母权社会。他试图用习惯法推断外婚制、乱伦禁忌起源、新娘私奔、彩礼、婚宴、转房、产翁制、从子称、典当和贷款的起源。他用泰勒(E. B. Taylor)的万物有灵论、图腾信仰和其他宗教概念分析解释仪式、祭品和肢体划伤的祭献意义。

19世纪90年代,荷兰高校开始对殖民官员进行专业知识系统培训。第二次世界大战前,印尼实地调查多由荷兰学者型官员垄断。威尔肯的学生虽然较少专攻印尼民族志,却多以社会学家或习惯法专家成名。印尼人文研究仍以欧洲旅行家、传教士、殖民官员为主,1924年才真正形成学科规范主导。

纽文宇(A. W. Nieuwenhuis,1864—1953年)是医学博士,1893年开始多次到婆罗洲(加里曼丹岛)考察;1904年受命为莱顿大学人类学教授,专攻生态环境与居民文化发展的关系,并做跨文化比较,后期专攻图腾崇拜的研究,对荷兰人类学的发展意义重大。

斯努克·于尔格伦杰(C. Snouck Hurgronje,1857—1936年)出身殖民官员家庭,学过犹太哲学和文学,后成为荷兰阿拉伯事务顾问并转向印尼研究,成为印尼伊斯兰教及教法专家。1891—1992年到亚齐做研究,1907年成为莱顿大学阿拉伯和伊斯兰研究机构的教授。

另有科内利斯·范·佛伦霍芬和奥森布鲁根(F. D. E. van Ossenbruggen)研究印尼习惯法、乔赛林·德·荣格及其学生拉赛尔(Rasser)研究印尼古代社会结构、杜文达研究印尼传统社会变迁等。

2. **第二次世界大战后**

第二次世界大战后的荷兰印度学不复以往繁荣,但仍有少数优秀作品。赫尔德战前开始研究,1947年出版《巴布亚的瓦洛彭人》(*De Papoeas van Waropen*),介绍住在伊里安岛鸟头湾(Teluk Cenderawasih)东部的瓦洛彭(Waropen)部落文化。查伯特(T. Th. Chabot)研究苏拉威西南部布吉人(Bugis)亲属制度、社会层级和男女关系,1950年写成《亲属关系,南方庆典中的性别和立场》(*Verwantschap, Stand en Sexe in Zuid Celebes*)。布尔格(D. J. Burger)1949年出版《爪哇社会的结构变化》(*Struktuurveranderingen in de Javaanse Samenleving*)。

印尼独立初期,荷兰人类学家仍在当地高校任教兼做研究。1950—1954年,范·伍德(F. A. E. van Wouden)在印度尼西亚大学任教。伊丽莎白·阿拉德(E. Allard)任印度尼西亚大学的社会人类学教授直到1958年。赫仑(H. J. Heeren)和帕尔默(C. H. M. Palm)也是印度尼西亚大学的人类学老师。当时人文社科学术文章主要发表在三个期刊：创于1853年的《印度语言、土地和民族学学刊》(*Bijdregen tot de Taal-,Land- en Volkenkunde*)；创刊更早但因资金不足于1958年停刊的《印度语言、土地和民族学杂志》(*Tijdschrift voor Indische Taal-,Land- en Volkenkunde*)；第二次世界大战后创刊的《印度尼西亚》(*Indonesie*)。

1956—1958年，荷兰政府不愿向印尼交还西伊里安，导致两国关系破裂，印尼驱逐了多半荷兰学人且拒绝荷兰专家人境研究。荷兰学者转而研究伊里安岛，也在欧洲本土发展博物馆人类学研究。印度学成为远方科学即“非西方社会学”组成部分，主要由荷兰政府人口事务办公室资助。1963年，荷兰放弃西伊里安金矿，西伊里安成为印尼一省，两国交流恢复。

（二）荷兰学术选题

荷兰学者研究印尼多围绕其语言、风习、宗教观念、“原始思维”、社会经济生活、习惯法、古代社会结构、文化调适等主题。殖民官员注意收集任职地的资料寄送回国，供荷兰学者做比较研究和理论构建，并征询同仁反馈补充收集资料。荷兰语言学家对印尼兴趣深厚，并将其方法推广到民俗、爪哇考古学、前殖民史、印尼伊斯兰教法研究领域。

荷兰人类学始终关注学术与应用。学术方面，部分学人基于印尼田野结果构建新理论。首先是习惯法领域。荷兰殖民官员从19世纪末开始就用印尼资料结合欧洲文献做习惯法研究，检验并发展新理论，包括特尔哈尔(Ter Haar)1962年提出“习惯法圈”(Adatrechtskringen)，佛伦霍芬1982年推出“习惯法的发现”。其次是“荷兰结构论”的推出。它虽未能动摇英国“结构功能论”和法国“结构论”，但学科理论价值不容忽视。最后是“二元经济论”的提出。印度学专家注重爪哇农村经济体系、经济社会学和殖民地经济学。1953年，经济学家简·伯克(Jan Boeke)基于印尼农村调查，提出“二元经济论”，显示印尼田野的理论生成能力。应用方面，著名成果概有斯努克·于尔格伦杰关于亚齐伽佑族的研究，罗摩·阿德里亚尼(Romo Adriani)和克鲁伊特关于托拉查人的研究，罗摩·盖斯(Romo Geise)关于巴杜伊人的研究，以及威尔肯关于米纳哈萨人的研究。

1. **习惯法研究**

习惯法是前现代社会基本规范，然而荷兰政府和东印度公司早期对此重视不足。于尔格伦杰是荷兰学界研究印尼原住民习惯法的先驱，他是阿拉伯古典文学和伊斯兰史教授，对亚齐习惯法和伊斯兰教法用功极深。他发现印尼前现代社会规范并不纯粹，而是本土习惯法与伊斯兰教法合成。20世纪初，荷兰三位杰出学者开始阐释习惯法价值及其社会文化背景。

科内利斯·范·佛伦霍芬在荷兰法学院把印尼习惯法研究发展成法学学科分支。荷兰学界主流包括很多律师和殖民官员曾经忽视习惯法，欲以西方民法取代。1898年，佛伦霍芬在莱顿大学学成法学到殖民事务部工作，后任莱顿大学荷属印尼民族文化教授。他一边上课一边撰写习惯法专著涉及法学各分支，费时30年收集整理印尼习惯法，又按语言谱系分出印尼19个习惯法地区（详见第二章）。他的分类体系提升了习惯法地位并得到学界传承、充实和调整。

奥森布鲁根（F. D. E. van Ossenbruggen）在印尼出生长大，深受古典进化论和涂尔干结构论影响，重视习惯法背后的社会文化背景，范围及于家庭进化、原始思维、亲属制度。

特尔巴尔（B. ter Baar）师从佛伦霍芬，1924年任雅加达法学院教授，研究实证法和司法正义并以著作影响印尼学生。他发现习惯法裁决通常由社区领袖、议会或宗教理事会基于传统惯例做出。这条进路后来由其学生和其他学者继承。

2. **宗教观念与“原始思维”**

20世纪初，荷兰民族学、人类学特别重视宗教。克鲁伊特研究过南苏拉威西山地托拉查人宗教，发展出有别于泰勒的万物有灵论。1906年，他推出《印尼诸岛的万物有灵论》（*Het Animisme in den Indischen Archipel*），聚焦“灵魂要素”（Zielestof）。他认为，原始“灵魂要素”不仅存在于生物体如人、动物、昆虫、植物，也存在于非生物界。这种物质在不同物种的不同部位含量不同，某些动植物中的含量多于其他动植物，在人体、头部、头发、指甲、内脏、牙齿、分泌液含量更多。人们可随饮食或吞咽某些物质如血液增加灵魂物质，但其结果对人有好有坏。原始宗教思维是灵魂产生和存在的根基，万物有灵论到灵魂论是观念进化必要阶段。沃内克（J. Warneck）、卡默林（E. Camerling）曾用这种理论做印尼研究。

纽文宇在1917年的《万物有灵论根源》（*Die Wurzeln des Animismus*）一书中，

同样试图挑战泰勒的万物有灵论并持两点异议：一是人类并非通过做梦解梦，而是通过观察身边万物生死现象产生灵魂观念；二是泰勒关于人类意识到灵魂存在且死后继续存在的宗教起源论，不能解释印尼文化中常见的多样灵魂共生现象。宗教根基源于早期人类对周边自然现象的敬畏。

奥森布鲁根研究过印尼习惯法的神秘背景，认为印尼人的多样习惯法实践是用神秘信仰创造应对危险情况的功能仪式。于尔格伦杰论述过印尼伊斯兰教法和习惯法的合成。1920—1940年，荷兰社会学界掀起精读涂尔干学派作品的潮流。列维-布吕尔（Levy-Bruhl）是涂尔干的哲学同事，其作品在荷兰学界广为人知。他认为原始思维概有三大要素：互渗律（Loi de Participation）、神秘感（Mystique）、前逻辑性（Prelogique）。这些概念在20世纪30年代的印尼学界传播虽广但影响不深，仅有少数人以此作为博士论文选题。

3. **古代社会结构**

20世纪30年代，莱顿大学民族学教授乔赛林·德·荣格开启印尼古代社会结构研究，其学生特别是拉赛尔将其发扬光大。拉塞尔主要研究爪哇戏剧和文学。印尼各地乃至东南亚各国都有班吉（Panji）的故事，德奥传播论学派的施密特（W. Schmidt）认为班吉是月神巡游，拉赛尔批评此结论并主张用涂尔干的原始分类和图腾崇拜概念作分析工具更有实效。

乔赛林·德·荣格同意并采用学生拉赛尔的理论，总结印尼传统社会结构：①古代印尼社会组成基于众多亲属社区/部落；②同一社会的诸多部落里，部落A从部落B娶新娘，部落B从部落C娶新娘，从而在结构上形成舅爷姑爷两类部落的新娘循环圈；③给出新娘的舅爷部落地位升高而获得新娘的姑爷部落地位降低；④缔结婚姻的各部落要在婚礼和其他纪念仪式上持续交换不同类别的礼物；⑤同一社区的部落分为给出新娘和获得新娘两类；⑥进而形成至少四个组别；⑦用于区分男、女，天、地；⑧这些分类有不同的图腾象征；⑨个人生命周期纪念仪式与祖先崇拜和死生形成两元对立，是关乎复杂信仰与禁忌的最重要活动；⑩印尼各地社会的“原初”宇宙观模型类似于佛教印度教，表现为三神互动互补体系：一是死亡/破坏、黑暗/堕落、苦痛/邪行（湿婆）；二是生命/恢复、光明/升华、幸福/善行（毗湿奴）；三是超然正义宇宙创造原神（梵天）；⑪死亡具有二元特质;⑫三元神的观念持续影响印尼各地社会的领导和权威结构。[1]

乔赛林·德·荣格对印尼传统社会结构的总结与其学生拉赛尔并无本质区别。他们的学生如杜文达、弗里德里希(H. J. Friedericy)、范·伍德、诺勃朗(C. Nooteboom)、尼克斯佩叶(M. M. Nicolspeyer)、沙勒(H. Scharer)、赫尔德、科斯·萨尔佐罗、盖斯、托恩斯(R. E. Downs)、托宾(Ph. L. Tobing)等,大多数研究印尼传统社会结构,但也有少数研究印尼以外传统社会结构的成果以资比较。

4. **文化适应**

持有文化相对论视角的传教士和殖民官员时而抱怨,说基督教及荷兰殖民制度破坏了传统仪式风俗和社会体系,导致原住民文化式微,农村经济维系和发展问题突出。他们不是不想社会变化,而是想让现代化变迁更有文化关照。也有些学者关注变迁的问题,他们聚焦如下问题:①文化转换是变成他者还是两者融合;②荷兰殖民规则对印尼社会的各种影响;③传统社会变化过程与西方影响渗透程度。科恩认为,真正的研究必须关注变迁社会里人的反应。美国人类学家帕森斯、林顿就此都有建议。最早的研究由雷德菲尔德(R. Redfield)、林顿(R. Linton)、赫斯科维茨(M. J. Herskovits)等在1936年展开。第二次世界大战结束后才形成势头。

布兰迪斯(J. Brandes)、司徒特海姆(W. F. Stutterheim)、拉赛尔斯(W. H. Rassers)等学者,则基于传播论探寻印尼文化艺术跟印度的关联。传教士和殖民官都关注荷兰殖民管理、经济和文化政策对印尼的影响。安德里亚尼(N. Adreani)等论述了荷兰殖民政府影响的积极一面,如废除猎头和奴隶捕杀。克鲁伊特等人则揭示荷兰殖民的消极影响,如瓦解传统社会政治制度导致民族文化消失。布尔格考察爪哇社会结构变迁并于1948—1949年发文认为印尼在16—17世纪已属资本主义早期。荷兰和西方促使其进程加速,大量原生共同体变成次生社会。1956年,沃特海姆(W. F. Wertheim)也指出西方对印尼的影响。

1935年,杜文达出版《印度群岛的民族学概论》(*Inleiding tot de Ethnologie van de Indische Archipel*)一书。他以印尼一些民族群体为例描述印尼的原始和传统的文化形式,总结印尼文化现代化转型的方式:①传统社区特征变成现代社会

---

[1] KOENTJARANINGART. Anthropology in Indonesia: A Bibliographical Review[M]. Hague: Koninklijk Instituut voor Taal-, Land- en Volkenkunde, 1975: 143-145.

特征；静止社会变成动态；共同行动社会变成个体行动；基于宗教的文化变成基于世俗。②社会转变从小处单方面向外扩散，且在进程破坏平衡导致危机。③社会不公和危机使社会传统价值丧失。④领导者可用政治、教育、宗教、经济、习惯法政策调节变迁过程。[1]

三、荷兰之外客体叙事

荷兰之外的德国、英国、法国、澳大利亚等都有研究印尼成果，而美国最多。我国对印尼的民族学、人类学研究，始于南洋考古、语言民俗和华侨研究。

德国语言学、民族学家威廉·施密特神父基于文化传播论，深信古埃及是人类宗教起源地，进而研究全球各地原始孤立社会的"天神/上帝"信仰痕迹，并关注印尼天神信仰。

澳大利亚与印尼隔海相望合作密切。澳大利亚对印尼的民族学、人类学研究起于第二次世界大战后，尤以20世纪60—70年代为盛，重镇是澳大利亚国立大学和莫纳什大学。悉尼大学、墨尔本大学、弗林德斯大学、昆士兰大学等也有印尼研究机构或专业，主要研究印尼的语言和文学。1974年，麦克吉(J. A. C. Mackie)出版了《对抗：1963—1966年印度尼西亚—马来西亚争端》(*Kondrontasi*: *the Indonesia-Malaysia Dispute*, 1963—1966)系统梳理两国关系，并于1976年主编《印尼华人五篇散文》。查尔斯·科珀尔(Charles Coppel)主要研究印尼的华人，其博士论文题为《危机中的印尼华人》(*Indonesian Chinese in Crisis*, 1975)。安东尼·瑞德(Anthony Reid)研究印尼国家革命和北苏门答腊亚齐地区的历史文化，1969年出版《1858—1898年：争夺北苏门答腊：亚齐、荷兰与英国》(*The Contest for North Sumatra*: *Atjeh*, *the Netherlands and Britain*, 1858—1898)，1974年出版《印尼国家革命：1945—1950年》(*The Indonesian National Revolution*, 1945—1950)，1979年出版《人民喋血：北苏门答腊的革命与传统规则的终结》(*The Blood of People*: *Revolution and the End of Traditional Rule in Northern Sumatra*)，2004年出版《印尼边疆：亚齐人与苏门答腊另类史》(*An Indonesian Frontier*: *Acehnese and other Histories of Sumatra*)。

[1] KOENTJARANINGART. Anthropology in Indonesia: A Bibliographical Review[M]. Hague: Koninklijk Instituut voor Taal-, Land- en Volkenkunde, 1975: 177-178.

第二次世界大战前英国殖民官员的民族学、人类学培训概由剑桥、牛津、伦敦三所大学承担，一些学员做印尼研究颇有成果（参见前述）。第二次世界大战后，英国人类学家保持了印尼研究兴趣，成果包括牛津大学尼达姆（R. Needham）做过加里曼丹槟榔人（Penan）研究（1954年）、印尼交表婚和民俗研究（1957年），伦敦经济学院帕尔默（L. H. Palmer）做过中爪哇传统社会分层研究，1964年完成博士论文《爪哇的社会地位与权力》。

第二次世界大战前的美国人类学兴趣主要在美洲印第安人，其次是拉丁美洲和大洋洲社会文化，因而涉及印尼。玛格丽特·米德是文化人格学派骨干，她早年曾奉导师博厄斯之命研究萨摩亚人和新几内亚人的青春期文化与人格。1936—1937年，她与贝特森合作研究巴厘人的文化人格形成，1942年成书《巴厘人的特点：基于摄影的分析》（*Balinese Character: A Photographic Analysis*）。1947年，米德与库克·麦克格里高尔（F. Cooke Macgregor）合作，分析巴厘儿童成长过程考察成长与文化的关系，1951年成书《成长与文化》（*Growth and Culture*）。1937—1939年，科拉·杜·拜奥斯（Corra Du Bios）在印尼访谈阿洛岛人（Alor）生命史及文化与人格，1944年成书《阿洛人：东印度一个岛屿的社会心理学研究》（*The Peopole of Alor: A Social-Pschological Study of an East Indian Island*）。

第二次世界大战后，美国基于经济资源和军政目的强化印尼社会文化研究，将之纳入东南亚区域板块。美国研究东南亚和印尼的中心有三：康奈尔大学、耶鲁大学、麻省技术研究中心。印尼民族学/人类学先驱人物多在这些机构学习，如塞罗索马丹（Selosoemardjan）、巴赫蒂亚尔（Harsia W. Bachtiar）和G. L. 丹（Tan. G. L）在康奈尔大学留学，科恩在耶鲁大学留学。

《想象的共同体》的作者本·安德森晚年回忆，当年康奈尔大学远东研究中心东南亚研究项目下设现代印尼方向由政治学教授乔治·卡欣（G. McT. Kahin）主持，聘请政治历史人类学家参与印尼革命、农村社会、发展变迁、文化适应等课题研究。德克斯托（R. B. Textor）1954年研究农村社会发展中的农民参与，威尔莫特（D. E. Willmott）研究三宝垅华人。[1]耶鲁大学在第二次世界大战前即关注印尼文化。1949年，地理学教授卡尔·佩尔泽（K. J. Pelzer）推出《亚洲热带地区的先驱者定居点》（*Pioneer Settlement in the Asiatic Tropics*），研究印尼和菲律宾移民。

---

[1] 本尼迪克特·安德森. 椰壳碗外的人生[M]. 徐德林，译. 上海：上海人民出版社，2018.

此后，他又与助理卡宁汉(C. Cunningham)合作研究苏门答腊东部移民。卡宁汉20世纪60年代多次返回印尼调查，写出颇多书籍、文章。波斯皮希尔(L. Pospisil)研究巴布亚埃纳罗塔利(Enarotali)地区政治经济体系和继承法，后来成为耶鲁大学人类学教授。默多克(G. P. Murdock)主持的“人类关系区域档案”(Human Relations Area Files，HRAF)把印尼作为重要数据来源。他1956年推出的三卷本《印尼区域手册》(*Area Handbook of Indonesia*)概述印尼文化、社会、经济和政治体系。麦克维(R. McVey)1963年主编的《世界文化研究》(*Survey of World Cultures*)包含印尼文化。勒巴尔(F. LeBar)1964年主编的《东南亚岛屿的民族群体》(*Ethnic Groupsof Insular Southeast Asia*)对印尼民族部落概述翔实。

麻省技术研究中心重点研究印尼文化变迁、经济建设和政治关系并在第二次世界大战后特设五大课题：国际沟通、美国与共产主义国家关系、美国与其他国家关系、政治发展相关问题、经济建设相关问题。它特别关注意大利、印度和印尼，印尼的研究由经济学家辛吉斯(B. H. Hinggins)主持，特别关注印尼经济、地理并涉及社会文化。

20世纪50年代，美国组成东爪哇莫佐古托(Mojokuto)研究项目团队：克利福德·格尔茨研究爪哇的宗教，他的夫人希尔德雷德·格尔茨研究爪哇和巴厘人的亲属制度，罗伯特·嘉伊(Robert Jay)研究爪哇的农村社会组织，爱德华·瑞安(Edward Ryan)研究爪哇华人的文化价值体系，爱丽丝·杜威(Alice Dewey)研究爪哇的农民经济市场。

克利福德·格尔茨研究印尼成果最显著，后来作为人类学家饮誉全球。他1952—1954年在爪哇东部，1957—1958年在巴厘调查。后基于东南亚印尼和北非摩洛哥田野成果，提出“阐释人类学”，代表作有《文化的解释》和《地方知识》。他明确人类学文化研究重点不是物质而是心态，不是事项而是符号意义，不是经验实证而是“解释的解释”。格尔茨提出人类学最高水准是写出“深描”民族志，用当地人生活世界视角，阐释当地人对其文化逻辑的解释。他对印尼研究的主题包括政治、经济、宗教、社会、文化诸多方面。他的宗教研究聚焦于伊斯兰教，1960年成书《爪哇的宗教》。他的社会—经济史研究聚焦于文化生态，代表作是1964年的《农业内卷化：印尼的生态变迁过程》；地方政治结构研究代表作是1980年的《尼加拉：十九世纪巴厘剧场国家》。他还研究亲属制度。他的学生西格尔(J. T. Siegel)1962—1964年在亚齐和北苏门答腊做博士论文,研究当地人战前战后社会组织和世界观的变迁。美国1965年支持苏哈托夺权,介入印尼政治经济军事社会各领域,美国人类学遂在印尼占主导地位。

第二节　主体叙事

本土学科是印尼民族学/人类学主体主位叙事前提,其标志是1957年印度尼西亚大学成立文化人类学系。科恩在1975年出版的《印尼人类学》和其他作品里指出,第二次世界大战后印尼独立前,荷兰殖民政府主导印尼民族学/人类学为其服务,印尼本土学科萌芽也源于荷属东印度殖民的民族学、人类学研究和教学。迈克尔·普拉杰2005年发表的文章“从荷兰的民族学到印尼的人类学专业:印尼人类学在战后印尼的出现”等,也具有重要参考价值。

一、主体意识展现

20世纪之前,印尼现代教育缺乏,印尼人很少自觉学习和研究本土语言、文化。虽然荷兰殖民当局已在巴达维亚(今雅加达)建立学校教育殖民者子女,但印尼平民只能上基础小学,本土高等教育提上日程,皆因新民族政策把高等教育机会向印尼人开放。

1901年,荷兰在印尼实行新的民族政策(Dutch Ethical Policy),威廉明娜(Wilhelmina)女王宣布给予印尼人灌溉、移民和教育权利。[1]新民族政策源于“界而治之”的新理念。在此之前,大英帝国殖民统治包括印度在内危机四起,诸多殖民地频发居民暴动、军人哗变。1857年,英国法学家亨利·梅因(Henry Maine)指出,英国的印度殖民统治失败,皆因“认知”错误不能尊重当地“习俗”,导致居民群起反对。他倡导殖民地治理从“直接”转向“间接”,即从改造、同化、消除差异,转而承认差异、保护传统,用熟悉地方文化的传统精英实施间接统治。几十年后,荷兰学者面对亚齐长期动乱,也主张殖民当局反思东印度群岛政策。1891

[1] ROBERT CRIBB. Developemnt Policy in the Early 20th Century [C]//JAN-PAUL DIRKSE, FRANS HYSKEN, MARIO RUTTEN. Development and Social Welfare: Indonesia's Experiences under the New Order. Leiden: Koninklijk Institutut voor Taal-, Land- en Volkenkunde, 1993: 225-245.

年,荷兰当局在东印度殖民地增设"原住民和伊斯兰事务顾问",学者斯努克·于尔格伦杰首任。他分析了伊斯兰法与地方习惯法,指出二者内涵实质兼容大可并行不悖。佛伦霍芬接任后继承于尔格伦杰事业,创建研究印尼各地习惯法的科学。两人因而都是殖民地间接统治政策的思想先驱。[1]

1899年,荷兰著名律师和新民族政策倡导人康拉德·西奥多·范·德文特尔(Conrad Theodor Van Deventer),在荷兰《指南》(*De Gids*)杂志上发文,题为《荣誉欠债》(*Een Ereschuld*)。他提出荷兰有义务向印尼人提供培训教育,该观点很快波及政治圈。20世纪初,荷兰政府采纳其观点推出民族新政策,明确向印尼人提供高等教育机会。1920—1927年,荷兰东印度殖民当局在印尼各地大办培训学校。此前,印尼人获得高中文凭再想深造就须远赴宗主国荷兰,因为第一次世界大战后荷兰设政府奖学金资助印尼优秀学生留学。

(一)赴荷兰留学生

印尼留学生赴荷兰多数进莱顿大学,少数分赴乌特勒支(Utrecht)大学、阿姆斯特丹大学、代尔夫特科技学院、瓦赫宁根(Wageningen)农学院、鹿特丹(Rotterdam)经济学院。他们多数人修习法律和经济学,少数人修印度学,出路都是进殖民政府文官体系。印尼学生在印度学框架下亦可攻读民族学课程,但多数学生兴趣不大。相比之下,爪哇史、语言学和"习惯法研究"吸引力更强。1901—1933年,科内利斯·范·佛伦霍芬在莱顿大学执教期间,曾招收下列印尼留学生随他攻读习惯法并获博士学位:龚多科索莫(Gondokoesomo)、古苏马哈·阿马加(Kusumah Atmadja)、恩达·博埃米(Enda Boemi)、苏波莫(Soepomo)、索里普托(Soeripto)、索莫科尔(Soumokil)。

印尼人第二次世界大战前多进公务员体系,很少有人做人文学术研究。他们即便拥有荷兰名校博士学位,要想立足科学领域也很难为殖民当局认可。但学界名流毕竟与众不同。荷兰人类学家乔赛林·德·荣格1935年出任莱顿大学荷兰—印度研究系主任,他不仅直接给留学生上课,还鼓励印尼学生积极参与本土人类学创建。他视印尼年轻学者为同仁,强调民族学不仅研究边远岛民,还应回答现代问题。上他课程的印尼学生虽少,但所起作用不容忽视。侯赛因·贾佳

---

[1] 马哈茂德·马姆达尼.界而治之:原住民作为政治身份[M].田立年,译.北京:人民出版社,2016.

迪宁格拉特、博尔巴迦戛纳、苏波莫就是其中三杰。

侯赛因·贾佳迪宁格拉特（Hoesein Djajadiningrat/Jayadiningrat，1886—1960年）师从莱顿大学研究伊斯兰教法著名教授于尔格伦杰。1913年，他以万丹史批判思考为题撰写论文获得博士学位，是首位印尼人博士且开启印尼历史民族志先河，建国后得到"印尼历史研究法之父"的称号。1924—1934年，出任巴达维亚法律学校首位印尼本土教授，是任职高校的印尼第一人。他在学校开设伊斯兰教法、爪哇语、马来语、巽他语等课程。1935年成为印度教理事会成员，1940年升任宗教系主任，日本占据时期出掌宗教事务部，1952年担任印尼大学文学院教授，1957年出掌语言文化研究机构。

博尔巴迦戛纳（R. Ng. Poerbatjakara，1884—1964年）在20世纪20年代初进入莱顿大学，师从教授克罗姆（N. J. Krom），1926年获博士学位。毕业后，他成为文化专家、爪哇科学家和古代爪哇文学专家。后来又出任《巴达维亚社会》（*Bataviaasch Genootschap*）期刊的手稿收集人兼馆长。第二次世界大战后，他担任加查马达大学、印度尼西亚大学、乌达亚娜大学多聘教授，专事爪哇研究。

拉登·苏波莫（Raden Soepomo，1903—1958年）也是早年就读莱顿大学，师从范·佛伦霍芬教授，1927年以研究梭罗地区农业制度改革的论文获博士学位。毕业后，他就职巴达维亚律政署，同时兼任巴达维亚高等法律学院教授。印尼独立后，他先后在加查马达大学、印度尼西亚大学和雅加达高级警政学校任教。1951—1954年曾出任印度尼西亚大学校长。

第二次世界大战后，印尼赴荷兰留学生急剧减少，但仍有少数青年从荷兰获得博士学位且对印尼社会科学有杰出贡献，如科斯·萨尔佐罗、伊斯玛、托宾。前两人师从莱顿大学乔赛林·德·荣格教授。伊斯玛1949年获得博士学位，1952年成为印度尼西亚大学社会学系主任，1954年成为印尼新政府官员。托宾师从乌特勒支大学的费斯彻，1956年获得博士学位。

（二）本土高校学科教育

荷兰殖民政府在印尼建立的早期高校侧重实学，所设专业多为技术、经济学、农学、法律、语言学、社会科学。1860年，巴达维亚建立威廉三世国王学院（Gymnasium Willem III），直到1942年日本占据时期关闭，原址是如今的印度尼西亚国家图书馆。该校初期仅为殖民官员子女提供中级教育,20世纪才向印尼青年开放。1910年,林克斯(D. A. Rinkes)受聘该校爪哇语教师,后出任土著事务顾问,直到1916年离职前往阿拉伯殖民地。范·登·伯格(L. W. C. van den Berg)也曾在此任教,研究伊斯兰法律和爪哇阿拉伯人文化。创建于1864年的高级公民学院(Hogere Burgerschool)最初也是中学,1917年后,升格成大学并开设人文科学专业。

1924年,巴达维亚法学院(Rechtshoogeschool te Batavia)建立,这是荷兰殖民政府在印尼建立的第二所高校和第一所政法高校,课程有技术、法律、认知科学和文学等,没有民族学、人类学。20世纪30年代,民族学作为边缘学科列入课表。1938年,荷兰学者杜文达主持开设民族学课程,但印尼学生最初对此兴趣不大,杜文达的策动讲课很快改变了印尼学生的看法。他指出,民族学、人类学虽然出自欧洲地理扩张,但学科知识不属于欧洲而属于全人类。他相信研究者的文化背景能影响知识结果面貌。他认为文化和习惯法研究,都要有本地人参与才能保证科学质量、立场、公平。1938年,巴达维亚法律高等学院共有学生412名,其中印尼人264人,华人69人,欧洲人54人。杜文达没有亲炙门生,民族学仅是辅助课,他教印尼民族学也教欧洲文化史以便比照。杜文达倡导学生撰写个人生活史,体验多样社会文化背景对人生史观的形塑作用。其理念代表着学科理论方法前沿,堪称印尼民族学先驱。

特尔哈尔的习惯法课也把民族学作为附属知识而非独立学科。此后渐有印尼学者受聘到高校辅助荷兰学者教学研究,荷兰学者因此学到伊斯兰教法并知道它调和殖民法律与原住民多样习惯法的张力。印尼学者哈泽林(Hazairin)就在雅加达高等法律学院读书时成为特尔哈尔的助理。1941年,特尔哈尔晋升习惯法系主任时,又把侯赛因·贾佳迪宁格拉特和拉登·苏波莫聘为助理。

1940年,荷兰殖民政府在雅加达创建文学和语言学院,次年又建农学院。杜文达在文学院任职,1941年因病离校,职位由赫尔德承接,赫尔德任职时间也很短。两人都是莱顿大学乔赛林·德·荣格的学生。1942年,日本占领印尼,把荷兰殖民官员、教师和家人都抓进监狱,很多人没能活着走出这座炼狱。杜文达获释后,死于1946年1月。日本占领印尼期间,废除了荷兰语西方教材,关闭印尼所有大学,唯留中学技校,法学等社会科学也停办。

1945年日本败降，印尼宣布独立并恢复高校，把原荷兰政府在雅加达建立的三所高校即技术高等学院（Sekolah Tinggi Teknik）、法律高等学院（Sekolah Tinggi Hukum）、医学高等学院（Sekolah Tinggi Kedokteran）及原文学院和农学院合并，成立“印度尼西亚大学”。印尼独立最初十几年，印度尼西亚大学仍无民族学/人类学系，但有赫尔德作为民族学/人类学教授，范·伍德作为助理。赫尔德还兼任印尼大学语言文学研究中心带头人，由伊丽莎白·阿拉德辅助。赫尔德1956年去世，职位由阿拉德取代。后者在1958年两国关系破裂后离开印尼。

印尼独立前，巴达维亚法律高等学院很多学生参与民族主义运动。索功铎·佐卓波希托（Soegondo Djojopoesito）和穆罕默德·亚敏（Muhamad Yamin）是其中骨干，他们曾在1928年万隆青年会议上大出风头。此时民族主义者热衷寻找思想概念融合印尼诸岛居民异质文化。苏加诺1927年创建印度尼西亚民族党，是印尼首个跨宗教、跨地区的政治联盟，旨在从荷兰殖民统治下争取独立。印尼独立后，巴达维亚法律高等学院的学生或进入政府内阁或成为雅加达、日惹等地高校教授。特尔哈尔的学生佐卓迪古诺（M. M. Djojodiguno）战后任教于日惹特别行政区的加查马达大学，开设民族学/人类学和社会学课程，致力学科本土化。

荷兰高校的语言学、习惯法、民族学和殖民时代印尼本土高校课程，都为印尼本土学科萌芽奠定了基础并影响其早期发展。但本土民族学科还须经历波折才能问世。

二、殖民遗产清理

（一）战后僵局

民族学、人类学就其本质而言具有由启蒙运动奠定的跨地方、跨民族、跨文化平等博爱、文明进步的人类情怀。但其前身跟西方列强殖民毕竟纠缠不清，所以在第二次世界大战前的民族主义运动，第二次世界大战后的去殖民化冲动中遭到新兴国家质疑批判而处境尴尬。如果原殖民宗主国对新兴国家尊重不足或权益处置不当，像法国在北非阿尔及利亚和东南亚越南那样颟顸贪婪，倡导开明统治的民族学、人类学处境就更加尴尬。荷兰民族学作为印尼本土学科基础，就在第二次世界大战后遇到了这种局面。

日本投降、印尼宣布独立后，荷兰不愿放弃殖民利益，试图在美苏主导的世界新秩序里重演战前旧格局剧目；结果迫使印尼经历独立战争四年有半，激起新兴印尼国家更加仇视殖民统治并殃及民族学/人类学声名地位。印尼民族精英将民族学/人类学视为荷兰殖民学术“印度学”嵌入体，但民族精英又对“欧洲人研究非欧洲人”的民族学/人类学仍有需求，要用它来排拒“原始”“野蛮”“落后”“研究对象”阴影。这种矛盾心态使得民族学/人类学课程在各高校勉强立足。但印尼学生兴趣仍低，荷兰专家也因学科名声受损心绪低迷。

荷兰学者为改变僵局，试图重新定义民族学、人类学内容与任务。1947—1948年，乔·德·荣格的学生诺勃朗发表文章，指出“文化研究”作为学科传统内容已然下降，学科为避免沦为“考古学”附庸，亟须研究现代社会文化包括城市人口问题和政教组织。[1]1949年11月，荷兰承认印尼完全独立，12月27日向印尼移交主权。1950年，印尼共和国建成，荷兰学者受到边缘化冷遇，主流社会质疑殖民学术，民族学/人类学学科地位备受争议。

（二）学科意义的争论

1950年印尼建国后不久，印度尼西亚大学法学院、文学院展开民族学/人类学学科地位之争：一方信奉优胜劣汰、落后挨打的社会达尔文主义，是现代论者；一方主张取消种族隔离、构建印尼国民认同，是民族论者。双方的学科立场分歧如下：前者认定民族学/人类学是殖民学术、国民耻辱，应该由研究现实的社会学取代；后者认为国家需要构建国民文史，民族学/人类学重要作用不可替代。

社会学家莫利亚（T. S. G. Moelia，1896—1966年）是前者代表。他曾在阿姆斯特丹和莱顿大学两校学习，1933年凭论文《现代科学中的原始思维》（*Het Primitieve Denken in de Modern Wetenschap*）获博士学位并回到印尼。1950年，他出任印度尼西亚大学社会学系教授兼主任，1952年升任印尼教育部长，伊斯玛接

[1] NOOTEBOOM C. Het belang van socio-ethnologisch onderzoek in het nieuwe Indonesie[J]. Indonesie. 1947(1):43-52. 转引自MICHAEL PRAGER. From Volkenkunde to Djurusan Antropologi:The emergence of Indonesian anthropology in postwar Indonesia[M]//JAN VAN BREMEN, EYAL BEN-ARI, SYED FARID ALATAS. Asian Anthropology. London and Newyork:Routledge, 2005:201-223.

手系主任。1951年,莫利亚撰文"印尼的社会学"(Indonesische Sociologie)。[1]文章指出,民族学/人类学执迷原始、静态社会为殖民当局张目,无助于社会现代化。新兴国家的社会政治要用新思想、新学术推动经济社会发展建设,必须面向未来、把握当代趋势,用社会学取代民族学/人类学。

坚持民族学/人类学使命地位的人认为,印尼社会现实是自然、地理、文化、生态、民族多样性,须用民族学/人类学研究促进各地各民族相互理解,在"多元统一"基础上做好国家治理。民族学/人类学可以获取国情知识、洞悉地方民族情况,因而是观察、研究社会的最有效方法。印尼有不同地域、民族、语言、宗教,因而有不同的政治党派,急须摆脱殖民统治而一致对外。但新兴国家怎样建立,世俗还是伊斯兰教,社会主义还是资本主义?1950年印尼新国家建政,但各类摩擦不断,政局持续动荡。这种局势要求新兴国家加强人文社会知识生产,促进国民整合即各民族的国民身份认同。这正是民族学/人类学学科使命。印尼教育部因而不仅没有取缔本学科反而支持其恢复建设。

其实在印尼诸岛,社会学与民族学/人类学的问题意识、主题选项、理论方法差异不大,各学科专家互动合作频繁,"乡村、原始、定性"与"城市、现代、定量"的分工方法界限早已突破。两个学科都关注农村饮食习俗、文化变迁、国家整合、多民族分布格局及社会适应。两者的区分在于:社会学一直隶属于社会与政治科学学院;民族学/人类学则先隶属于文学院,后来部分高校相关专业转到社会与政治科学学院。

三、学科重构

印尼本土学科建设以专才培养为当务之急。这项工作起初仍由留在印尼高校的荷兰专家承担。赫尔德返回雅加达在印度尼西亚大学任教,直到1955年去世都有研究选题和实地调查自由。他在20世纪50年代初,调查过西努沙登加拉群岛的松巴哇(Sumbawa)社区。范·伍德也执教于印度尼西亚大学直到1955年回国。伊·阿拉德到1958年两国关系恶化才被迫离开。但新兴独立国家毕竟有

---

[1] MOELIA T S G. Indonesische Sociologie[J]. Cultureel Nieuws Indonesie, 1951(11):28-32. 转引自 KOENTJARANINGRAT. Anthropology in Indonesia: A Bibliographical Review[M]. Hague: Koninklijk Instituut voor Taal-, Land- en Volkenkunde, 1975.

“政治正确”标准，包括学术用语、选题范围和研究方法都要尊重新政府权威，自觉地跟殖民学术划清界限。新政府仍派送青年学者出国进修和学生出国留学。1956年，印尼迎来两位本土人类学家回国，一是美国耶鲁大学人类学硕士科恩，二是荷兰乌特勒支大学人类学博士托宾。科恩到印度尼西亚大学任教，1957年与荷兰学者伊·阿拉德共建印度尼西亚大学“文化人类学系”，放弃此前沿袭荷兰传统的“民族学”名称，后来又改名“社会人类学”并吸收民族学。1958年，托宾出任南苏拉威西的哈撒努丁大学人类学教授，他的博士论文研究托巴巴塔克人的神明信仰结构并始终重视宗教。

（一）印尼大学学科建立

印度尼西亚大学位于印度尼西亚的首都雅加达（如今校区转到东爪哇省的德波市），是印尼最重要的高校之一，具有地缘资源、学术传统和国际化优势。在20世纪50年代初期派遣学生到日本、西亚、澳大利亚及美国等地留学进修，科恩名列其中。1950年，科恩在印度尼西亚大学文学院攻读语言学，1952年获得文学博士学位并成为赫尔德教授的助理，辅助其在松巴哇岛的田野工作并发展出民族学/人类学兴趣。印度尼西亚大学文学院院长普里约诺（Priyono）是科恩就读日惹加查马达大学时的老师，他希望科恩可以承担建设本土民族学/人类学学科的使命，所以帮他争取奖学金到美国进修人类学。1954年，科恩到美国耶鲁大学攻读人类学，师从默多克，1956年获得人类学硕士学位，然后响应政府的征召回到印度尼西亚大学任教。院长普里约诺安排阿拉德指导科恩写博士学位论文，科恩1958年获得民族学/人类学博士学位。先此一年，印度尼西亚大学建立全印尼首个文化人类学系，科恩出任系主任。这个“文化人类学”（Antropologi Budaya）之称借用于赫尔德的“文化科学”（Ilmu Kebudayaan）理念。

建系之初的印度尼西亚大学仅有三位人类学家，除科恩外，另两位是荷兰学者阿拉德和艾菲。人类学系首届招生57人。1958年，阿拉德被迫离校，科恩在印度尼西亚大学独当大任支撑本学科，还受命帮助各省高校组建民族学/人类学专业。先期出国进修留学的印尼青年陆续回国，有些人到印度尼西亚大学任教助推本土学科。1959年，巴琦蒂亚获得康奈尔大学社会学硕士学位，他回国后与博斯特玛（P. A. Postma）联手接掌印度尼西亚大学的社会学教学工作，还与科恩合作研究民族学/人类学课题，同时给文化人类学系开设印尼社会学、印尼社会发展史等课程。文化人类学系早期学生也对母校发展贡献良多。詹姆斯·达南德札加（James Danandjaja）是文化人类学系1957级学生，1960年成为该校人类学系的教师，致力民俗学和心理人类学。帕苏迪·苏帕兰（Parsudi Suparlan）是1958级学生，1961年成为巴琦蒂亚教授的助教，1963年成为人类学系讲师，讲授印尼人及其文化以及社区研究方法等课程。苏布亚克托·阿特莫索沃（Subyakto Atmosiswoyo）1961年进入文学院文化人类学系读书，1965年留校任教。人类学系学生马斯纳姆博沃和博迪森托索（S. Boedhisantoso）毕业后也都任教于印度尼西亚大学人类学系。1969年，印度尼西亚大学人类学系已有教师18人、助教6人，开始拓展分支学科。马斯纳姆博沃专攻语言学概论和学科方法。阿柳丁（Aliudin）致力印尼伊斯兰教的研究和教学。盖斯·索托波（Goes Soetopo）致力基础数据统计的教学。布迪·哈尔多诺（Budi Hartono）致力体质人类学。索佐诺·索卡托（Soerjono Soekanto）致力习惯法的研究与教学。

（二）其他高校的学科建立

1960年，承受新兴国家需求，印尼高校迅猛扩张，各省会城市纷纷建立高校，当年就有22所国立大学问世。新大学为保质量不惜采用“飞课”（Flying Lectures）模式，聘请爪哇岛建立较早的五所高校轮流派人到新高校整学期授课。1967年，印尼各地已有40所国立大学和数百所私立大学。各省市高校创建民族学/人类学系之初，都要与印度尼西亚大学分享师资和教材。科恩及其早期学生经常轮流到外地高校授课，直到实现学科再生产。科恩还组织派送各校教师、学生出国进修、留学，引进学科不同传统丰富本土特色。

1960年，巴查查兰大学（Universitas Padjajaran）文学院创建印尼第二个民族学/人类学系。1964年9月，日惹加查马达大学创建印尼第三个民族学/人类学系。1965年，萨姆拉图朗伊大学（Universitas Sam Ratulangi）建立印尼第四个民族学/人类学系。其他高校建系虽晚，但20世纪60年代也已开设相关课程。1962年，伊·古斯蒂·努拉·巴古斯（I Gusti Ngurah Bagus）教授在乌达雅纳大学文学院开设民族学、人类学课程，直到1984年7月才建系。1972年，印尼能够全面培养民族学、人类学的高校只有4所：雅加达的印度尼西亚大学、万隆的巴查查兰大学、日惹特别行政区的加查马达大学、北苏拉威西的萨姆拉图朗伊大学。其中仅印度尼西亚大学有博士生培养资质。

20世纪80年代，北苏门答腊大学(Universitas Sumatera Utara)、西苏门答腊巴东的安达拉斯大学(Universitas Andalas)、巴厘登巴萨的乌达雅纳大学(Universitas Udayana)、南苏拉威西的哈撒努丁大学(Universitas Hasanuddin)、东南苏拉威西的哈鲁欧雷欧大学(Universitas Halu Oleo)入列。1993年，东爪哇的艾尔朗加大学(Universitas Airlangga)和巴布亚的森德拉瓦西大学(Universitas Cenderawasih)成为增设民族学、人类学本科教育的国立高校。现今印尼有23所高校拥有民族学/人类学专业，包括东爪哇玛琅市的布拉维查亚大学(Universitas Brawijaya)，中苏拉威西的塔杜拉卡大学(Universitas Tadulalko)，中爪哇梭罗市的涩北拉斯马雷特大学(Universitas Sebelas Maret)，北苏门答腊的棉兰州立大学(Universitas Negeri Medan)，亚齐的马里古萨勒大学(Universitas Malikussaleh)，西加里曼丹的坦琼普拉大学(Universitas Tanjungpura)等。还有很多高校学科初建仍在发展中。

加查马达大学与印度尼西亚大学比肩，1949年12月19日在日惹合并早期多所高校建成，一直是大学革命旗手。建国初期，加查马达大学就着力聘请印尼教职工，并开设民族学/人类学课程体现民族主义。语言学家普利佐胡托莫(Prijohutomo)负责民族学/人类学课程，法学家佐卓迪古诺负责社会学课程。佐卓迪古诺是雅加达的法律高等学院的学生，曾师从荷兰习惯法大师特尔哈尔且做过田野调查，在当时的学界凤毛麟角。1964年9月，索马娣·索莫维达多(R. Soemadi Soemowidagdo)教授高瞻远瞩领导创建了加查马达大学民族学/人类学系。[1]他原是加查马达大学文学院的阿拉伯语和伊斯兰教文化历史教授，1960—1962年任文学院第四任院长。他认定文学院须有民族学/人类学研究国民文化才成体统，因而全力推动建系并亲任系主任教授民族学/人类学。苏马提·苏普拉伊特纳(Sumarti Suprayitna)教授人种学。人类学概论、社会文化人类学则请印度尼西亚大学的科恩、苏布亚克托·阿托莫斯沃、布迪·桑托萨(Budi Santosa)、吉米·陈素林(Jimmy Tan Su Lin)等人授课。直到1968年加查马达大学的民族学/人

[1] SUMIJATI ATMOSUDIRO. Repertoire: Fakultas Ilmu Budaya UGM [M]. Cetakan 2. Yogyakarta: Unit Penrfitan dan. Perpustakan Fakuftas Ihmu Budaya Universitas Gadjah Mada, 2008: 9.

类学系留下几名优秀毕业生作为师资。史加弗利·赛琳(Sjafri Sairin)在1967年成为加查马达大学民族学/人类学系本科生课程辅导员。柯蒂兰(Kodiran)1964年建系时就有人类学知识基础,1968年成为该校民族学/人类学系的正式老师。苏哈迪·翁索(Suhardi Wongso)也是1964级学生,1968年留系任教。20世纪80年代初,加查马达大学民族学/人类学系已有专业教师10人,其中博士1名。20世纪80年代,学院专设奖学金资助青年教师出国进修留学,确保学科排位领先和可持续发展。

第三节 教学科研机构

一、学科教学

(一)课程设置

当今印尼高校民族学/人类学教育分为两个类别层次:一类是一学年概论课程;一类是全程多年专才培育。[1]

第一类课程向大学人文社科各院系开放,旨在让学生了解印尼人文多样性,促进各民族文化相互包容理解,促进国家认同、民族整合。这些课程设在"法学院,军事法学院,社会科学院绝大多数系科(如政治学系、公共行政管理系、广告宣传系、传播通信系、社会工作系、犯罪学系和社会学系等),文学院的3个系(印度尼西亚语言学系、语言学系、历史系),心理学系,公共卫生系,教育学院,伊斯兰教研究所,神学院,天主教学院等"。[2]学员包括印尼各地各领域的未来精英,如法学家、律师、社会科学家、政治家、行政管理官员、媒体工作者、社会工作人员、语言学家、历史学家、心理学家、教师和神学家等。这门课程用文化多样性、文化相对论信息解构民族文化偏见,有助于印尼国家的长远

---

[1] KOENTJARANINGRAT. Anthropology in Indonesia: A Bibliographical Review[M]. Hague: Koninklijk Instituut voor Taal-, Land- en Volkenkunde, 1975: 239-253; KOENTJARANINGRAT. Anthropology in Indonesia[J]. Journal of southeast Asian studies, 1987, 18(2): 217-234; 昆扎拉宁格拉特,张继焦. 印度尼西亚文化人类学的教学与研究[J]. 民族译丛, 1992(2): 43-49.

[2] 昆扎拉宁格拉特,张继焦. 印度尼西亚文化人类学的教学与研究[J]. 民族译丛, 1992(2): 43-49.

发展和治理。

第二类课程要为专门系科学生提供高校师资人才，旨在促进民族学/人类学学科发展，再用学术研究促进国家社会发展和经济建设。1969年3月20—30日，印尼人类学会议在西爪哇省茂物市杜古（Tugu）召开，号称“基础社会科学项目”，相当于高校负责人联席会，商讨印尼各高校的学科专业课程设置和教材规格。[1]科恩主导，请到当年各高校资深民族学/人类学家：印尼大学有詹姆斯·达南德札加、帕苏迪·苏帕兰、苏波佳科多（Subjakto），巴查查兰大学大学有哈尔索佐（Harsojo），加查马达大学有柯蒂兰，乌达雅纳大学有努拉·巴古斯，棉兰州立大学有巴琼·邦衮（Pajung Bangun），萨姆拉图朗伊大学有尼可·卡朗伊（Nico Kalangi）等。会议协定本学科专业的本科教学课程应包括：人类学概论、史前文化、印度尼西亚地理、习惯法、印度尼西亚的伊斯兰教、基础统计学、社会和宗教体系分析、东南亚人及其文化、经济体系简析、社会研究方法、人类学理论、印度尼西亚社会史、印度尼西亚民族学、语言学概论、语言学、民族运动史等。教材多为荷兰印度学前期成果和本土民族学/人类学先驱编撰的书籍文章。

20世纪80年代，专业学科课表新增：亲属制度、社会组织、农民社区、宗教制度、印尼和伊里安民族志、体质人类学概论、人类学与发展等为主要科目；世界各大洲如非洲、大洋洲和美洲的民族志、印尼民俗学等为辅助科目；另有心理学、人口统计、政治、考古等相关课程概论供学生选修。研究生教育有五个方向：印度尼西亚人类学、医学人类学、生态人类学、经济人口人类学、法律人类学。

1969—1980年的学科课程科目演进，是印尼国际关系的表征。1975年前，印尼高校沿用荷兰教育体制，本科五年研究生两年。但1965年印尼与美国关系升温，政治经济军事学术合作紧密。印尼高校在1975年改用美国体制：本科四年硕士三年。美国学术渐居主导。美国的“文化人类学”亦如是。20世纪80年代，新兴印尼前三代学科骨干多到美国高校留学进修。印度尼西亚大学率先标榜各类分支学科，如医学、生态、经济、法律、教育、认知、宗教、人口等分支人类学如同雨后春笋蓬勃发展。

值得关注的是，印尼国民教育从中学就有民族学/人类学课程。高中且有教材讲解全球人类学进展、文化研究、印尼社会发展史、文化多样性变迁、国民语

[1] Pertemuan Antropologi di Tugu[J]. Berita Antropologi, 1969, 1(3): 41-48.

言、口述史及文化传统等，旨在吸引青年理解包容国内外人文多样性并在高考时报考相关专业。

（二）人文与社会："文化人类学"与"社会人类学"之争

印尼高校民族学/人类学专业起初隶属于文学院，与历史学、语言学、考古学、文学艺术为邻。20世纪80年代应用研究盛行，有些系开始转到社会与政治科学学院：印度尼西亚大学人类学系1983—1984年转院，北苏门答腊大学人类学系1986年5月转院。20世纪80年代中期以后，高校新建民族学/人类学系多直接建在社会与政治科学学院。但少数高校仍坚持在文化科学学院（即曾经的文学院）。加查马达大学的文化人类学系在20世纪90年代初经过争论最终仍留在文学院，乌达雅纳大学、布拉维查亚大学以及哈鲁欧雷欧大学的人类学系也在文化科学学院。极少数高校的民族学/人类学系设在教育科学和师范学院，如涩北拉斯马雷特大学。本学科在印尼高校的分属差异原因有二：一是新兴国家的早期质疑，促使本学科偏向现实研究；二是印尼摆脱殖民地阴影，重新拥抱荷兰/欧洲社会人类学。文化人类学则是认同美国体制。

欧洲民族学1922年曾遇到马林诺斯基、拉德克利夫-布朗的"社会人类学"旗号挑战。新旗号偏向科学实证方法，研究社会文化结构功能，矫正古典进化论学派欧洲中心论社会发展史弊端。19世纪的美国民族学、人类学受启蒙运动影响也曾聚焦"社会"。例如，摩尔根名著名称就是《古代社会》。但新鼻祖博厄斯带来了用"文化"抗衡英法"文明"的德国人文传统，偏向人文、史地、人性研究，标榜"文化人类学"而以"文化"为学科概念屋顶。文化人类学视文化为行动导向体系，侧重研究文化演进、传播、接触和涵化交流，因而也效法德国传统关注文化史。相比之下，社会人类学就更关注社会的制度结构和功能效用。

印尼民族学/人类学是荷兰/欧洲地理发现和殖民扩张产物，当然深受欧洲民族学影响。荷兰跟德国也有史地亲缘，所以早期民族学、人类学多设在文学院而毗邻语言学和历史学。荷兰后来受法国社会学和英国社会人类学影响，把民族学、人类学系转隶社会科学学院。印尼则因"时差"未及给学科转院。原因之一是转院牵涉教师、图书和硬件设施调配；之二是新兴国家与旧宗主国的微妙关系包括"去殖民化"动机。印度尼西亚大学1957年创建民族学/人类学系时采借赫尔德的文化科学理念而称“文化人类学系”，概有去殖民与学美国双重考虑，显示出科恩留学美国导向。1965年后的苏哈托“新秩序”时期，美国的影响持续提升，文化人类学树大根深。

20世纪80年代初，苏哈托政府要求人文社会学科全面培养学生应对社会发展需求。其实，印尼民族学/人类学经过建国初期的学科地位、意义讨论，早已自觉致力应用研究助力国家建设。科恩等本土先驱人物都认为解决社会问题促进社会和谐是本学科价值和初心使命。学者都乐于通过参与发展规划制订影响国家政策，从而改良社会。他们这才支持民族学/人类学系从文化科学学院转到社会与政治科学学院。1963年，荷兰归还西伊里安岛成为印尼新省，两国重新和好。1967年，美国牵头的IGGI项目对荷兰印尼学术合作也有助力。20世纪70年代，印尼青年学者、学生又能获得资助和奖学金到荷兰阿姆斯特丹、莱顿等大学精进学科知识。20世纪80年代，印尼政学两界对荷兰/欧洲学术体制温情重燃。科恩借助政府倡导契机，推动印尼大学“文化人类学系”转隶社会与政治科学学院并改名“社会人类学”以示现实关怀。多数学校追随印尼大学改旗易帜。

加查马达大学坚持不改自由民主初心，仍坚持把民族学/人类学留在文化科学学院，且继续打“文化人类学”旗号。1984年6月，巴厘岛的乌达雅纳大学新建的民族学/人类学系隶属文化科学学院。2014年，布拉维查亚大学的民族学/人类学系建立，仅三名专业教师，其中就有阿里·布迪延拓（Ary Budiyanto）和柯武尔（Hipolitus Kristoforus Kewuel）出自加查马达大学，该校把新系建在文化科学学院。哈鲁欧雷欧大学曾将民族学/人类学系转隶社会与政治科学学院，2014年又转回文化科学学院。

二、科研机构

高校之外，印尼民族学/人类学本科毕业生多在各机构就业，从事专业研究致力学术发展。这些机构包括政策实施研究中心、国家博物馆、印尼缩影公园（Taman Mini Indonesia Indah，TMII）和各地博物馆。其中隶属印尼认知科学研究所（Lembaga Ilmu Pengetahuan Indonesia，LIPI）的人类社会认知科学部的社区文化研究中心和印尼人类学协会（Asosiasi Antropologi Indonesia，AAI）贡献最大。

（一）印尼认知科学研究所

印度尼西亚认知科学研究所于1967年由政府创建，是国家研究机构（Lembaga Riset Nasional，LEMRENAS）、印尼认知科学议会（Majlis Ilmu Pengetahuan Indonesia，MIPI）之后的第三个国家社科机构。研究所下有两个机构致力人文社科发展研究：一是国家社会经济研究所（Lembaga Ekonomi Kemasyarakatan Nasional，LEKNAS），二是国民文化研究所（Lembaga Riset Kebudayaan，LRKN）。这是隶属于印尼中央政府的首个人类与社会科学领域的研究机构。1986年，印尼认知科学研究所成立近20年后重组，国家社会经济研究所和文化研究所重组为四个研发中心（Pusat Peneltian dan Pengembangan，简称Puslitbang）。将先前两个研究所中人类和社会科学领域的部分，融合成社会与文化研发中心（Puslitbang Kemasyarakatan dan Kebudayaan，PMB），下设两个研发组，即宗教哲学研究组、社会文化系统和动态研究组。2001年，LIPI社会与文化研发中心改名为社会与文化研究中心（Pusat Penelitian Kemasyarakatan dan Kebudayaan）且再次重组，在原本四个研发中心之外，新增法律研发中心。社会与文化研究中心下分四个研究组，即社区与法律、社区福祉与社会生态、宗教与哲学、文化与多元文化。各组都是跨学科领域且都有民族学、人类学家参与。2021年，印尼认知科学研究所的社会与文化研究中心（PMB LIPI）更名为国家研究与创新机构社会与文化重置中心（Pusat Riset Masyarakat & Budaya-Badan Riset dan Inovasi Nasional，PMB BRIN），将印尼多个科研机构纳入一个研究机构。该机构常跟国家政府部门、各高校及相关机构合作推进课题，出版系列文库，组织国内外会议，编辑维护《社会与文化》期刊（*Jurnal Masyarakat dan Budaya*）、数字图书馆和数据库（Pangkalan Data dan Perpustakaan Digital）。[1]

（二）印尼人类学协会

1983年3月12日，印尼人类学协会由印尼大学科恩教授、北苏门答腊大学乌斯曼·佩里（Usman Pelly）教授、哈撒努丁大学安迪·马图拉达（H. Andi Mattulada）教授和印尼民族学/人类学其他专家共同创建。这是印尼首个致力“人类学”领域的专业实践组织。成员多为印尼各高校民族学/人类学教师和其他机构本学

[1] 资料源于笔者访谈以及印尼认知科学研究所官方网站.［2018-10-31］. http://lipi.go.id/.

科专家，还有国外学者协力。协会是个悬空团体，形式松散没有固定办公场所，仅由几位负责人轮番召集研讨会。协会承办国内外同行学术会议，促进国内外学科专业交流合作。协会成员为政府机构、私人企业、社会组织志愿工作或与之合作促进人类学认知，参与各类机构政策制定，促进国家建设社会发展。[1]

印尼人类学协会建立之初取名“印度尼西亚人类学专家协会”（Asosiasi Ahli Antropologi Indonesia），后来嫌太长而改称“印度尼西亚人类学协会”。1983年建立后，协会总想举办印尼全国人类学会议，但因国家戒严直到1997年8月25—28日才在雅加达印尼酒店召开印尼人类学首届全国会议。参会者来自印尼17个地区，几乎都是人类学家科恩的学生。会议主旨一是强调学科参与国家发展建设解决社会问题；二是强调尊重文化多样性，促进各民族文化沟通理解。人类学协会与《印尼人类学》期刊合作，每两年会举办印尼人类学国际会议，邀请国内外印尼研究学者交流，探讨学科发展。

（三）印尼缩影公园

印尼缩影公园又称“美丽印尼”迷你公园，位于雅加达东南，汇集了全国33个省主要民族部落建筑文化。印尼每个民族部落都自有传统房屋建筑风格，有些民族部落建筑还不止一种。《印尼民族部落百科全书》统计印尼民族部落700余个，多于学界认知的300多个，这些民族部落散布印尼诸岛。迷你公园将之分为6个园区展示：爪哇、苏门答腊、加里曼丹、苏拉威西、巴厘和努沙登加拉、马鲁古和巴布亚。各园区的位置以中间的湖为准，按照印尼地图上各岛屿所在位置分列，展现国家民族文化多样统一。

投资主题公园“美丽印尼”的基金会由当时第一夫人苏哈托夫人斯媞·哈媞娜（Siti Hartinah）主持。1970年3月13日，她在雅加达主持会议讨论该项目，旨在激发印尼人民的爱国自豪感。1972年，主题公园立项奠基，但随即引发学潮及社会抗议。反对的理由，一方面，因为当时印尼整个国家贫困问题仍然突出，有些人认为公园的建造劳民伤财，不是国家当务之急；另一方面，更有些人认为迷你公园突出呈现印尼民族文化差异，不利于国家民族的团结统一。但军政府认定该项目利大于弊而执意推进，1975年4月20日，首批成果推出。各地各民

[1] 印度尼西亚人类学协会官方网站.［2018-10-31］. http://asosiasiantropologi.or.id/.

族建筑和博物馆跟进建设，旨在向国内外介绍印尼文化生态资源，促进民族文化多样性相互理解，提升各地独特潜力以吸引游客和投资者。

事实证明，这项文化建设的举措符合后现代转型潮流，有利于更新治理观念改善国家形象。如今“美丽印尼”迷你公园除了展现各地方各民族传统建筑，还建有呈现印尼各民族的生态家园、传统技术、物质生活、社会文化、认知方式的19个博物馆，包括印尼博物馆、艾思迈(Asmat)博物馆、苏哈托生平博物馆，以及印尼军史、邮票、宝藏、交通、电力新能源、体育、技术、石油天然气、动植物标本等博物馆。其中，“印尼博物馆”(Museum Indonesia)最具民族文化多样代表性，该馆1976年奠基，1980年揭牌，在三层建筑里展现了印尼民族文化多样性。很多民族学、人类学家在这里找到知识生产用武之地，始终扮演重要角色。

三、成果体现

印尼是当今世界发展中大国，已有23所高校开设培养民族学/人类学专才的系科专业，几乎遍布全国各重要岛屿：苏门答腊、爪哇、巴厘、加里曼丹、苏拉威西、马鲁古、巴布亚等。其中苏门答腊岛有5所：亚齐省的马里古萨勒大学(Universitas Malikussaleh)；北苏门答腊省的棉兰州立大学、北苏门答腊大学；西苏门答腊省的安达拉斯大学、巴东州立大学(Universitas Negeri Padang)。爪哇岛有8所：西爪哇省的巴查查兰大学、印度尼西亚大学；日惹特别行政区的加查马达大学；中爪哇省的迪波纳古洛大学(Universitas Diponegoro)、三宝垄州立大学(Universitas Negeri Semarang)、涩北拉斯马雷特大学；东爪哇省的布拉维查亚大学、艾尔朗加大学。巴厘岛有1所：乌达雅纳大学。加里曼丹岛有1所：西加里曼丹省的坦琼普拉大学。苏拉威西岛有5所：南苏拉威西省的哈撒努丁大学、望加锡州立大学(Universitas Negeri Makassar)；北苏拉威西省的萨姆拉图朗伊大学；中苏拉威西省的塔杜拉卡大学；东南苏拉威西省的哈鲁欧雷欧大学。马鲁古岛有1所：海伦大学(Universitas Khairun)。巴布亚岛有2所：巴布亚省的森德拉瓦西大学；西巴布亚省的巴布亚州立大学(Universitas Negeri Papua)。另有多所高校仍要筹建人类学专业。

民族学/人类学专业的学生越来越多。印度尼西亚大学1957年首届人类学学生有57人；1969年新生有15人；1983年已有本科生200多人，硕士生30人、博士生11人。1993年印尼国立大学已有10所高校设立民族学/人类学专业，就本科生人数而言，其中加查马达384人，乌达雅纳257人，北苏门答腊252人，巴查查兰251人，艾尔朗加235人，安达拉斯207人，哈沙努丁198人，曾德拉瓦西181人，印尼大学137人，萨姆拉图朗伊60人，合计超2000人。如今更多高校设有民族学、人类学本科专业，每年都有数千新生入学。他们毕业可到其他高校或高中任教，讲授学科概论与印尼文化多样性。

本学科专业教师也越来越多：1965年印尼民族学/人类学家只有9人。1972年有141人，包括国内高校博士学位2人，外国硕士学位8人，博士学位2人。1985年专业教师已达300多人，其中国内硕士学位15人，博士学位16人；外国硕士学位9人，博士学位4人。印尼独特的民族学/人类学两类课程设置，使本学科教师甚多，但真正的学科专家人数有限。维基百科收录有印尼人类学家124人，印尼人类学协会2017年印尼会员199人。

各高校、机构如有民族学/人类学专业，必有相关期刊发表研究成果。1969年，印度尼西亚大学创办《人类学故事》(*Berita Antropologi*)，这是印尼最早的本土人类学教学与研究成果平台刊物，1989年更名为《印尼人类学》(*Antropologi Indonesia*)。它代表了印尼本土民族学/人类学的主流发展方向。加查马达大学的《人文》(*Humaniora*)期刊，除了本学科成果，还兼顾历史、语言、文学、法律、经济等各领域成果。此外还有印尼认知科学研究所创办的《社会与文化》(*Jurnal Masyarakat dan Budaya*)，棉兰州立大学创办的《社会与文化人类学》(*Jurnal Antropologi Sosial dan Budaya*)，巴布亚高校创办的《巴布亚人类学》(*Jurnal Antropologi Papua*)。其他期刊如《生物文化》(*Bio-Kultur*)、《群岛文化集》(*Jurnal Pustaka Nusantara dan Budaya*)、《印尼民族志》(*Jurnal Etnografi Indonesia*)、《社会文化人类学问题》(*Jurnal Antropologi-Isu-isu Sosial Budaya*)、《文化科学》(*Jurnal Ilmu-ilmu Budaya*)、《整体观：社会与文化人类学》(*Holistik: Jurnal of social and culture anthropology*)、《社会文化领域研究》(*Jurnal Kajian Ruang Sosial-Budaya*)等。

第四章　印尼学科研究与范式

我国读者要理解印尼本土民族学/人类学及其知识生产机制范式，需要借助几个框架：一是印尼历史及学科史分期；二是库恩的“范式”和福柯“知识—权力”社会学原理。通常讲，知识生产有赖于当时的权力结构，但相关学者仍有主体能动性发挥空间。官员包括国家政治权力与学界精英领袖权威联手，能影响学术共同体的知识生产方向和类别的共识。印尼民族学/人类学的知识生产也深受不同时期社会背景及政治、文化、经济权力的影响：包括印尼特殊历史进程造就的民族文化多样性、殖民统治和独立战争史、独立后的国际形势、政治精英与学术权威的互动，以及项目资金的分配管理。学科学术知识史总之离不开国家社会政治格局。

学科精英权威的成果业绩，最能体现学术知识发展轨迹，反映学界对国家社会问题意识的感受和精英权威生活经历的影响。本章梳理印尼本土民族学/人类学学科建立后，主流学界在不同时期的政治经济社会文化背景下，表现出的问题意识、学术范式、研究成果和社会影响。

印尼本土民族学/人类学学科确立于1957年，标志是印度尼西亚大学人类学系创建。本书讨论印尼本土学科各时期研究范式，就始于20世纪50年代这个事件。此后的进程可分三期。

第一期是20世纪50年代到1965年的印尼独立建国初期。苏加诺怀揣自由主义梦想带领国家盘旋于东西两大阵营，致力国家治理整合，印尼民族学/人类学一面构想学科前景，一面参与国家建设。

第二期是1966—1998年苏哈托军政“新秩序”时期。国家现代化建设成为政权的问题意识与合法性依据，结果竟跟冷战精神合拍而成效斐然，且规定了印尼民族学/人类学致力于应用的方向。

第三期即1998年印尼“民主改革”运动以来。国家政治在后现代转型中恢复初心常轨，用赋权服务精神开放学术言论，体现民有、民治、民享。印尼学界一面跟国际接轨拥抱后现代结构主义理念，一面跟印尼各级政府、各类企业和非政府组织更紧密合作推进应用研究。

第一节　国家初建

一、整合遗产

第二次世界大战前的印尼民族学/人类学研究多由欧美/荷兰学人掌控。研究主题如第三章所述，概有印尼语言、习惯法、古代社会、风俗习惯、宗教结构、原始思维、经济社会、文化适应等，宗旨首先是服务于殖民统治，其次是用印尼民族部落的“原始、野蛮”文化，充实人类文明史发展不同阶段。第二次世界大战后殖民制度崩溃，印尼的“原始民族”也跟世界各地一样迅速“消失”（其实是“突变”）。幸存者也急速变化导致研究对象减少。新兴国家要去殖民化提升尊严，一时间也不愿发达国家把自己当成研究客体观察对象，而要自家国民发声做主位研究。20世纪60年代，西方人类学在这种背景下转向“家园本土”，多半基于资料积累做历史人类学分析。

但新兴国家的知识生产线不能一蹴而就，仍需少数荷兰学者留在印尼任教做有限制的田野调查。20世纪50年代末，印尼与荷兰因争夺西伊里安权属而交恶，荷兰学者被迫回国或转赴荷属伊里安查亚，印尼本土专家崭露头角。1956年，印尼学者科恩与托宾分别从美国、荷兰学成归国，本土学科建设提速。1957年，科恩建起印度尼西亚大学人类学系，同时受命促进印尼全国的学科建设。托宾任教南苏拉威西哈撒努丁大学文学院，也开设本学科课程。

传统欧美民族学、人类学研究“他者”并要求实地调查，与“他者”共同起居劳作，学习、翻译目标社区语言、文化，理解居民生态、心态。从这个西方角度看，印尼民族学/人类学的“他者”就是其自身的民族、语言、文化、宗教的多样性。从印尼本土学者角度看，万千岛屿上的各民族语言、宗教、社会习俗是民族学、人类学研究沃土。1954—1956年，科恩留学美国耶鲁大学师从“人文关系区域档案”项目主持人默多克教授，后者受英国马林诺夫斯基功能论影响，提倡通过跨文化比较研究探索人性普同和文化要素普遍性。科恩修习欧美民族学、人类学理论方法，转译给印尼民族学/人类学学生。当年因印尼民族学/人类学师资缺乏，社会学和法学专业老师都给民族学/人类学系学生授课，他们认为社会学、法学与民族学/人类学的研究主题、理论方法等方面，并无本质区别。

1957年后，苏加诺总统为了迅速强国而领导印尼拥抱苏联与中国东方阵营，提出“指导性民主”取代议会，想建设“社会主义”，特别重视土地权力税收和经济发展问题。印尼政府设立相关资金项目，各社会科学包括民族学/人类学学者与政府相关部门合作，研究农村经济、社会、文化生活。

二、文本生产

印尼民族学/人类学学科知识生产线投产前，早有少数高校开设民族学/人类学课程并做本土研究。但在学科初建时，国内局势动荡的背景下，正规的田野调查不多。获得高级学位的海归学人，也不愿投身学术，宁愿走学而优则仕的传统道路，享受新政府职务。因此，本土学科发展缓慢。

早期的加查马达大学民族学/人类学课程由语言学家普利佐胡托莫开设；社会学由法学家佐卓迪古诺负责。佐卓迪古诺第二次世界大战前曾研究中爪哇习惯法，1940年跟迪尔塔维娜塔（Tirtawinata）合作出版《中爪哇习惯法私法》（*Het Adat Privaatrecht van Middle-Java*）。20世纪50年代，佐卓迪古诺代表加查马达大学与美国MIT（麻省理工学院）团队成立“社会研究委员会”工作团队，后因双方主持人观点相左而夭折。印尼的委员会并未解散，加查马达大学虽缺乏新领域的理论、方法和研究经验，但尚能开展习惯法相关研究。1955年，英国人类学家加斯潘（M. A. Jaspan）受聘加入委员会带来新生机。1958年“社会民族志与习惯法研究所”（Lembaga Sosiografi dan Hukum Adat）成立，分别在《法律》（*Hukum*）、《伽玛杂志》（*Madjalah Gama*）和《印尼社会地志》（*Sosiografi Indonesia*）上发表成果。索德吉托·索斯洛蒂哈尔佐（Soedjito Sosrodihardjo）研究爪哇农村地区和亲属制度，潘达姆·格里诺（Pandam Goeritno）研究爪哇农村社会病理与儿童健康问题，马斯里·辛加里姆本（Masri Singarimbun）研究北苏门答腊卡洛巴塔克地区文化。他们后来都出国留学攻读相关专业的硕士博士学位。

印尼大学民族学/人类学系建立后，学者开展田野调查的机会仍然有限。1958—1959年，科恩在爪哇中南部做研究，但相应学术报告交流仍受限制。1964

年，艾菲早期在中加里曼丹调查的研究报告才得以发表。伊娜·斯拉木-维森克(Ina Slamet-Velsinck)基于马克思主义视角研究了中爪哇社区发展。托宾研究托巴·巴塔克人的宗教信仰的结构，1956年获得人类学博士学位，任教于哈撒努丁大学后研究语言学，1961年研究布吉人海事法。科恩受命发展印尼本土学科，建系后致力编写学科印尼语教材与论证学科存在意义。

（一）教材编撰

印尼本土民族学/人类学20世纪50—60年代初建时师资、教材奇缺。现代学科知识理论方法仍要依赖欧美学界。近现代早期的印尼/东印度群岛人文社科研究除了古印度、中国、阿拉伯移民见闻记载，主体多由葡、西、英、法、荷精英从事，成果多用欧洲特别是荷兰语发表。

19世纪末叶，荷兰高等教育向印尼精英青年开放，本土民族学/人类学开始萌芽。印尼独立建国正值苏美两大阵营冷战铁幕拉下。新兴印尼苏加诺政府表面宣称中立不结盟，实则拥抱东方疏远欧美致力去殖民化。印尼高校教学语言也从荷兰语转为印尼语，客观上造成语言断裂。科恩受命创建本土学科时要培育本土师资还要编写本土教材。

科恩采取现实速成路径，大量编译西方特别是荷兰、美国民族学、人类学现成教材，沿用西方学科概念理论方法，论证本学科意义使命和现实主题。科恩1958年完成博士学位论文《印尼社会和文化研究的几种人类学方法》，1959年出版《人类学概论》(*Pengantar Antropologi*)，1963年推出《人类学专业及其在学院各专业间的关系》(*Djurusan Antropologi dan Hubungan Antar Fakultas*)，1964年出版《人类学名人》(*Tokoh-tokoh Antropologi*)，1967年成书《社会人类学的几个主题》(*Beberapa Pokok Antropologi Sosial*)，1969年出版《印度尼西亚当下人类学的含义》(*Arti Antropologi untuk Indonesia Masa Ini*)。

科恩的《人类学概论》成为经典教材多次修订再版，1979年更名为《人类学科学概论》(*Pengantar Ilmu Antropologi*)，版本更多。科恩最后把这部教材与《社会人类学的几个主题》合编成两卷本的《人类学概论》。第一卷在原《人类学概论》基础上修订，内容包括：人类学发展历史、世界主要是欧美人类学传统、人类学研究主题方法、人类学与其他学科的关系、人类进化及其多样性、文化概念及其多样性、人格元素及其多样性、社会分类多样性、社会文化变迁、世界各地社会文化多样性。[1]第二卷由《社会人类学的几个主题》改编，题注“民族志主题”(Pokok-pokok etnografi)，内容包括：民族部落文化元素(特征、文化框架、名称、自然地理环境、起源历史等)、部族文化、语言、传统文化和艺术、传统技术体系、传统生计方式、亲属制度、宗教信仰等。[2]

科恩针对20世纪50年代初期社会学对民族学/人类学的质疑，努力争取学科发展空间，着力陈述民族学/人类学有利于国家民族团结统一和发展治理。他在《印度尼西亚当下人类学的含义》《社会人类学的几个主题》书中，多次提出印尼民族学/人类学的任务和研究主题，即各民族整合、农村社会的发展、国家现代化发展、文化适应导致的社会张力等。[3]这些问题主导着印尼民族学/人类学的研究和发展方向。

(二)西伊里安研究

1963年，荷兰归还西伊里安地区成为印尼的一个省(2003年分为巴布亚与西巴布亚两省)。当地人文社会研究此前多由荷兰人开展，用荷兰语写作，印尼人对此地情况知之甚少。20世纪60年代，科恩强调认知、理解西伊里安人文社区的重要性，率先到西伊里安的萨米(Sarmi)地区实地调查。1963年，科恩与巴琦蒂亚合编《西伊里安人口》(*Penduduk Irian Barat*)，包括西伊里安地区的地理、语言、民族文化、社会组织、历史、宗教等研究。1967年，科恩写作“西伊里安巴古(Bgu)人的亲属称谓”和“西伊里安巴古人的新娘身价与收养”等多篇文章，映射西伊里安巴古部落/村庄的社会文化生活。1970年科恩推出《西伊里安社会的一致性与多样性》(*Keseragaman dan Aneka Warna Masyarakat Irian Barat*)。在此期间，他的“印尼民族志”课程，讲述西伊里安的研究成果，激励青年学者、学生前往西伊里安做田野研究。科恩还让学生研究印尼民族文化并于1971年撰文集结出版《印尼的人及其文化》(*Manusia dan Kebudayaan di Indonesia*)，其中收录了科恩伊里安查亚北部海滩地区人口及文化的文章。

---

[1] KOENTJARANINGRAT. Pengantar Antropologi II[M]. Cet 3. Jakarta: Rineka Cipta, 2005.

[2] KOENTJARANINGRAT. Pengantar Antropologi I[M]. Cet 4. Jakarta: Rineka Cipta, 2014.

[3] KOENTJARANINGRAT. Tokoh-tokoh Antropologi[M]. Jakarta: Penerbitan Universitas, 1964; KOENTJARANINGRAT. Beberapa Pokok Antropologi Sosial[M]. Jakarta: Dian Rakyat, 1967.

（三）农村社区经济文化生活

这个时期的印尼农村、社区经济文化生活研究成果丰硕。1956—1957年，陈玉兰（Tan Giok-Lam）研究巽他人社区的华人，并于1961年以此选题获得康奈尔大学社会学硕士学位。1959年，索德吉托·索斯洛蒂哈尔佐以论文《从一个中部村庄看爪哇的一个宗派小组》（*A Sectarian Group in Java with Reference to a Midland Village*）获得伦敦大学社会学硕士学位，然后任教于加查马达大学政治科学学院，成为社会学教授。1962年，赛罗索玛简推出博士论文《日惹的社会变迁》（*Social Change in Jogyakarta*），成为印度尼西亚大学社会学教授并开发政治社会学分支。1964年，潘达姆·格里诺以论文《离婚的跨文化研究》（*A Cross Cultural Study of Divorce*）获得康奈尔大学硕士学位。1965年，马斯里·辛加里姆本以论文《北苏门答腊卡洛人的亲属制度和姻亲关系》（*Kinship and Affinal Relations Among the Karo of North Sumatra*）获得澳大利亚国立大学人类学博士学位。1966年，乌马尔·哈亚姆（Umar Khayam）以“印尼社区发展”为主题完成博士论文。

印度尼西亚大学本科生学位论文也多研究印尼村庄社区的经济文化生活且成果更多。印度尼西亚大学民族学/人类学系1969年创办的《人类学故事》（*Berita Antropologi*）期刊第1期收录了印尼大学1962—1968年本科学位论文标题。1976年，卢思娣·慕琦塔尔（Rusdi Muchtar）在该刊第25期搜集整理了印度尼西亚大学民族学/人类学系1975年之前的本科学位论文标题。

1962年，苏布尔·布迪桑托萨（Subur Boedhi Santosa）研究札加卡萨村果农的经济生活。1963年，穆罕默德·阿米尔·苏塔阿尔加（Mohammad Amir Sutaarga）研究西爪哇安吉尔坂东的渔民社区科萨姆比荣佳（Kosambironjak）村，马朱莉尔（Mahjunir）研究安汶的拉瓦萨里（Rawasari）城中村。1964年，帕苏迪·苏帕兰研究旦琼贝利澳（Tandjung Periok）地区的桑吉尔塔拉乌社会的文化生活，拉哈尔佐·维蒂苏佐·苏万迪（Rahardjo Widiasurjo Suwandi）研究巴特基丹的两个村庄的“太阳山”信仰。1965年，苏波佳科多研究腾格尔居民社区生活的几个元素，汉斯·戴恩（Hans Daeng）研究伽达村的社区发展。1966年，柯蒂兰研究源自印尼波拉的社会主义思想，斯加勒·苏博雅克托（Sjahrer Subyakto）研究蒙嘎啦葛嘉马丹某社区的社会与经济问题，苏加特尼（Sujatni）研究多萨里村生活中女性的地位与角色。1967年，朱莉菲塔·嘉佳古苏玛（Julfita Djajakusuma）研究磨佐普罗（Modjopuro）的农民与其土地的社会生活。1968年，多迪·芒古蒂纳迦（Dody S. Mangkudilaga）研究唐格朗库尔瓦吉（Kurwatji）村的塔吉纳（Tjina）后裔生活等。这些学位论文均研究印尼某个村庄部落生计如农业、渔业、果木、亲属制度、生态环境、人口结构等生活元素。

印度尼西亚大学农学院当时也有社会学、民族学/人类学相关研究。1957年，卡姆普陀·乌托莫（Kampto Utomo）以南苏门答腊移民社区为田野点完成博士学位论文。1958年，巴琦蒂亚·瑞法（Bachtiar Rifai）的博士学位论文选题是比较中爪哇北部两村庄的共享农业机制。1958年，该院独立于印度尼西亚大学改名茂物（Bogor）农业研究所，卡姆普陀·乌托莫等成为该所研究员。科恩整理了该所1958—1971年间的40篇本科生论文主题概有农民与外部机构间的关系、农村社区农民分类、农民社区地方领导情况等。[1]

1950年，万隆土地利用规划局的艾迪维拉加（Adiwilaga）研究西爪哇的土地利用和土地税。1966年，获得康奈尔大学人类学硕士学位的卡纳（N. L. Kana）领导的社会科学研究机构，研究了家庭预算、土地利用、土地权和城市化等问题。

民族学、人类学专家还参与了政府与高校合作的农业农村社会经济研究项目。1954—1955年，印度尼西亚大学经济与社会调查研究所与内政部合作，在中爪哇和东爪哇23个村研究农村人口统计、农业生活、土地税、土地使用、农业经济作物以及农业合作社等农村经济问题。该项目规模很大，但研究报告很少。仅有艾米尔·萨利姆（Emil Salim）、维佐卓·尼提萨斯特罗（Widjojo Nitisastro）和伊斯玛等人的少数报告。1956—1958年，加查马达大学社会与政治科学学院与内政部合作大规模研究土地税和土地使用情况，该项目因专家没时间分析数据而归于失败。1965年，农业部与茂物农业研究所、加查马达大学、巴查查兰大学合作，研究农业经济情况，由萨佐亚（Sajogya）教授主持，生成八卷本的报告。

三、政治理念博弈

从1950年印尼独立建国到20世纪60年代中期，苏加诺政府强调国家能力

[1] KOENTJARANINGRAT. Anthropology in Indonesia：A Bibliographical Review［M］. Hague：Koninklijk Instituut voor Taal-，Land- en Volkenkunde，1975：229.

建设，印尼民族学/人类学经历了剧烈的政治理念变迁，也努力把认知研究用于改善国家“治理”。这是350年来印尼首次摆脱欧洲、日本殖民占领统治，在广阔领土上建起规模空前的主权统一国家。新兴国家对国土上的诸多民族部落社区语言、文化、经济、生活不甚摸底。地方的部族、语言、宗教、文化差异，又成为党派纷争的根源。苏加诺的新政府急于认知印尼农村部落社会。民族学/人类学成为调查研究多民族国家社会文化的得力学科。它对新政府获取地方民族知识，洞察各地各民族文化生态心态极为有用，因而能在建国初期经历质疑批判而生存发展。进而在国家项目资金导引下研究写作农村部落社区经济生活文化认知成果，以促进国家的“治理”。

印尼社会学也有研究农村社区的分支，称乡村社会学，跟民族学/人类学理念接近。[1]科恩等民族学/人类学学科先驱人物除了引介欧美研究课题、理论方法以彰显其重要性，还大量指导社会学、民族学/人类学本科生基于实地调查撰写学位论文。乡村习惯法、亲属制度、宗教信仰、风俗习惯、社会组织结构固然是学科基础命题，但有规模的教学实习田野工作需要经费得有效回应国家社会的“问题意识”，因而须研究印尼各地乡村社区的土地制度、所有权使用权、经济作物、生计基础等。无论是民族志、习惯法、文化规范还是三农研究，都有知识生产性质且有助于国家社会发展治理，因而总能得到政府资助。总体讲，苏加诺新政府对学界较为柔和开明，其学术政策至今受到社会公众肯定。

第二节　“新秩序”实用知识

一、“新秩序”特色和需求

（一）经济开放

苏加诺政府初期采取不结盟政策接受东西方两大阵营的经济援助，局势相当稳定。20世纪50年代后期，偏向理想感性的苏加诺面对庞大国家的政治、经

[1] KOENTJARANINGRAT. Anthropology in Indonesia：A Bibliographical Review［M］. Hague：Koninklijk Instituut voor Taal-，Land- en Volkenkunde，1975：218.

济、社会、文化的多样性，偏向苏联阵营，为此不惜解散内阁推行“指导性民主”，想加速国家建设。美国不便直接干涉但也不能容忍战略地位重要的印尼转向东方阵营，所以暗地支持印尼地方伊斯兰组织分离运动促成印尼党派斗争。印尼的不同党派政策博弈最终使印尼陷入政治、经济、社会危机。1964年，苏加诺重用印尼共产党领袖，宣称建设“社会主义”，迅速激化政治社会矛盾。1965年，印尼共产党45周年庆典后，爆发“9·30”事件。陆军高官苏哈托在美国支持下迅速率领印尼陆军夺取政权，进而镇压社会动乱，取缔印尼共产党，重拳打击作为其社会基础的华人社区。

1966年，苏加诺大势已去，无奈签署文件表示逊位，同时推荐苏哈托为印尼新元首。1967年，苏哈托出任印尼第二任总统，随之宣布回归1945年宪法和建国五项基本原则，推行军人政权主导的“新秩序”。苏哈托掌权之初，印尼党派林立，人口、经济贫困、地方分离难题成堆。苏哈托为促进经济增长加快印尼现代化建设，参照国际经验实行市场经济，包括取缔前任苏加诺的经济自给自足的方针，归还已经收归国有的外资企业，重新颁布《外国投资法》，开放门户吸引外资。苏哈托政府强调经济发展，借助西方欧美阵营的投资援助改善国民住房、医疗卫生、文化教育、交通通信、旅游产业，并反哺农业，扶植传统手工艺和地方文化艺术。

新秩序政权重新制定国家建设计划体现“发展”目标，确定一年短期、五年中期、三十年长期的阶段发展建设目标。1969年，“新秩序”政权开始推行侧重点不同的五年建设计划：第一期1969—1974年，发展农业及其辅助性工业储备粮食；第二期1974—1979年，继续发展农业种植业，但要变原材料加工为基本材料加工，促进粮食生产支撑住房建材和交通设施材料产业，增加就业机会；第三期1979—1984年，争取粮食自给自足并推动成品半成品出口加工，替代原材料出口，提高全民生活和智力水平；第四期1984—1989年，保持粮食自给，发展扩大民间种植园，提高工业水平，加强轻工生产，建立工业基础框架；第五期1989—1994年，发展以农业为后盾的工业，提高机械化程度并强化制造业；第六期1999—2004年，重点转移到发展工业，提高机械化程度，力争人均收入达到

1000美元。[1]

（二）政治高压

苏哈托上台推行“新秩序”，彰显军政极权、总统独裁和集权主义。印尼国家政治由雅加达政治精英把控，军队高级将领出任国家和地方政府要职。苏哈托政府组建军政高压机构，包括恢复安全与秩序行动指挥部（KOPKAMTIB）、特种作战服务部（OPSUS）、印尼国家情报局（BAKIN），全方位监控社会政治生活及压制政治对手，确保苏哈托政权“新秩序”实施。恢复安全与秩序行动指挥部特别针对印尼共产党员，将之分为A、B、C三类，实行分级监控管理；特种作战服务部针对不同政党，运用具体利益杠杆实行分化瓦解；印尼国家情报局侧重渗透社会全面监控各部分活动。苏哈托还通过各种手段推行社会“去政治化”，实质是把政治问题降格为社会问题。

1964年10月，忠于苏哈托的高级军官建立“专业集团联合秘书处”，后改名“专业集团党”（Golongan Karya），旨在吸收各行各业忠于苏哈托的人。苏哈托基于功能特性（如宗教信仰）合并其他政党，简化党派数量以便强化管制。[2]1973年1月，名目繁多的政党被迫合成两个：原伊斯兰教各政党合为国家发展联合党（Partai Persatuan Pembangunan，PPP），原其他政党合为印度尼西亚民主党（Partai Demokrasi Indonesia，PDI）。它们与专业集团党组成三个竞选的党派。[3]苏哈托政府还建立社会政治总局和内政部，严格监督控制人民的政治生活。

荷兰1963年迫于国际压力，宣称尊重居民“自由选择”，向印尼归还西伊里安巴布亚地区。1969年，苏哈托政府选派社区领导者由军队护送进入巴布亚施政。巴布亚人部分居民发起“自由巴布亚运动”追求独立。1974年，葡萄牙放弃东帝汶殖民地，苏哈托政府想将之强行收入印尼。1975年12月，苏哈托派军侵入东帝汶遭到东帝汶共产党势力强力反抗。西方阵营包括美国正因1975年越共获胜而忌惮东方阵营共产党影响，所以对印尼在东帝汶残暴杀害共产党人的行为视而不见。1976年，亚齐地区应对苏哈托政权的掠夺发起“亚齐独立运

---

[1] 梁敏和，孔远志. 印度尼西亚文化与社会［M］. 北京：北京大学出版社，2002：121-122.

[2] H SYAUKANI，AFAN GAFFAR，M RYAAS RASYID. Otonomi Daerah Dalam Negara Kesatuan［M］. Yogyakarta：Pustaka Pelajar dan Puskap（Pusat pengkajian Etika Politik dan Pemerintahan），2002：125-142.

[3] 史蒂文·德拉克雷. 印度尼西亚史［M］. 郭子林，译. 北京：商务图书馆，2014：119.

动”。印尼军政权同时面对巴布亚、亚齐、东帝汶的独立诉求终感捉襟见肘，政治上越来越封闭。

早在1974年，苏哈托政权就修订宪法中关于地方政府职权的第5条：地方自治服从国家统一，地方政府维护国家主权完整，然后才讲中央确保地方发展建设。20世纪80年代，苏哈托政府收缩公共权力，限制言论和学术研究自由，通过拘禁、打压等手段禁止国内外学者研究或讨论民族、种族、宗教、族群间等政治问题，禁止质疑国家政策和政府官员。军政权为淡化民族意识，严禁使用“民族”(Etnik)称呼国内民族群体而只能称“部落”(Suku Bangsa)。高校和高级研究机构只能在政府主导下，合作推广发展项目。军政权指认印尼认知科学研究所(LIPI)为民族研究权威机构并形成内部报告上交。公知学人研究成果少有公开发表。

(三)学术空间

军政权指定，印尼民族学/人类学的“新秩序”使命是促进国民整合、落实“潘查希拉”、推动经济进步。当时印尼学科同仁热衷研究国家整合经济发展。苏哈托政权依赖国际经济援助，特别要从美国大量引进军事、政治、经济、文化交流合作项目。1967年，美国发起IGGI(印尼多国政府合作组)项目，主管协调美、英、日、澳等国家的印尼发展援助及学术交流合作。印尼高校多派留学生前往这些国家，尤其美国和澳大利亚深造。这些学人归国到各地高校民族学/人类学系任教，分别引进美、澳、欧、日诸国理论方法研究主题，迅速形成新生代。20世纪80年代，印尼人文社科主流学者多半有留学经历，美国文化人类学主导学科课程设置和理论方法，人口、法律、医学、旅游等应用分支蓬勃兴起。

在IGGI项目背景下，20世纪80年代，科恩主导“知识嫁接项目”(Program Pencangkokan)。他先从各地高校选择本学科优秀学生前来印度尼西亚大学受训获得学士学位，然后送他们到荷兰莱顿、阿姆斯特丹等著名大学进修民族学、人类学。第二次世界大战前的荷兰“印度学”曾收集印尼大量民族文史资料，但都用荷兰语写成。20世纪70年代，新生代印尼民族学/人类学专家很难运用这些资料。科恩向荷兰高校派送留学生，就是为了承接印尼独立前的荷兰学界研究成果，强化印尼学科史维度。20世纪90年代初，美国有线电视新闻网(Cable

News Network，CNN）曝光了印尼军队在东帝汶的暴行，IGGI项目被联合国、美国、澳大利亚联手施压叫停。

苏哈托的“新秩序”在印尼造成权贵家族贪腐严重，最终导致20世纪80—90年代之交经济社会连年动荡。1991年，苏联解体冷战终结，民主改革之风吹拂东南亚各国，而菲律宾和印尼首当其冲。苏哈托独裁贪腐政权声名狼藉引发众怒。印尼海归青年精英更加渴望变革，他们甘冒危险呼吁结束军政“新秩序”引发地方民族民主运动。美国行政当局不得不放弃支持苏哈托政权。1994年，印尼军政府准备通过改革赋予地方社区语言、文化、教育自治权，允许学界研讨地方分权治理，学术空间放宽并兴起后现代、后结构主义。1997年，亚洲金融危机重创印尼。苏哈托在动荡危机中黯然下台结束高压统治，印尼走上社会政治开放正轨。

二、知识生产回应

“新秩序”时期的印尼民族学/人类学侧重应用发展研究。1970年，科恩在印度尼西亚大学开设“发展人类学”课程。20世纪80年代，民族学/人类学研究生确定五个培养分支：印尼人类学、医学人类学、生态人类学、经济人口人类学、法律人类学。其他应用课程还有部落关系、健康人类学、城市人类学、社会文化变迁等。1994年又增添发展建设的社会文化要素分析、应用人类学、发展对地方社会文化的影响、工业化与文化变迁管理等课程。[1]民族学/人类学之外的语言学、民族志、民俗学专业等也有大量应用研究成果。

20世纪60年代中期至70年代初，印尼民族学/人类学与国际标准重新接轨并形成潮流。原因包括苏哈托政权1965年后倒向西方阵营，1967年美国主导IGGI项目促使印尼与日本、澳大利亚、东南亚及欧美各国关系密切。日本和西方各国在印尼大量投资建设。科恩见此形势，敏锐看出学术知识生产的国际化需求，倡导印尼学术从两个维度拓展视野，一是强化与全球学术对话接轨，二是强化对日本和东南亚等亚洲邻国民族志的普同人性、世界意义的认知。他在1969年出版的《人类学名人》和《世界民族志地图集》（*Atlas Etnografi Sedunia*）里，

[1] AMRI MARZALI. Pendidikan Antropologi dan Pembangunan Indonesia[J]. Antropologi Indonesia，2000(62)：96-107.

介绍了世界各国民族学、人类学学科概况，还派送青年学者学生到各国访学留学以便归国后开设相关课程，如“东南亚人及其文化”，拓展国人对世界各国特别是邻国的民族文化社会认知。

佐佩·旺甘尼亚(Jopie Wangania)和恩当·帕特里朱尼安媞(Endang Patrijunianti)留学日本学习其语言文化。印尼大学青年教师安莉·索菲(Anrini Sofion)访学泰国学习其语言文化，回国后在印尼大学开设“泰国人及其文化”课程。阿姆里·马扎里(Amri Marzali，1942—)访学马来西亚国立大学，回国后开设“马来西亚人及其文化”课程。科恩在LIPI的学生马斯纳姆博沃则开设了“菲律宾人及其文化”课程。科恩还带头开展世界民族学研究并在《人类学故事》(*Berita Antropologi*)期刊上发表成果：1969年有《菲律宾国家独立战争》(*Perdjuangan Kemerdekaan Bangsa Filipina*)；1972年有《印度尼西亚和马来西亚的海外华人》(*The Overseas Chinese in Indonesia and Malaysia*)，《东南亚几个民族的文化》(*Kebudayaan Beberapa Suku-Bangsa di Asia Tenggara*)，《西非的富尔贝人》(*Orang Fulbe di Afrika Barat*)等。

科恩鼓励世界民族志认知研究，但更关注印尼国内民族文化研究复兴。这又分为三个发展阶段。一是1965—1980年民族学/人类学兴盛阶段，各领域开始大量发表成果。卢思娣·慕琦塔尔1974年分类整理了印尼民族学/人类学1971—1973年间发表的403份文章书籍的目录，确认其中有概况研究17篇，文献目录梳理4篇，传记3篇，民族志26篇，民族语言学16篇，社会人类学门下的医学人类学8篇，心理人类学21篇，农村社会发展建设41篇，社会变迁47篇，民俗学48篇，习惯法22篇，亲属及其他社会组织21篇，仪式与宗教13篇，艺术(音乐、舞蹈、工艺品、原始艺术)41篇，农村经济发展19篇，体质人类学37篇，文化多样性19篇。二是1980—1990年政府控制阶段。此时政府严格控制学术言论，高校学者没有成果发表指标要求，学术性成果因而较少且集中在不太敏感的民俗学等领域。三是1990—1998年控制相对松动，后现代和后结构研究兴起阶段。本书分述“新秩序”时期印尼民族学/人类学应用实学主流和新领域探索支流。

(一)发展应用研究

20世纪70年代开始，发达国家对发展中国家的发展项目资助越来越多，印尼各界对民族学/人类学专业知识需要迫切。民族学/人类学家纷纷进入应用领域拓展出很多新的专业方向，学科社会地位和作用得到重新认知思考。[1]各种机构纷纷聘用高校民族学/人类学教师研究社会发展建设，包括社会健康、农业、森林、牧场、教育、公共房屋、移民安置、地方行政管理经验等。科恩指出，在1965年之后，印尼民族学/人类学研究开始转向发展应用研究，关注国计民生。

美国人类学家弗洛伦斯·克拉克洪（Florence R. Kluckhohn）与弗雷德·斯特罗特贝克（Fred L. Strodtbeck）推崇前辈克莱德·克拉克洪（Clyde Kluckhohn）的“行为理论”，并提出“价值取向”选择论。科恩赞同价值取向论并坚信民族学/人类学应服务于印尼国家建设。到20世纪70—80年代，人类学作为社会文化科学，在印尼高等教育中的合法地位已经巩固。苏哈托“新秩序”政权致力国家经济发展，自1969年开始推行经济发展“五年计划”。科恩撰文引导印尼民族学/人类学参与国家的发展建设，指出民族学/人类学不仅要研究村落部落文化，还要研究城乡社会及城市化、现代化发展。科恩的理论著作包括1973年的《社会研究方法论》（*Metodologi Penelitian Masyarakat*）、1974年的《文化、心理与发展》（*Kebudayaan, Mentalitas dan Pembangunan*）、1982年主编的《发展问题：应用人类学选集》（*Masalah-masalah Pembangunan: Bunga Rapai Antropologi Terapan*）等，总体是向政府官员论证本学科对国家建设的作用。

《文化、心理与发展》几乎每年再版，科恩书中用25个问题作为标题，论述民族学/人类学参与国家发展建设的路径。《发展问题：应用人类学选集》收录了科恩的《应用人类学在国家发展中的意义》（*Arti Antropologi Terapan Dalam Pembangunan Nasional*）和《国家整合的五个问题》（*Lima Masalah Integrasi Nasional*）等文章，清楚表达了他对学科角色的反思。他认为印尼是发展中国家，应用研究比基础科学更为重要。科恩还指出民族学/人类学不仅能研究村庄，也应该研究城市、移民、城市化及民族国家的整合，总之要关心国家的社会、经济和政治问题。他识别五个发展问题跟民族学/人类学密切相关，即人口、农村社会结构、移民与城市化、国家整合（一体化）、教育与现代化。[2]1997年，帕苏迪在这五大问题之

---

[1] AMRI MARZALI. Antropologi dan Kebijakan Publik[M]. Jakarte: Prenada Media Group, 2012: 22.

[2] KOENTJARANINGRAT. Anthropology in Indonesia: A Bibliographical Review[M]. Hague: Koninklijk Instituut voor Taal-, Land- en Volkenkunde, 1975: 234.

外又新添生态环境问题为应用研究重要领域。

1. **国家整合**

多民族统一的新兴国家整合是印尼民族学/人类学与生俱来的使命。“国家整合”(National Integration)出自西方语言,在汉语中有多重含义,目标有整合“国民”、整合“领土”或两者并重,手段有集权整合、分权整合及联邦制等。但下列观察应无争议,即用“观念意识+制度设计”公平妥善安排多民族统一国家各种族民族的国民语言、宗教信仰、风俗习惯及中央与地方、城市与乡村、共同体与社会之间的多重诉求,营造持久和谐的社会政治经济文化关系。无论观念意识还是制度安排,都要密切涉及知识生产和应用,都需要学术研究助力。

现代国家的政治、经济、医疗、教育中心都在城市,拉动不同民族宗教成员向城市聚集。城市因而是研究不同民族宗教信徒关系的重要场地。美国伊利诺伊州立大学的布鲁纳(E. W. Bruner)在1960—1970年之交,曾率队在印尼棉兰和万隆做过族际关系研究,并于1971年推出成果:包括帕苏迪·苏帕兰的文章《万隆的爪哇人》(*The Javanese in Bandung*),海洛科希(H. Hirokosihi)的文章《万隆:变化中的印尼城市民族观》(*The Changing Ethnic Attitude in an Indonesian City:Bandung*),朱瓦利亚·乌查(Djuwariah Utja)的文章《巴巽丹的巽他人组织》(*Sundanese Organization in Pasundan*)。苏哈托上台后强制华人“同化”,印尼华人也成研究热点,科恩在1972年也研究过印尼和马来西亚华人。

20世纪50—60年代,美国人类学家格尔茨集中研究印尼不同宗教信众写下专著《爪哇的宗教》。库利(F. L. Cooley)继而在1968年出版《印度尼西亚:教堂与社会》(*Indonesia:Church and Society*),维德雅普拉塔(S. H. Widyapranata)1973年出版中爪哇的基督教教堂研究《生长的种子:关于印尼中瓜哇基督教的研究》(*Benih Yang Tumbuh:Suatu Survey Mengenai Geredja-geredja Keristen Indonesia,Jawa Tengah*)等。

部落民族志是促进多样文化群体相互认知理解的必要知识。学科重建前后,科恩的部落文化观概有如下转变:他前期持同化立场,倡导“文化普同”;到美国进修后转而认定部落“文化多样性”才是印尼国家永久财富。他留学耶鲁大学期间,师从致力家庭、亲属和前现代社会制度跨区域比较的乔治·默多克。默多克承接英国人类学教授E. B. 泰勒的命题,旨在透过跨文化组织制度元素比较确定不同社会进化程度。科恩早年也推崇这种进化论范式，希望通过跨文化比较研究确认普同文化。他早先忙于学科建设和教材编写，较少做田野调查和跨文化实地比较。接受美国人类学系统训练后，他对“文化”理解更深，转而赞同博厄斯的“文化相对论”，反对用主流中心文化价值观评价他者文化。他洞察到印尼的多元文化是民族学/人类学天堂宝库。印尼学者开展本土跨文化比较研究，吸收不同文化发展智慧乃是国家整合、建设、发展的真正根基。他鼓励并亲身从事本土文化多样性调查，20世纪60年代研究西伊里安，1971年编写《印尼人及其文化》，1984年写成《爪哇文化》(*Kebudayaan Jawa*)，1993年推出《印尼的孤立社会》(*Masyarakat Terasing di Indonesia*)等。

1988年，科恩接受采访时，曾指出印尼民族学/人类学研究目标应是承认多样性基础上的多民族国家的整合，而“认知和承认是理解和包容的基础”。[1]印尼数百个民族部落的大量知识空白需要民族学专家填补。最现成的资源是派遣在读学生前往不同部落区域做实地调查并撰写报告，重要社区应派博士生做民族文化博士论文选题，实施为期一年的实地调查。科恩依托“印度尼西亚民族志”课程部署学生前往各地做实地研究并撰写民族志，由他编辑成册，1971年出版的《印尼人及其文化》就是这种知识产品。1972年，拉·滕谷·胡斯尼(Lah Tengku M. Husny)出版《东苏门答腊沿海的马来人文化习俗》(*Butir-butir Adat Budaya Melayu, Pantai Sumatra Timur*)。1971—1972年，尼克·卡朗吉(Nico S. Kalangie)推出了研究印尼教堂教育、米纳哈萨人及其文化、巴厘人及其文化、爪哇人及其文化的系列专著。萨吉姆(M. D. Sagimun)也在1972年出版了托拉查人传统仪式的民族志，题为《托拉查的传统仪式》(*Upacara adat Toraja*)。1974年，索加特尼(Soejatni)概述了伊里安查亚地区的瓦伦朋(Waropen)和穆宇人(Muyu)的人文活动。1975年，瓦媞·哈斯布安(Waty Hasibuan)基于文化视角描述了巴塔克托巴人的房屋构造，伊赫罗米(Ny. T. O. Ihromi)论述了托拉查-萨丹人的亲属制度。1976年，塞缪尔·帕提(Semuel Patty)论述了阿斯马特人(Asmat)的自然、人口和文化。

20世纪70年代末期，文化教育部设立“地方文化档案和保存”项目(Inventarisasi dan Okumentasi Kebudayaan Daerah)，开展民族调查研究出版或发表大量

---

[1] LEONTINE VISSER. An Interview with Koentjaraningrat[J]. Current Anthropology, 1988, 29(5): 749-753.

民族志和文章成果。荷兰政府资助的一个项目也推出印尼各地各部落文献研究和田野民族志。这些成果呈现了伽佑、巽他、米南卡保、萨萨克、马来亚、巴塔克、米纳哈萨、巴厘、爪哇、巴达克卡洛、托拉查、亚齐、巴布亚、东帝汶等各地各民族部落的民族志,内容包括种族、历史、地理、生态、文化等方面。20世纪70—80年代初,印尼民族学/人类学还致力东帝汶的自然环境、人口、历史、语言、经济生活和文化的研究。但当时军政权毕竟限制学术自由,发表成果不多。20世纪90年代,印尼经济的可持续发展已经对制度变革提出越来越多的硬需求,地方分权运动其实是前期经济成果的逻辑体现。学界针对地方民族分离运动强烈的地区开展民族志研究也是事理逻辑使然,包括1991年对苏拉威西的凯里(Kaili)人的文化模式的研究。20世纪90年代中后期,更是整理编撰印尼民族部落的百科全书,有朱努斯·莫拉拉托阿(M. Junus Melalatoa)1995年出版的《印尼百科全书》(*Ensiklopedi Indonesia*)和祖雅尼·希达雅1997年出版的《印尼部落百科全书》(*Ensiklopedi Suku Bangsa di Indonesia*)。

博士论文选题更是学科体现时代精神、范式转换的标志,尽管时间有3~5年迟滞。1978年,卡纳撰写东努沙登加拉的萨吾(Sawu)马哈拉人民族志的博士论文,题为《萨吾人的世界》(*Dunia Orang Sawu: Satu Lukisan Analitis Tentang Azas-azas Penataan Dalam Kebudayaan Orang Mahara di Sawu, Nusa Tenggara Timur*),显示出关注内心世界的文化生态学取向。1980年,查亚(Jaya)图书出版社推出了詹姆斯·达南德札加研究巴厘岛少数民族的博士论文,题为《巴厘德伦延村的农民文化》(*Kebudayaan Petani Desa Trunyan di Bali: Lukisan Analitis Yang Menghubungkan Praktek Pengasuhan Anak Orong Trunyan Dengan Latarbelakang Etnografisnya*)。1983年,朱努斯·梅拉拉托阿撰写北苏门答腊省伽佑人的博士论文,题为《伽佑文化中的巴洛社区》(*Paroh Masyarakat Dalam Kebudayaan Gayo*)等。

地方分离运动研究旨在弄清其社会、政治、制度动因,从“政策供给侧”配置民族整合资源,也是本土民族学题中应有之义。但这个领域学术敏感性极强,学人既要做事又要避祸,所以多用曲笔。民族学、人类学知识生产的曲笔之一就是美国在第二次世界大战期间发展的区域研究,相当于中国的境外区域国别研究。印尼学者的能动性包括:科恩1969年研究越南和菲律宾独立战争,朱沃洛·苏达尔索诺(Juwono Sudarsono)1972年研究马来西亚的地方自治、民族主义及其战后发展，阿姆里·马扎里1971年概述了东伊里安地区的一个分离运动的协会，帕特里克·古内斯（Patrick Guinness）论述了美拉尼西亚的社会运动合理性。

2. **人口问题**

20世纪70年代末，人口、发展农业和扩大就业，都是新秩序计划制定者面对的难题。其中人口问题最是令人不安。[1]人口专家面对的压力是研究移民安置、城市化规模、失业与潜在失业控制、计划生育及人口增长带来的生态后果等难题。苏哈托政权此前已对人口膨胀带来的各种社会问题包括人口分布变动有所认知。当时印尼还存在局部饥荒，帝汶岛西北的弗洛勒斯岛在20世纪70年代末还因粮食连年歉收，出现饥饿甚至死人现象。和平时期人口尤其是农村人口剧增，导致农村就业压力巨大。现代制造业和服务业只能吸收少部分劳动力，即便外国投资也不能减少就业压力，因此需要控制人口方案。军政权因而支持政府部门和研究机构跟高校合作，开展计划生育项目。1969年，政府"计划生育协调机构"（Badan Koordinasi Keluarga Berencara Nasional）主持的三个项目都有社会学、民族学/人类学专家参与。社会学家主要跟公共卫生机构合作，关注家庭计生知识、态度、实践等问题。民族学/人类学尤其是人口医学专家，主要关注生育计划的社会文化因素，评估传统和现代避孕方法，原住民接生婆、女性在家庭中地位及亲属制度等文化观念研究。

印度尼西亚大学曾与莱顿大学联合，在雅加达西部塞尔蓬（Serpong）地区开展塞尔蓬项目（Serpong Project），旨在研究和评估传统和现代的避孕方法，农村卫生诊所对村民的意义，刺激计划生育的社会文化因素等。该项目产出了超过20篇的系列研究报告。卢比斯（F. Lubis）、勃肯特·涅霍夫（Bokent-Niehof）和普迪加斯图梯（Pudjiastuti）合作研究雅加达地区的传统接生婆，1973年由印度尼西亚大学出版，题为《塞尔蓬街区的婴儿萨满的研究报告》（*Laporan Survey Dukun Bayi di Kecamatan Serpong*）。另有女性人类学和社会学家的团队，在苏门答腊、爪哇和巴厘的七个地区，开展了印尼计划生育中女性角色的研究。马斯里·辛加里姆本率领的加查马达大学人口研究中心致力培养经济人类学和人口人类学专家，但也主导过孩子对家庭组织的价值、女性参加田间劳动、农民结婚年龄拖延

---

[1] 赛斯·利普斯基，拉斐尔·普拉，严志钰．印度尼西——"新秩序"的考验时期[J]．南洋资料译丛，1979(3)：1–18.

等问题的研究。

马斯里是印尼人口人类学先驱。他自1968年开始致力人口问题的研究，并曾帮助驻堪培拉的印尼大使馆专员收集避孕、出生预防、人口控制方面的文献，并写下欧洲计划生育发展的《节育运动》(*Gerakan Pembatasan Kelahiran*)和避孕方法专著《避孕》(*Kontrasepsi*)。1969年出版的《避孕》作为计生方法专著曾在印尼各个村庄中广泛分发，促进计划生育。马斯里1972年出版的《爪哇人口增长诸后果》(*Some Consequences of Population Growth in Java*)，论述了爪哇人口增长导致贫困和人口动态与社会变迁的互动关联，还整理了印尼1930—1968年间的人口变动。1972年，马斯里回到印尼任教于加查马达大学并建立人口研究中心，开创了计划生育、避孕工具、贫困社会等项目研究。其中最著名的是，他与大卫·培尼(David Penny)合作的室利哈尔佐班图尔村(Sriharjo Bantul)的贫困研究，1973年由康奈尔大学出版题为《爪哇农村的人口与贫困》(*Population and Poverty in Rural Java: Economic Arithmetic from Sriharjo*)。或许是因为司空见惯，印尼当年很少有人探讨贫困。马斯里把贫困和计划生育问题研究并列，其研究成果影响了印尼人口政策。他的贫困研究成果，改变了政府认定和对待贫困现象及人口政策方向。

1969年，盖斯·索托波分析印尼人口普查。1971年，尼克·卡郎吉讨论计划生育的社会响应，安莉·索菲论述了亲属问题。1972年，苏加特尼论述了中爪哇两个村庄传统接生婆的计划生育效能。1975年，苏哈尔索(Suharso)以爪哇中部村庄案例研究，论述了人口与社会发展的关系。1976年，查理迦·哈桑(Chalidjah Hasan)描述了亚齐人的分娩习俗，佐佩·旺尼亚论述了印尼1970—1974年的人口情况。

人口和贫困俨然是新秩序时期民族学、人类学研究主流课题。马斯里1976年把他与大卫·培尼合写的《人口与贫困》(*Penduduk dan Kemiskinan*)译成印尼文发表。但文章结论遭到颇多质疑：印尼官员认为用定性的方法研究贫困不足为训，他们更相信定量数据；一些国人甚至不愿意承认印尼社会超过半数人口处于贫困状态。[1]贫困研究首先要帮助政府识别贫困人口，辅佐政府实施精准扶贫发

---

[1] SJAFRI SAIRIN. Dimensi Budaya Program Inpres Desa Tertinggal[M]//E K M MASINAMBOW. Koentjaraningrat dan Antropologi di Indonesia. Jakarta: Yayasan Obor Indonesia, 1997: 151-164.

展项目，包括促进教育、医疗和农业发展。1979年，社会科学家在玛琅市(Malang)召开社会科学发展会议，提出了“结构性贫困”概念。这个概念认为贫困不是自发，而是社会结构多重因素包括政治、经济、社会及其他多种要素所致。“新秩序”政府虽能促进经济发展，提高社会生活水平，但多数人仍处于贫困状态，因为其经济社会发展结构由上层少数主导。1994年，政府出台“欠发达村庄指导”(Inpres Desa Tertinggal，IDT)项目，治理印尼贫困社区。1995年，加查马达大学的文化与社会变迁研究中心设置项目研究了爪哇四个水果村庄的经济社会发展。

人口问题还包括人口迁移和安置问题。1974年，姆拉萨·萨卡尼普特拉(Murasa Sarkaniputra)撰文讨论《人口安置问题的背景》(*Latar Belakang Permasalahan Resetelmen Penduduk*)，卢思娣·慕琦塔尔论述了《加里曼丹东部人口安置的几个社会问题及其解决方案》(*Beberapa Masalah Sosial dan Pemecahannya Pada Resetelmen Penduduk di Kalimantan Timur*)。1976年，莫琪塔尔·萘姆(Mochtar Naim)基于米南卡保人的数据，论述了印尼的人口迁移，伊斯玛尼(Ismani)论证了巴塔克托巴人向亚齐东南部迁移情况。1989年，伊万·基特拉嘉佳(Iwan Tjitradjaja)论述了流离人口问题及对策。

晚婚晚育是计划生育控制人口手段。印尼不同民族部落对结婚年龄持不同观点。城乡和教育程度也是影响因素。印尼很多民族部落尤其是农村女性结婚年龄偏小，甚至小于14岁。民族学/人类学要研究地方民族部落的婚姻和继承的习惯法及文化因素，为制定、推广婚姻法提供建议，辅助计划生育。哈尔吉托·诺托普洛(Hardjito Notopuro)1971年研究了卡洛地区的婚姻法和继承法。西姆博隆(N. R. Simbolon)1972年论述了巴塔克托巴人的婚姻和习惯法。1973年7月31日，印尼婚姻法规定男性法定结婚年龄21岁，女性18岁。但法律人类学家的研究和各方反应，都证明法这样年龄线偏高难以遵守。立法机构最终接受专家和公众意见，修订法定结婚年龄下限到男19岁，女16岁。即使这样，立法机构最终按专家和公众意见，把有些偏远地区的女性年龄修订到14岁也能结婚。伊赫罗米解释，这是因为当地父母不想看女儿长成老处女且女孩无须太多教育，宗教也不禁止14岁女孩成婚。❶城市或接受高等教育的女性则结婚较晚,甚至25岁未婚。增加女性教育尤其是高等教育机会,因而能解决早婚、早孕难题。

3. **社区发展**

社区发展也是社会学和民族学、人类学研究的基本课题。印尼民族学/人类学建立之初便有相关研究,焦点包括扫盲运动、家庭经济、农村合作社、新农业技术的引进、经济作物、公共卫生、婴幼儿童疾病与死亡率的社会文化因素等。但社区传统价值的变迁才是核心。这个问题原先多由国家教育部和内政部指导专家执行,旨在发展农村经济。农村研究主要由社会学特别是农村专家执行,但民族学、人类学专业也有学生以此作为学位论文选题。❷

科恩这个时期也有致力农村发展研究。他认为印尼有多种"村落"形态:经济、政治、社会组织和其他制度各有差异,政府真要促进农村发展,就须承认"村落"多样性,且须吸收各类村落的发展智慧,不能用国家规划搞一刀切。印尼军政权承认科恩等民族学/人类学专家言之有理,同意不同村庄用不同策略。科恩为深化思考农村发展路径,曾系统收集印尼尤其是雅加达南部多个农村情况做共时比较,探索农村智慧。1973年的《雅加达南部果农》(*Petani Buah-buahan di Selatan Jakarta*),1974年的《雅加达周边农村人口流动》(*Mobilitas Penduduk Desa Sekitar Jakarta*),1975年的《雅加达南部农村社会》(*Masyarakat Desa di Selatan Jakarta*),1984年的《印度尼西亚农村社会》,构成他探索的系列成果。

20世纪70年代初期,大批学人投身农村社区发展研究,仅1971—1973年就有40多篇成果发表,主题包括社区规划、养殖业发展、社区组织复兴、农业发展和就业机会、农村社区边界、社区秩序、现代化建设、农村社区类别、组织机构、社区生活、发展策略、社会工作、女性角色、合作社,宗教与社区发展、现代化农业生产等。包括萨友加(Sayogya)1974年综述了印尼农村动态研究(Penelitian Dinamika Pedesaan),比洛沃(A. T. Birowo)1974年论述了养殖经济各方面(Aspek-Aspek Ekonomi Perladangan),科恩1975年论述了农村社区研究的经历。

---

❶ T O IHROMI. Sumbangan Antropologi Hukum Bagi Pengembangan Hukum Nasional [M]//E K M MASINAMBOW. Koentjaraningrat dan Antropologi di Indonesia. Jakarta: Yayasan Obor Indonesia, 1997: 77-91.

❷ KOENTJARANINGRAT. Anthropology in Indonesia[J]. Journal of Southeast Asian Studies. 1987, 18(2): 217-234.

印尼学界还曾于20世纪70年代末热衷研究“互助合作”(Gotong royong)。1977年,印度尼西亚大学承办的《人类学故事》期刊第30期,是讨论互助合作机制及其不同地区表现的专辑。其中包括科恩的《互助合作机制与互助合作精神》(*Sistim Gotong Royong dan Jiwa Gotong Royong*),朱努斯·梅拉拉托阿的《伽佑人农民生活中的互助合作形式》(*Perwujudan Gotong Royong dalam Aktivitas Pertanian di Gayo*),塔姆布恩·希亚哈恩(Tambun Siahaan)的《互助合作运动作为巴塔克-托巴社会“三脚炉”的原则事实》(*Kegiatan Gotong Royong sebagai Pernyataan Prinsip Dalihan Na Tolu pada Masyarakat Batak-Toba*),[1]安迪·马图拉达的《布吉人—吗嘎洒人社会互助合作的几个方面》(*Beberapa Aspek Gotong Royong dalam Masyarakat Bugis-Makassar*),毛璐德·图蒙贡(Maulud Tumenggung Sis)的《合作互助与米南哈沙地区农村互助合作组织形式的比较分析》(*Beberapa Analisa Perbandingan Mapalus dan Gotong Royong*)和阿姆里·马扎里的《西马来西亚的互助合作》(*Gotong Royong di Malaysia Barat*)。

“文化旅游”是社会发展及发展人类学又一热点课题。20世纪70年代,文化旅游作为经济发展动力的潜力显现。科恩立即推动人类学旅游研究。他的学生努拉·巴古斯从1970—2003年一直研究巴厘岛等地旅游发展。今天,印尼每个民族学、人类学研究机构都有旅游研究课题,乃至发展出“旅游人类学”分支。20世纪80年代巴厘岛旅游发展成果就是源于本学科各类研究项目并得到巴厘岛多数居民认可才取得成功。[2]

4. 社会文化变迁

变迁是社会文化的本质特征,但它有随机性而不太受计划、规划操控。它在短期小范围里虽然貌似受人操控,但在长时段大范围里就没有定向。有的只是适应新的环境需求和生存发展。印尼从古王国到西方殖民,从独立建国到现代国家建设面对全球化挑战,社会文化不断遭受新时代的思想文化冲击。“新秩序”时期现代化提速冲击更为剧烈,导致印尼各民族部落文化都与城镇、城市、首都

---

[1] Dalihan Na Tolu是一种三腿的炉子,是巴塔克人哲学三通则:一是尊重妻族,包括祖父、父亲、儿子的妻族;二是对所有女性表达善意,不要因为自己的兴趣而别有用心;三是小心地与相近的亲属相处。

[2] PARSUDI SURPARLAN. Antropologi dan Pembangunan[M]//E K M MASINAMBOW. Koentjaraningrat dan Antropologi di Indonesia. Jakarta: Yayasan Obor Indonesia, 1997: 61-67.

和工业中心都有了调节适应难题。同时还有各地传统习惯法与新兴现代国家法律制度的相互适应，还有市场经济对原有社会分层的重组效应。20世纪70—80年代，印尼社会学、民族学、人类学专家都向社会文化变迁问题聚焦。民族学、人类学主要研究文化价值观变化，观察窗口包括传统社会制度之变、习惯法体系之变、传统社会分层之变、传统政治组织之变，还有社会文化体系和艺术表达的意义内容之变。

科恩作为宗师再次提供方法论。他1969年论述了爪哇农村百年变迁的研究方法，指导了印尼民族学/人类学同仁研究社会文化变迁。20世纪70年代初，科恩得到印尼认知科学研究所的资助，主持高校多学科团队研究印尼不同民族部落的文化价值观念变迁。成果发表时，他把1969年出版的《印尼经济发展中的精神障碍》(*Rintangan Mental Dalam Pembangunan Ekonomi di Indonesia*)与1974年出版的《文化，精神与发展》(*Kebudayaan, Mentalitet dan Pembangunan*)纳入同一系列。这些成果集中研讨印尼经济社会发展建设在精神即文化价值观层面的障碍，以求发展规划有的放矢。

社会学和政治科学家也来合作研究印尼不同地区的权力观念、组织治理方式变迁的成果。1972年，康奈尔大学出版了霍尔特(C. Holt)、本尼迪克特·安德森(Benedict R. O'G. Anderson)、西格尔合编的《印度尼西亚的文化与政治》(*Culture and Politics in Indonesia*)，安德森在这本书中研究了爪哇文化里的权力观念。1980年，谢福德(R. Schefold)、舒霍尔(J. W. Schoorl)、特内克斯(J. Tennekes)为纪念荷兰学界前辈舒尔特·诺德霍尔特(H. G. Schulte Nordholt)收编的论文集《人，意涵和历史：舒尔特·诺德雷尔特纪念论文》(*Man, Meaning and History: Essays in Honour of H. G. Schulte Nordholt*)中，科恩讨论了爪哇人对上帝、超自然存在及权力的观念。

当年社会分层选题颇有几篇博士论文。1979年，哈撒努丁大学的哈桑·瓦林诺(Hasan Walinono)博士论文呈现和分析了南苏拉威西布吉人的社会分层，题为《塔勒特：政治社会学研究案例》(*Tanete: Suatu Studi Sosiologi Politik*)。1981年，印度尼西亚大学的巴琼·邦衮的博士论文研究北苏门答腊省的巴塔克卡洛人的社会分层变迁，题为《卡班加贺的社会分层》(*Pelapisan Sosial di Kabanjahe*)。

探究"新秩序"时期的行政管理改革的博士论文包括分析管理结构背后的规则、价值体系、合作概念、竞争及腐败等问题，属于行为科学范畴。1973年，巴查查兰大学大学阿卜杜尔拉赫曼(H. A. Abdulrachman)的博士论文研究印尼领导的工作方法,题为《指导印尼的领导工作方法》(*Suatu Pendekatan Kearah Pembinaan Kepimpinan Kerdja di Indonesia*)。

"新秩序"时期的印尼学界还研究了文化的涵化适应和公众对现代化、城市化、社会变迁的态度。1971年,詹姆斯·达南德札加探讨了塔诺尼哈岛(Tano Niha)文化的涵化状态。1972年,哈尔索佐讨论了印尼社会变迁中的城市问题。胡塔佩(S. R. Hutapea)分析了新农村建设的进程。卢斯第安·卡马卢丁(Rustian Kamaluddin)1971年出版了《现代化过程中的社会态度》(*Sikap Masyarakat dalam Proses Modernisasi*),次年又发表了同名论文。1973年,尼克·卡纳(Nico L. Kana)讨论了中爪哇村庄如何适应外来影响。穆罕默德·朱努斯·梅拉拉托阿研究了亚齐中部伽佑地区的农村社区变迁。古娜万·穆罕默德(Gunawan Muhammad)探讨了新的社会思想的出现与传播。莫琪塔尔·萘姆论述了西苏门答腊巴东地区的流民对城市发展的影响。苏吉托·萨斯特罗迪哈尔佐(Sudjito Sastrodihardjo)研究了社会价值和社会结构的变迁,研究同一主题的还有舒霍尔(N. School)、鲍尔·斯塔吉(Paul Stange)、雅各布·弗里登伯格(Jacob G. Vredenbergt)等。1976年,鲍卢斯·唐迪林丁(Paulus Tangdilintin)论述了国家的发展项目引发的社会文化变迁。1989年,莫迪亚·斯瓦索诺(Meutia F. Swasono)研究了马伦达普罗(Marunda Pulo)地区的人口与环境变迁及当地人的应对、克服和适应。1991年,乌斯曼·佩里以东苏门答腊的马来人为例,讨论了社会变迁动力问题。1995年,罗姆帕斯(J. Rompas)、里万托·迪尔托苏达莫(Riwanto Tirtosudarmo)基于米纳哈萨地区案例,呈现了社会发展与社会变迁的机制。20世纪90年代后期,印尼民族学/人类学专家更关注全球化所带来的社会文化变迁情况。1997年,巴琦蒂亚·阿拉姆(Bachtiar Alam)采用文化变迁理论分析社会变迁。1997年,拉卡索诺综述了日惹特别行政区文化的变迁,1997年,安迪·马图拉达用南苏拉威西的部落社会讨论了同一主题。

5. **教育问题**

新兴国家指望教育制度变革,弥合国家理想与地方教育实践之间的差异。学术研究要关注教育体制承载的国家意志,国民对地方教育制度的感知,学校的社会政治功能,政治经济和社会观念对教育公平的阻碍,正式教育与非正式教育的关系,老师、家长、学生和政府教育部门之间的人际关系等问题。教育对国家发展建设极为重要,但印尼民族学/人类学界早期对此研究不多。1971年,尼克·卡郎吉呈现了西爪哇一个村庄的教育问题。1992年,苏卡媞·舒尔琼多罗(Sukanti Suryochondro)探讨了女性教育问题,指出女性面对的教育不平等。1997年,帕苏迪·苏帕兰探讨了教育研究范式,指出其方法仍应为定性/质性,但理论概念和背景知识必须清晰,而资料收集则应参照定量规范力求精准,确保结论有据有效。

6. **生态环境问题**

1970年4月22日,美国的"地球日"运动,是人类第一次大规模环保运动。它推动了联合国1972年的第一次人类环境会议。1973年,联合国成立环境规划署并创建国际环境组织,倡导每年4月22日为"世界地球日"。各国在此背景下纷纷重视生态环境。印尼的人口快速增长也使生活垃圾增加,工厂废气、废水、废渣排放,自然资源过度开发掠夺,国家为经济发展越来越多地采用现代科技,都使印尼生态环境失衡问题严重。1974年,印尼政府第二个五年发展计划提出了保护环境和改善资源管理政策的必要性。印尼环境部和文化教育部联合资助高校建立环境研究中心,组织团队研究人与环境的互动关系。1980年,印尼大学推出生态人类学研究生两年培养计划,结果开始有些硕士学位论文研究生态人类学问题。

生态环境问题的研究项目多由政府环境部和森林部主导,研究成果多以报告的形式上交而较少有公共学术发表。20世纪80—90年代之交,欧美国家以及世界环境组织资助印尼政府开展环境资源管理项目的研究。世界自然基金会印尼项目的民族学/人类学专家莫灵戈(Mering Ngo),介绍了他参与的三个森林资源管理项目的经历,从中可了解欧美与世界环境组织支持印尼自然资源环境保护项目的研究情况。[1]第一个是"自然资源管理"项目(Natural Resources Management,NRM),由美国政府资助印尼森林部约1900万美元。该项目1989年设计,1991年8月启动,延续到1996年8月,实施地点在西加里曼丹省、中加里曼丹省

[1] MERING NGO. Ketika Menjadi Praktisi dan Pialang Kultural: Pengalaman dalam Tiga Proyek Kehutanan [M]//E K M MASINAMBOW. Koentjaraningrat dan Antropologi di Indonesia. Jakarta: Yayasan Obor Indonesia, 1997: 105-125.

和北苏拉威西省的国家公园。第二个是“热带雨林管理”项目(Tropical Forset Management,KPHP),由英国政府资助印尼政府约1200万英镑。该项目1991年7月启动开展到1994年8月,地点在雅加达、中加里曼丹、茂物和西加里曼丹四个地方。第三个是“班腾卡里门国家公园”项目(Bentuang Karimun National Park),由国际热带雨林木材组织资助印尼政府约120万美元。该项目从1995年11月启动,到1997年11月,主要在班腾卡里门国家公园开展。

(二)基础分支领域研究

印尼本土学科建立后,围绕国家社会发展建设的应用研究一直是学界主流。“新秩序”压制学术自由更是如此。但印尼“新秩序”毕竟实施在“铁幕”外侧,所以仍有教学需求和学术规范信息交流渠道。学科基础分支领域探索仍有活力。民族志、民俗学和冠以法律、宗教、体质、史前考古、语言、心理等分支标签的“人类学研究”且有发展。这些基础分支尤其是民族志撰写,能提供社会文化变迁和发展应用研究知识基础。印尼社会文化传统收集和呈现,既是民族志长项又能光大国家文化促进新兴国家认同,颇能体现应用价值。这些民族志成果已在前述“国家整合”时期的印尼各地民族志部分呈现。

1. 体质/考古人类学

按照欧洲大陆知识体系,体质人类学也是生物学分支,主要在医学院解剖学系操作。史前人类学则落在印度尼西亚大学考古学系,研究印尼史前即有文字记载之前的社会文化史,这对印尼而言还包括“印度化时期”。史前史占去印尼史90%的时间,但资料成果多为物质遗存,极少简单铭文,因而需要民族学/人类学从人性高度和世界广度做分析解释乃至阐释。民族学/人类学专业知识体系要求设置相关课程,但多借用地质地理、生物考古等其他学科资料,本学科独立研究很少。难能可贵的是,加查马达大学有位图库·雅各伯(Teuku Jacob,1929—2007年)教授,专治体质人类学且是印度尼西亚古人类学之父。

1929年,雅各伯出生于今亚齐地区,1950—1956年就读于加查马达大学医药学院,1957—1958年入美国亚利桑那大学(University of Arizona)进修,1958—1960年就读于美国霍华德大学(Howard University),1967年在荷兰乌特勒支大学获得人类学博士学位。雅各伯师从非裔美国体质人类学家威廉·蒙塔古·科布

(William Montague Cobb)和德裔荷兰古生物学家兼地质学家古斯塔夫·海因里希·拉尔夫·冯·孔尼华(Gustav Heinrich Ralph von Koenigswald,曾在北京协和医院研究过北京猿人头盖骨),毕业后专注古人类和直立人化石研究。1954—1963年,雅各伯做过加查马达大学人类学专业课助教。1971年学成归国后,成为加查马达大学人类学教授。他通过人类化石研究印尼人种多样性,总结进化与环境的关系,论述影响人类进化的外部因素。他从1970年开始发表关于古猿人和原始人的论述,对人类进化相关因素颇有见解,曾揭示出印尼远古人的猎头及食人习俗,是解释印尼人种多样性的无可争议的首席权威。

万隆技术研究所也有体质人类学研究,但仅在古生物学分支。古生物学家萨尔托诺(Sartono)研究过人类进化。还有一些民族学/人类学专家探讨过印尼史前石器时代的生活方式。特古·阿斯玛尔(Teguh Asmar)关于巴卡女王的考古报告,兼及印尼史前人类生存方式及人类简史。索佐诺(R. P. Sooejono)曾协助荷兰学者范·赫克伦(H. R. van Heekeren)研究印尼的石器时代的社会文化,1972年出版专著《印尼石器时代》(*The stone age of Indonesia*)。哈迪·穆尔佐诺(Hadi Muljono)1973年出版专著《印尼史前时代的采集狩猎时期》(*Masa Berburu dan Mengumpul Makanan pada Zaman Prasejarah di Indonesia*)。朱莉斯·鲍尔(Julius Pour)探讨过200万年前的人类祖先的生活方式。印尼的博物馆和文化遗产保护机构也关注考古人类学进展。其对婆罗浮屠、普兰巴兰等古代佛教、印度教寺庙的考古修复影响巨大。贝尔纳德·格罗斯利尔(Bernard P. Groslier)、伊斯曼托·克萨希(Ismanto Kosasih)、穆哈卡尔迪(Muhkardi)、苏克莫诺(R. Sukmono)等,都对婆罗浮屠有考古人类学的论述。这些成果体现了印尼民族学/人类学的深层知识积累,是中国学界应予以重视的学习交流内容。

2. 语言人类学

印尼的语言人类学/民族语言学专业多设在文学院语言学系,民族学/人类学系少有这个专业也少有相关成果。它的主要任务是记载和呈现国内外的民族语言多样性及其分布,进而做比较研究。印尼国家语言研究所1972年出版《印尼语言分布图》(*Peta Bahasa-bahasa di Indonesia*)。亨利·古图尔·塔里甘(Henry Guntur Tarigan)做过西玛隆贡(Simalungun)语与卡洛(Karo)语、印尼语及其他语言的比较。劳特菲·阿巴斯(Lautfi Abas)、苏尔亚提·巴琦里(Suryati Bachri)、查可·塔里甘(Jago Tarigan)等,都做过区域民族部落语言的比较,包括语言变迁和仪式语言特色。

马斯纳姆博沃是科恩最早的学生之一。他曾在印度尼西亚大学语言学本科和人类学研究生,后到美国耶鲁大学攻读语言学硕士。他主要研究菲律宾、吕宋(Luzon)、北马鲁古和伊里安查亚地方语言。1979—1983年,他担任印尼认知科学研究所的经济与社会研究室秘书;1986—1990年,担任研究所的人口和就业发展研究中心的主任;1990—1995年,任研究所的社会与人类认知科学室主任,同时兼任印度尼西亚大学语言人类学教授。其代表作包括《哈马黑拉与纳迦阿帕特:一个研究策略的概念》(*Halmahera dan Raja Ampat: Konsep dan Strategi Penelitian*, 1980)、《哈马黑拉和纳迦阿帕特作为复合团结》(*Halmahera dan Raja Ampat sebagai Kesatuan Majemuk*, 1981)、《马鲁古与伊里安查亚》(*Maluku dan Irian Jaya*, 1984)和《伊里安查亚的文化与发展》(*Kebudayaan dan Pembangunan di Irian Jaya*, 1994)。

3. **法律人类学**

习惯法就是史前或前国家、前现代各地各民族规范行动、解决争端的习俗或曰"不成文法",即古代社会约定俗成的行为规则包括汉语所谓乡规民约。印尼法律人类学承袭荷兰殖民政府和学界的传统,首先在基督教/欧美国家文明与其他宗教区域民族/部落之间划界,视前者为正规法后者为习惯法;然后从实用包容角度,承认各地各民族部落习惯法的地位功效。法律人类学的使命就是研究各地各民族部落和农村社区的习惯法内涵及其运作环境。在第二次世界大战前,为降低统治成本维持秩序,荷兰殖民政府就已致力印尼各地各民族部落的习惯法研究,在殖民地治理中的实施成效颇为显著。

第二次世界大战后印尼独立建国,新兴国家对习惯法在现代法律体系中的位置和作用举棋不定,习惯法研究也停滞不前。印尼建国10年后,1961年成立"国家法律发展研究机构",探讨习惯法的现实意义。当时有三种主张:一是习惯法与现代社会法律体系冲突,因而不宜提倡而应任其自生自灭;二是习惯法有些优质内涵可为新兴国家法律体系吸收;三是习惯法应是新兴现代法律基础。[1]印

---

[1] KOENTJARANINGRAT. Anthropology in Indonesia: A Bibliographical Review[M]. Hague: Koninklijk Instituut voor Taal-, Land- en Volkenkunde, 1975: 233.

尼老辈法学家承袭荷兰传统，赞同第三种观点。一些年轻法学家则赞同第一种或第二种观点。学科史显示，民族学、人类学奠基前辈除了地理学家和博物学家，最多的就是法学家，包括《古代社会》作者路易·亨利·摩尔根。启蒙运动之后的法学家观点，往往就是民族学、人类学的基本观点。20世纪60年代初，苏波莫和索迪曼·卡尔托哈迪波罗佐（Soediman Kartohadiporojo）撰文伸张第三种观点。佐卓迪古诺也撰文支持。印尼民族学/人类学再次投身习惯法的研究。人类学家伊赫罗米（Tapi Omas Ihromi，1930—2018年）着力主张人类拥有多样复数法律体系，并致力用印尼各地多样的习惯法，论证法律人类学和习惯法研究对现代国家法律，尤其是它对婚姻法、继承法、妇女儿童社会地位保障法的贡献。

1930年，伊赫罗米出生于雅加达，是印度尼西亚大学法律人类学尤其是习惯法专家。1960年，她完成印度尼西亚大学法学院的学习两年后，获得机会到美国康奈尔大学进修，同时在哈佛大学修习闪米特（Semit）语，然后返回母校法学院执教。1978年，她获得法律人类学博士学位，论文题为《萨丹托拉查的婚姻习惯法及其在当今正规法律中的地位》（*Adat Perkawinan Toraja Sa'dan dan Tempat-nya dalam Hukum Positip Masa Kini*），1981年公开出版。她勇敢对"新秩序"军政权强推法律统一做法说不，认为这会造成更多社会问题。她举例讲，西苏门答腊省米南卡保是母系社会，继承习惯法优先保护母系权益，且不同地区婚姻法规定男性女性适婚年龄，对婚前性行为各有规定和制裁方式。在这些社会文化多样性的基础上强行统一法律，必然导致文化冲突引发社会问题，结果会使国家法就成为矛盾根源。

1971年，索佐诺·索卡托呼吁民族学/人类学家把"习惯法"作为社会文化的特定方面开展研究。其他学者开始研究继承、婚姻、土地，产权、妇女儿童家内地位的习惯法课题。相关成果包括1972年布尔玛·布尔汗（Burma Burhan）出版的《发展建设中的私有未开发的土地》（*Tanah Ulayat dalam Pembangunan*），1971年乌达亚娜大学的古德·瓦简·庞卡特（I Gde Wajan Pangkat）翻译出版了寇恩（V. E. Korn）的《巴厘的继承习惯法》（*Hukum Adat Waris di Bali*），穆罕默德·古斯努（Mo-hammad Kusnu）发表了印尼的习惯法相关文章，哈尔吉托·诺托普洛呈现了卡洛地区的婚姻和继承的习惯法，1973年曾德拉瓦锡大学出版了西伊里安查亚几个地方的习惯法，1976年哈斯亚·W. 巴琦蒂亚探讨了印尼社会的法律与现实问题。

1989年,《人类学故事》改版为《印尼人类学》,并辟有法律人类学专辑。

4. **民俗学**

印尼民俗学的鼻祖大师是詹姆斯·达南德札加(James Danandjaja,1934—2013年)。他1934年4月13日出生在西雅加达,自小痴迷文化艺术,14岁时就跟荷兰芭蕾舞师习舞。20世纪50年代,他获英国评议会奖学金到伦敦皇家芭蕾学院进修,成为印尼首位芭蕾舞者和教师。1960年,他发表专文《佳美兰演奏者》(*The Gamelan Player*)。1963年他修完印度尼西亚大学文学院人类学专业,又获全额奖学金赴美国加利福尼亚大学伯克利校区学习民俗学,1969年获硕士学位然后回国,1977年获得印度尼西亚大学心理人类学博士学位。

达南德札加其实早在印尼建国之初就曾撰文倡导民俗学。1960年,他已是印度尼西亚大学教师,同时在雅加达一所基督教大学心理学院承担印尼民俗学及心理人类学课程,还积极介入印尼华人宗族社区研究(Paguyuban Marga Tionghoa Indonesia,PMTI)。我国学界时而对民族学与民俗学的关系感到困惑,其实按照德国、日本等国的知识体系,民族学研究空间他者即异邦异族,民俗学研究时间他者即本邦国民古俗。两者最终都要证明,自我与他者是特定时期相辅相成的两元合成体,是同一命运共同体的两个侧面。但印度、印尼、俄罗斯、中国这类统一的多民族国家都囊括诸多族界,国民中含有诸多文化他者,他者又有着不同的古今界限,自我/他者界限因而没那么鲜明。民俗学跟民族学、人类学因而更有交叉。

"新秩序"时期的发展应用性研究,再次拉近印尼民族学/人类学跟民俗学的关系。民俗学研究印尼各地民间传说故事、民谣谚语、戏剧艺术等。其中关于爪哇人、巽他人和巴厘人的成果最多。从应用角度看,民俗学搜寻记录印尼各地民族部落传统文化遗产,有助于国民相互理解认同,还能通过展示传统文化多样性促进方兴未艾的"文化旅游"。

达南德札加曾致力加里曼丹、苏门答腊、巴厘岛的民俗表演、舞蹈艺术和心理人类学研究,推进印尼民俗学学科建设。1971年,他在《人类学故事》上论证民俗学在印尼的应用价值,1972年又探讨过早期民俗文学艺术收藏方法。他还通过文献和实地调查,收集了印尼民间散文故事传说资料,尤其关注爪哇人皮影戏人物故事。1972年马鲁里·托丁·达图(Marury M. Toding Datu)出版了专著《比较托拉查撒旦与西玛隆贡的民俗学》(*Perbandingan Foliklore Toradjia Sa'dan dengan Foliklore Simalungun*),加阿法尔(Ts. Djaafar)搜集廖内民间文学艺术故事,阿卜杜拉·哈迪(Abdul W. W. Hadi)分析马都拉的民间传说。

20世纪80年代,苏哈托政府强化学术言论控制,民族学/人类学转而参与国家发展项目研究,但少有成果发表。1980年10月第39期的《人类学故事》,是达南德札加主持的民俗学研讨专辑《一些民俗学的问题》(*Beberapa Masalah Folklor*)。里面有他介绍民间传说的收集、存档方法和印尼口传民俗故事,还有他用巴厘岛德伦延村案例论述民俗学功能,认为笑话是口传民俗要素。此后《人类学故事》停刊,直到1985年10月第40期复刊,刊登伊·古斯蒂·努拉·阿林顿(I Gusti Ngurah Arinton)的巴厘岛民俗学文献目录和口传与非口传民俗分类。1986年的三期《人类学故事》分别是苏吉阿尔托·达昆(Sugiarto Dakung)主持的巽他地区民俗学研究报告,普利亚提·帕坎·舒尔雅达玛(Priyanti Pakan Suryadarma)主持的巽他地区民俗学研究报告,卡郎吉·潘代伊(A. A. B. Kalangie-Pandey)主持的印尼民族医学研究报告。此后《人类学故事》再次停刊,直到1989年再复刊。由此可知军政权下的大学与强权的顽强博弈。

回到达南德札加本人,其出版作品还有1984年的《印度尼西亚民俗学》(Folklor Indonesia),1985年的《巴厘岛德伦延村的贝塔拉·贝鲁图克神圣哑剧》(*Pantomim Suci Betara Berutuk dari Trunyan, Bali*)和《巴厘岛德伦延村的生命周期仪式》(*Upacara Lingkaran Hidup di Trunyan, Bali*),1988年的《心理人类学》(*Antropologi Psikologi*)和《学生的幽默》(*Humor Mahasiswa*)等。简言之,20世纪80年代的印尼民族学/人类学成果多在民俗学门下"转世",且多聚焦于爪哇、巽他、巴厘、托拉查等地的特色民俗。

5. **边缘创新**

军政"新秩序"时期的印尼民族学/人类学边缘创新成果,主要在心理人类学、宗教人类学和女权主义研究。这些创新本在学科规划主流之外,但因学科建设之初就向不同国家派遣青年学者学生,他们回国任职于教学研究岗位,就难免带回国外前沿分支学科。

当时美国人类学心理—文化人格学派影响如日中天,自然会有印尼学人效法。印尼的心理人类学研究主题包括儿童和青少年心理健康、个性发展、印尼人的生活态度和价值观，传统与现代价值观的冲突、印尼国民思维方式等问题，成果主要在20世纪70年代发表。代表性成果有阿尔曼·阿迪古苏莫（Arman Adikusumo）、苏佐诺·普拉维罗拉哈尔佐（Sujono Prawirorahardjo）、色提阿万（P. A. Setiawan）、阿琪玛德·佐哈里·斯迪克（Acchmad Djohari Sidik）等研究了青少年心理行为，1972年哈斯亚·W. 巴琦蒂亚探讨了价值观冲突与教育计划，1972年帕特里克·古内斯探讨了雅加达的边缘人口的态度与价值观，涅尔斯·穆尔德（Niels Mulder）对探讨了爪哇人的思考方式，穆罕默德·萨义德（Mohammad Said）探讨了个性发展的方式。

宗教人类学的信众机制也跟心理人类学关系密切。这个题目涉及宗教起源、信教动机、宗教与信众关系、不同宗教信徒之间的关系和宗教信仰的仪式规范等。印尼的宗教人类学因而要研究各地各民族部落传统仪式与原始宗教信仰，穆斯林社区生活和各地包括托拉查人的丧葬仪式，爪哇和巴厘岛的印度教－佛教运动，爪哇和巽他的传统宗教信仰，等等。

印尼女权主义的原初动力并非出自学界，而是出自1978年国家发展导向大纲，新兴印尼国家早有女权解放思想。建国五基“潘查希拉”和1945年宪法都有性别“平等”和“无歧视”规定。[1]1984年的《基本法》第7条，更把消除女性歧视，扩大女性教育和社会工作机会，女性婚姻自由生育自主等权益条款明确。1995年，苏哈托且带头倡导男女合作平等伙伴概念。印尼学界主要是女性学者从20世纪70年代就展开女性家庭和社会地位问题探讨，20世纪80年代末更把这种讨论推上高峰。伊赫罗米是女权研究代表人物，她论述过女性地位、妇女与法律、女性在发展建设中的工作等问题，呼吁女性自主，消除歧视。斯媞·海达亚提·艾玛尔（Siti Hidayati Amal）、苏利斯若瓦蒂·伊里安多、德里斯诺汉多克（Tri Trisnohandoko）、苏卡媞·舒尔琼多罗、弗朗斯亚·艾利·塞达（Francisia Ery Seda）、罗曼尼·希海特（Romany Sihite）、艾塔斯恩达尔媞尼·哈勃斯加（Atashendartini Habsjah）都是女权研究活跃者。

---

[1] JANG AISJAH MUTTALIB. Pemberdayaan Wanita: Antara Harapan dan Kenyataan［M］//E K M MASINAMBOW. Koentjaraningrat dan Antropologi di Indonesia. Jakarta: Yayasan Obor Indonesia, 1997: 201–213.

三、“发展”研究与权威体制

1965年，印尼陆军断然镇压印尼共产党倒向美国投身西方阵营。苏哈托面对前任遗留的经济危机、贫困人口、地方分离等问题，决心用现代“发展”作为新秩序政权合法性源泉。他想用经济发展的长项，掩盖军政权违宪的短板，要求学界埋头研究发展应用课题并严格限制学者选题自由和成果发表空间。事实证明，这套唯经济论策略确实有短平快功效。20世纪80年代，经济发展已能大量吸收人文社会科学学人参与国家建设。印尼民族学/人类学家更多参与政府主导的发展项目，自主选题也倾向应用研究。学科带头人科恩以身作则，倡导同仁参与国家建设致力发展应用研究，引领学生追随“新秩序”开辟的需求方向。印尼民族学/人类学此阶段的知识生产，深刻诠释出政治权力与学术权威联手打造知识生产链条的动力机制。新兴国家的经济、政治或有倚重倚轻，但常规国家行稳致远最终需要经济社会政治的平衡。

第三节　社会开放学术复兴

一、社会开放

1991年，曾经是世界强权两极之一的苏联在改革与危机赛跑时突遭政变脆断解体，且引发全球民族民粹高潮，其余波荡漾至今。值得插播的是用民族学、人类学整体论视角看，印尼苏哈托军政极权倒台也是苏联解体的逻辑后果，美国眼见竞争威胁紧迫和强大的苏联消失，开始顾及内外压力不能再为支持独裁者公然辩护。南非政治转型在同样背景下发生。苏联意外解体促使民族学、人类学坚信后现代转型后果。20世纪90年代，苏哈托军政权“新秩序”仍能打造印尼经济奇迹，但却难逃“绝对权力导致绝对腐败”的历史周期铁律。苏哈托等权贵家族腐败，无情吞噬国家经济发展红利，对内导致印尼贫富差距拉大，对外导致铤而走险和转嫁危机。20世纪90年代初，印尼对东帝汶的任性入侵和军人暴力、非人道行为引发国际社会政治谴责、经济制裁，印尼持续二十多年的经济增长出现停滞、动荡。军政权对人民公权监控的剥夺，导致各地分权、自治呼声高涨。1997年8月，亚洲金融风暴席卷印尼，引发经济危机，企业破产、工人失业，贫困加剧。1998年5月，印尼危机深化，社会失序，军警再次纵容暴徒对华侨下手转嫁危机，印尼学生游行抗议占据议会大厦，军警高压失灵暴力频仍。1998年5月21日，苏哈托被迫辞职，副总统哈比比依法继任并开始推动“民主改革”。

哈比比首先取消苏哈托“新秩序”对人民的高压严监控，释放政治犯，结束媒体政治审查，开放学术和言论自由。各类被取缔的新闻杂志、学术期刊纷纷恢复，电视新频道面世，新闻与学术出版热潮涌动，各类宗教、政治书籍和文章只要合法即可发表。哈比比终结苏哈托军政极权，宣布依法恢复印尼宪政，实行军、警分离和军队国防化，国家公务员体系与政党系统分离，终结苏哈托专业集团党对官僚体系的违宪垄断。[1]印尼党禁解除，数十个新政党成立。新政府放弃苏哈托“新秩序”，宣布回归“服务、赋权”职能。[2] 1999年，印尼举行国民大选，苏加诺的女儿梅加瓦蒂率印尼民主奋斗党赢得全民选票的33.7%(高于专业集团党的22.4%)，成为印尼21世纪首位民选女总统。[3]印尼民主改革从启动到初步成功和上轨道仅用了一年时间，结局远远好于托克维尔的《旧制度与大革命》里的消极预期。印尼全民包括学界合当为此振奋。

1999年，新总统宣布取消苏哈托1974年违宪颁布的第5号集权法令，转而实施国家基本法第22号、第25号，即《印尼地方行政法》(UU. No. 22)和《中央地方财政平衡法》(UU. No. 25)。两部新法赋予地方政府更多自治权。2001年元旦，印尼地方自治制度实施，地方首脑不再由中央指派而转由各地人民选举产生以体现地方政治自治权力。中央与地方财政再分配方案则要确保地方政府获得更多资源收益。此后中央对地方政府的权力仅在监察而不在控制。

印尼新政府解除军政强权后，实行社会开放、学术自由、教育内容多样化。1994年，印尼文教部指令全国所有中小学配置20%的时间，用于地方文化主题教学，以此化解地方分权运动。基础教育课程的控制权下放给省、地区、学校，地

---

❶ 史蒂文·德拉克雷．印度尼西亚史[M]．郭子林，译．北京：商务印书馆，2014：143.

❷ H SYAUKANI, AFAN GAGGAR, M RYAAS RASYID. Otonomi Daerah Dalam Negara Kesatuan[M]. Yogyakarta: Pustaka Pelajar dan Puskap(Pusat pengkajian Etika Politik dan Pemerintahan), 2002: 168-172.

❸ 史蒂文·德拉克雷．印度尼西亚史[M]．郭子林，译．北京：商务印书馆，2014：149.

方课程内容由学校教师自主决定。[1]1999年,22号、25号法律出台,更使地方教育自治有法可依。印尼教育部解除直接管控,支持高校自治,高校跨国交流得到鼓励、提倡。[2]学术自由活力更强,学人得以自选课题自主出国交流。

二、学术复兴

民主改革与社会开放后,印尼新闻言论、学术自由,地方分权自治,国家行政要务从"经济发展"转向"赋权服务"。但地方民族、宗教分离运动不随社会开放消失,只是变换博弈方式。印尼民族学/人类学仍须适应后现代转型理念执行学术使命。世界范围内的民族学、人类学后现代自我反思批判始于20世纪50—70年代,到20世纪90年代,后现代反思批判经过萨特、福柯、布迪厄理论发酵,影响如日中天。印尼民族学/人类学界面对世界潮流,再次重新思考学科意义使命。英、荷殖民时期,本学科曾为殖民统治服务;印尼独立建国尤其是苏哈托"新秩序"时期,本学科曾服务于国家发展"治理"统治,包括参与政府部门机构主持的发展研究,从上到下推广应用项目,包括提出政策改进建议,但很少从底边人群视角了解其权益诉求。1998年民主改革和社会开放后,地方分权,新闻自由,高校自治,本学科学人发挥主体能动性自主选题。后现代那套"你是谁、为了谁,谁受益、谁付账,何以至此、如何改进"等经典问题浮出水面。本学科使命毕竟是理解底边群体需求维护社会文化生态平衡暨公正秩序。印度尼西亚大学的阿姆里·马扎里等学者率先撰文号召反思本学科究竟为谁研究写作——国家政权、新帝国主义,当地人,学者自己,还是人类整体普同人性?他认为学者作为印尼公民,首先应该追问学科与印尼的关联,解决市场需求与印尼国家发展治理难题,包括"失业、贫困和饥饿、腐败、药物滥用、法律权威减退、民族和宗教冲突、非法记录和洪水、人权的侵犯,以及很多其他相关问题"。[3]

---

[1] CHRISTOPHER BJORK. Local Responses to Decentralization Policy in Indonesia[J]. Comparative Education Review, 2003, 47(2): 184-216.

[2] MARTIN RAMSTEDT. Anthropology and the nation state: Applied anthropology in Indonesia[M]//JAN VAN BREMEN, EYAL BEN-ARI, SYED FARID ALATAS. Asian Anthropology. London and Newyork: Routledge, 2005: 201-223.

[3] AMRI MARZALI. Antropologi dan Kebijakan Publik[M]. Jakarta: Prenada Media Group, 2012: 15-16.

20世纪90年代末，印尼民族学/人类学仍关注国家整合问题，但把后现代女权问题、历史文化建构、全球化与世界体系、印尼社会文化变迁，以及跨境民族文化等问题代入。网络媒体通信技术的高速发展，促使学界研究网络媒体的用途及其影响。但总体讲，参与地方政府、非政府组织或企业发起的应用项目是学界主流焦点。

此时学界先驱大师相继谢世或退休，也使本学科失去核心认同形成兴趣散点格局。笔者观察到，这个时期的印尼民族学/人类学出现了“社会/社科”与“文化/人文”两种母体范式取向。“社会”派学者认为学科应研究社会行为及其动因，致力国家政策制定、参与解决社会问题。“文化”派学者则认为学科仍应紧贴文史语言，研究人性与文化传承、传播、适应、变迁等主题，致力人类精神生活意义体系理解阐释。“新秩序”时期的印尼民族学/人类学偏向发展应用研究，是“社会人类学”先声。“新秩序”之后的社会开放时期，学术空间放宽，印尼民族学/人类学更加多元多样，学科基础和人类通性研究则是“文化人类学”弘扬。学者生活背景也有作用：平民学人参与政府、企业或NGO应用项目或有创收改善处境考虑；富贵学人不必考虑创收生计，投身学科研究、人类通性需求的自由空间更大。

（一）国民整合

新兴国家需要国民整合，让不同地方、民族、宗教的国民产生团结认同，同时也需要地方、民族、宗教、社区秩序稳定。20世纪末21世纪初，印尼正值军政“新秩序”之后的社会开放，各个地方、民族、语言、文化、宗教等原生情感群体冲突及分离运动此伏彼起。其中既有马鲁古与婆娑宗教信众冲突，还有东帝汶摆脱印尼强权独立建国引发的亚齐、巴布亚、廖内等地区分离运动。以帕苏迪·苏帕兰为首的一些印尼民族学/人类学家面对这些问题潜力，探讨国民整合问题。

帕苏迪1997年论述教育领域的定性研究方法及其运用；1998年探讨伊里安的查亚移民社会早期文化模式；1999年论述部落主导的文化多样性及社会冲突替代解决方案；2000年用萨凯（Sakai）从封闭群体向印尼社会开放导致变迁的案例论述了社会多样性；2001年又以卡莫洛人（Kamoro）为例讲述生活环境双重变迁，同时论述部落冲突中的宗教要素；2002年呼吁印尼多元文化社会建构；2003年论述了印尼国徽上的“多元统一”主题，指出部落多样性是社会表象，文化多样性才是深层实质。他指出承认民族部落社会文化多样性乃是避免国家分裂的前提,呼吁印尼基于文化多样性构建和谐社会。

其他学者的相关成果丰硕。1997年,菲利普斯·图勒(Philipus Tule)研究的弗洛勒斯岛中部穆斯林土著少数群体的文化;南希·卢茨(Nancy Lutz)研究的弗洛勒斯东部的语言政治。1998年,菲利普·维因(Phillip Winn)论述的马鲁古班达地区的神圣实践者的身份认同;德蒂·阿德里(Dedi Adhuri)研究的大可依岛(Kei Besar)村庄大火灾后的各群体之间的冲突。1999年,安迪·马图拉达基于政治文化论述的印尼部落与国家之间的关系;董朱兰(Thung Ju Lan)探讨了印尼涉及华人的民族冲突问题;乌斯曼·佩里论述的民主改革时期印尼族际冲突对国家安全的影响,重点探讨了暴动的根源及其化解之道;赛亚里夫·阿尔卡德利(Syarif Alqadrie)、帕提塞拉诺(J. Th. F. Pattiselano)、裴罗培·格拉哈姆(Penelope Graham)、佐哈纳斯·罗科洛(Johannes E. Lokollo)等也有研究成果涉及民族冲突、身份认同、国家安全问题。2000年,拉尼·普罗波佐(Lany Probojo)描述了马鲁古北部地方伊斯兰教的反抗案例,借以探讨现代国家与地方传统精英的冲突;卡斯里·罗宾逊(Kathryn Robinson)探讨了布吉人与其他部落民族之间的张力;罗莱涅·阿拉贡(Lorraine Aragon)论述了苏拉威西中部的基督教与伊斯兰教之间的紧张、冲突及和平相处方式探讨;马赫逊(Mahsun)与菲利普斯·图勒探讨了宗教冲突与文化包容的问题。2001年,艾哈马德·费德雅尼·赛福丁基于社会文化视角的教育自治论述了印尼的地方自治政策的合理性;克里斯多菲·安特维勒(Christoph Antweiler)论述了马卡萨人的跨种族身份与城市认知;伊尔万批判了印尼国家政策中一些破坏民族团结的文化元素的使用及滥用。2002—2004年,学界对权力下放、地方自治、多元文化、"多样统一"(Diversity in Unity)等问题的研究仍然热络且结论大同小异,都主张印尼尊重民族文化多样性促进国家整合:蔡本华(Chua Beng Huat)论述过东南亚群岛的多元文化主义(Multiculturelism);詹姆斯·福克斯(James Fox)通过系谱学追踪,探讨了人类学的国际化和多元文化取向;雷欧·舒尔雅迪纳塔(Leo Suryadinata)探讨了印尼国家华人政策从同化到文化多元主义的转变。[1]

---

[1] 资料源于《印尼人类学》期刊,参见期刊1998年后各期发表论文。

（二）后现代前沿

印尼学界的后现代研究肇始于20世纪80年代，于20世纪90年代中期兴盛。后现代理论契合印尼国情和学界志趣。印尼的多样民族语言宗教文化、地方分权、民族自治、生态保护、可持续发展和女权性别都是后现代研究重要命题。其中女权性别研究更是“新秩序”之后社会开放的印尼学界聚焦点。余妮塔·T.维纳尔托1997年把凯蒂·加德纳（Katy Gardner）和大卫·刘易斯（David Lewis）的《人类学、发展与后现代挑战》（*Anthropology, Development and Post-Modern Challenge*）引进印尼。2000年，她又与苏利斯若瓦蒂·伊里安多、艾奇·苏迪阿尔提·卢霍里马（Achie Sudiarti Luhulima）合作推出《消除对女性的歧视》（*Penghapusan Diskriminasi Terhadap Wanita*）。2003年，菲比·茵蒂拉里（Febi Indirani）对女性问题积极跟进；伊万·祖·阿米尔（Iwan Dzulvan Amir）系统推介后现代理论轨迹；艾·普·维坦托（Edy Prabowo Witanto）综述了印尼华人受压状况。2005年，基于女性视角探讨印尼文学、婚姻制度、女性生育权和新时代女性角色仍是本学科热点。同性恋各类组合与人类性欲和人权的关系是女性研究自然复线。女性政治经济权利地位都是探讨主题。

生态环境研究也是20世纪末21世纪初印尼民族学/人类学研究重要课题。“新秩序”时期经济孤军深入，一度导致印尼森林资源萎缩、河水污染、水土流失，生态问题日益严重。人类活动与生态资源保护、可持续性发展因而成为印尼民族学/人类学首要命题，进而还有文化生态旅游与环境资源包括森林、海洋、河流管理及国家公园建设和地方民族部落保护生态环境的传统文化智慧。相关成果也颇丰，包括1997年，延多·扎卡里亚（R. Yando Zakaria）与加卡·索亨德拉（Djaka Soehendera）研讨了农业轮作制的生态价值和贡献；2000年，古斯纳卡·阿迪米哈尔加（Kusnaka Adimihardja）呈现了巴杜伊人（Baduy）的河流守护经验；2001年，帕苏迪综述人类生活与生态环境的互动变迁，余妮塔·T.维纳尔托和科辛（Ezra M. Choesin）讨论了开放社会的资源管理，玛丽贝斯·艾尔博（Maribeth Erb）呈现了弗洛勒斯西部生态旅游与环境保护机制。格拉尔德·皮尔森（Gerard Persoon）、祖可菲·卢比斯（Zulkifi Lubis）、帕文纳里·海江（Pawennari Hijjang）、德蒂·阿杜恩（Dedi Adhun）、穆斯·拉佩（Munsi Lampe）等也相继撰文讨论过森林、海洋等自然资源管理问题。

苏哈托“新秩序”下的文化政策惯用“指令”来管控学术文化和社会言论。当时学界虽然仍有不同渠道进而影响国策,但更多学人活动仍要按照国策自上而下研究发展推动国策实施。民主改革后,学者利用自由空间更多参与NGO和私企事务并更多为弱势群体发声。

(三)全球化网络(互联网、跨境民族、难民安置)

21世纪初,网络媒体的高速发展,学界因而兴起了研究新技术运用及其影响的热潮。大卫·哈肯(David Hakken)2004年在《印尼人类学》上撰文论述网络空间人类学概念;梅尔琳娜·林(Merlyna Lim)分析了印尼网络身份认同和政治力量信息;鲁莉娅·索哈尔托(Nuria W. Soeharto)讨论了网上身份认同及在网络空间探讨身份认同的可能性;艾瑞克·汤普森(Eric Thompson)论述了印尼高校中的网络应用情况;比尔吉特·布拉彻勒(Birgit Brauchler)综述了印尼高校的网络使用情况;哈尔加诺·森德乎纳塔(Hargyono Sindhunata)探讨了印尼伊斯兰教自由与观念在推特(Twitter)上的争端。

1990—2010年,印尼民族学/人类学开始研究国界与跨国现象。印尼陆地边疆国界纠纷主要是加里曼丹岛与马来西亚、巴布亚与新几内亚交界处的纠纷。跨国研究针对的是全球化时代不受国界限制的社会文化流动现象。1997年,乌斯曼·佩里提出了国界研究动态思考。1999年,伊尔万·阿卜杜拉综述了跨国现象趋势,指出全球化时代的无界社会将在观念上挑战学科社区研究传统,需要开辟跨国文化研究新领域。瑞德·瓦德里(Reed L. Wadley)基于比较视角论述了印尼跨国现象研究。2002年,里万托·迪尔托苏达莫基于人口统计回顾,论述了西加里曼丹“边疆”研究内容。雷纳德·安达雅(Leonard Andaya)用跨国研究视角论述了原住民与马来人关系。罗伯特·希布里安(Robert Siburian)和法利亚图提(Fariastuti)讨论了西加里曼丹边疆的经济和人流物流。

2017年,难民安置问题再次成为国际热点,印尼学人对此亦有讨论。丹奥·塔努(Danau Tanu)、安杰·米斯巴赫(Antje Missbach)、戴维·鲁门达(Daved Lumenta)探讨了印尼和东南亚旷日持久非志愿移民现象。特拉茨·韦恩斯坦(Traci Weinstein)和霍利·安杰里克(Holly Angelique)探讨了亚齐青年难民的迁移安置经验。

三、“赋权服务”国际接轨

1998年，军政强人苏哈托辞职，哈比比继位。他顺应民心推进民主改革以适应世界后现代潮流。中央政府的首要政务不再是“经济发展建设”与通过控制新闻、学术言论自由来高压维稳，而是资源配置“赋权服务”。地方分权自治随之实施。高校也成为自治机构，不再由文教部管控。在此期间，印尼各领域前辈名师多半退休，科恩贾兰宁格拉特、马斯里·辛加里姆本、帕苏迪·苏帕兰、詹姆斯·达南德札加等开山鼻祖相继去世。学界核心涣散，各机构学者各自为政，根据偏好、利益选取主题，因而研究主题纷繁多样。学科后现代转型在此背景下悄然来临。

后现代学科更为“世俗化”。越来越多的本专业毕业生进入各类企业、事业机构单位。高校专业学者更多参与各地政府、机构、企业和NGO项目研究解决实际问题，包括评估企业项目的可行性和责任、研究艾滋病预防控制挑战、提炼城市社会消费模式、设计人体工程学桌椅形制、应对土地利用模式转变、回应社区/乡村政权的旅游设施建设需求、推广快餐生活、投身文化遗产保护开发、降低和治理天灾后果、制定降低失业率政策，甚至研究本田摩托车用户的社会行为。正如伊尔万·阿卜杜拉所言，经过50多年发展，印尼民族学/人类学已从帮助学生获得思考能力，变成了训练学生准备研究生涯的学科。[1]在科恩、马斯里、帕苏迪三巨头时期，印尼学界致力解决人类社会难题，改善印尼经济社会政治，投身国家未来建设。如今，印尼民族学/人类学通常研究所谓纯粹兴趣，无关国家前景人类未来。

印尼学界也变得更具世界性。随着通信技术提升、全球化加深和民主改革、社会开放，印尼学者的国际交流合作机会更多，也参与了更具国际化的问题研究，如生态环境与资源保护、女权主义与同性恋，跨国难民人权与安置等。“他者”不再限于印尼诸岛而更多涉及跨境、跨国、跨民族领域。

---

[1] IRWAN ABDULLAH. Misrepresentation of science and expertise：Reflection on half a century of Indonesian anthropology[J]. Humaniora，2017，30(1)：82-91.

第五章　新兴国家学科知识生产

印尼民族学/人类学知识生产，概指印尼本土学科发展历程和成果，包括理论范式建构和团队建设，为开放社会的制度建设提供人文知识。本章基于辩证唯物论、历史唯物论，探讨印尼人文社科知识生产主题的两个角度：一是用福柯"权力—知识"视角揭示政治、经济、学术机构权力对印尼学术知识生产的影响；二是用印尼学者能动性视角，探讨学界借助时代精神塑造印尼民族文化政策的能力。然后扩展对比马来西亚、泰国、菲律宾、印度、中国的民族学、人类学知识生产情况。

第一节　知识与权力

知识权力关系(Knowledge & Power)是后现代社会政治和学术典型命题。学人无论有无权力意识，其活动都会受权力、权势结构影响。一方面，公共知识本身也是国家权力结构组成部分，知识生产必然受其支配且为其所用。另一方面，知识创新增进权力效能。权力意识需求也会促使政府驱动知识创新，知识与权力相互维系。这就是福柯在《知识考古学》一书中论证的权力—知识关系论。福柯的这个论断早在托马斯·库恩1964年出版的《科学革命的结构》中论述知识社会学"范式转换"原理时就有揭示。再往前追，有维特根斯坦、海德格尔、萨特的现象学存在主义，存在决定意识、经济基础决定上层建筑的马克思经典命题，还有汉语圈流行广泛的近现代早期英国哲学家培根(Francis Bacon，1561—1626年)的名言："知识就是力量"(Knowledge is power)。后现代知识就此有两点澄清：一是"培根名言"出自拉丁古谚"Scientia Potentia/Protesta Est"；二是拉丁语的"Potentia/Protesta"和英语的"Power"都有多义。其中"能使令行禁止 Command Obedience"的权力含义多于内在力道 Strength 和外在力道 Force。这是"权力—知识—权力"这道逻辑命题的社会语言学暨知识社会学背景。但作为后现代政治命题，还应加上几代学人针对现代人文内涵赤字缺陷的反思批判和升级补救，特别是在三个领域。一是强调精神。德国针对英、法启蒙哲学的理性文明话语提出“文化论”，它承接德国哲学揭示知识生产对于权力的依附，通过放宽视野提升了思想观念意识形态教育领域认同研究的思想解放权重。二是强调政治。它填补起经济基础生产力与上层建筑理性分工传统范畴遗漏的政治制度空间，强调国内外制度作为“权力场域”在物质与精神领域之间的传导衔接结构形塑作用。三是强调主体能动性博弈。它基于政治经济学新制度博弈论视角，关注社会文化多样主体包括学术权威的博弈能动性，旨在强调公共知识生产领域的文化生态的互主共生特性，旨在重新打开现代化“从××到××”的王国历史终结命题，恢复各类“自我与他者”长期共存、开放博弈、荣辱与共命题的持续开放性。印尼近20年的经历表明，思想观念带动学术范式和制度转换乃是东南亚国家后现代转型成功秘籍。

本书讨论印尼民族学/人类学知识生产与发展治理的关系，也将采用这种知识—权力关系视角分析学科进程：1945—1965年开国初期，印尼民族学/人类学奠基时的知识生产开明开放兼收并蓄，奠定国民认同根基；1966—1998年新秩序时期，学科知识生产受到政治权力知识权威管控，主动配合“新秩序”助推经济起飞为军政极权提供合法性，但对国家社会底边群体的主体能动性认知失重；1999年以来的20年，印尼学界经过民主改革回归底边本位，用知识生产服务于以各地各民族文化多样性作为团结统一的理据，开创国家社会发展治理新格局。本节沿着印尼本土民族学/人类学萌芽、成长、发展壮大的进程主线，描述不同时期的学科知识生产与政治环境权力结构的关系，探讨印尼人文社会知识生产与国际形势、国家统治权力与意识形态需求的关系，揭示权力对知识生产的影响并探讨印尼民族学/人类学的能动性。

一、政治权势

现代印尼民族学/人类学源头，植根于欧洲扩张特别是荷兰殖民统治。在文艺复兴、科学革命、地理大发现背景下，欧洲人对印尼的记录开始积累，留下较早的地方民族风俗资料构成现代学科基础。古人类和印尼古史的许多谜题，都在这些知识基础上得到破解。

19世纪末，荷兰高校应殖民统治需求，开始在东方学分支“印度学”名下为殖民官员和传教士开设培训课程。学界对印尼人和文化的专业研究从此开始。这也是印尼独立建国后发展本土学科的根基。20世纪之初,荷兰殖民政府颁布民族新政策,向印尼青年开放高等教育机会。20世纪20年代,荷兰政府在印尼建立高校培养本土青年。印尼青年多愿学法律、经济和农业科学,极少有人愿学民族学、人类学专业。这些青年在国内外接受高等教育,回国多进入文官体系辅助殖民行政,极少人选择学术。但这毕竟播下了本土学科人才种子。这时期的民族学/人类学知识生产由殖民政府主导,但也弘扬了印尼知识,凝聚了民族认同。它让印尼学人面对西方知识与本土文化时,知道何谓他者何谓自我。

印尼建国后基于社会政治需求创建本土民族学/人类学。但其西方出身和先前研究本土“原始社会”“野蛮人”的知识定位使之遭到追求“现代化”和“去殖民化”的新兴国家意识形态的质疑批判。政客认为它是殖民统治科学,社会学同行认为它研究传统静态社会,对国家现代发展没有意义,建议用实用学科取而代之。但新兴国家内政需要构建国家文化、历史作为国民认同基础,外交需要厘定国土主权边界说明印尼与邻邦分野的渊源。印尼特殊的地理生态历史进程孕育出丰富的民族文化多样性,不同地域、民族、语言、宗教人口组成五花八门的政治党派提出各类诉求。独立战争时各阶层党派就有冲突,例如穆斯林希望建立政教合一国家,“建国五基”因而要强调“尊信至高真主”而不加定义,给各方留出念想空间。印尼建国后,冲突再次显现,地方持续动荡,区域、民族、宗教精英摩擦不断。现实社会政治要求印尼构建“国民文化”促进国家整合国民认同。民族学/人类学擅长考察书写民族、宗教、语言文化,是促进各民族团结理解实现“多元统一”的重要抓手。印尼新政府因而没有取缔学科而是将其导向本土关怀但须坚持去荷兰殖民化“政治正确”。但客观上,师资教材等前提条件又使本土学科离不开荷兰学科传统结构影响。

世界政治格局和印尼战略地位、资源潜力决定了美国对印尼的特殊兴趣。美国为此支持印尼独立战争,迫使荷兰承认印尼独立并归还其核心殖民地巴布亚西伊里安地区。美国学界基于第二次世界大战期间发展区域研究范式而关注印尼社会文化,形成了康奈尔、耶鲁、麻省理工三个研究中心。很多高校建也有东南亚研究机构,还资助印尼青年到美国高校留学。1954年,印尼学科鼻祖科恩便是在美国耶鲁大学进修人类学,回国后联手荷兰学者共建印度尼西亚大学人类学系，编写教材、培训学生，发展印尼本土学科。结果印尼本土民族学/人类学建立之初，就承接了两个传统：欧陆荷兰传统和美国传统。1965年，美国支持军方镇压印尼共产党并颠覆亲苏、亲中、亲共的苏加诺总统。苏哈托上台向美国阵营一边倒，并受军队影响亲和伊斯兰教基层温和派。1965年后尤其是1975年后，国际关系缓和结构逐渐改变，美国人类学影响印尼学界更深：一是高校教学科目多引进美国人类学文化分支体系；二是各学科专业师生多到美国留学。截至20世纪80年代，印尼民族学/人类学资深学者多有美国高校留学经历。1967年后，印尼深化与西方盟友各国学界交流，包括派遣留学生交换教师。1975年后，苏哈托乘葡萄牙撤出东帝汶殖民地之机悍然出兵意图将之吞并，但遭到美国、澳大利亚、联合国同声谴责并伤及国际合作。苏哈托政府面对国外人道声讨和地方民族自治诉求，严厉管控学术。

偏向经济发展应用研究是印尼学术迎合国家权力的又一体现。印尼独立建国摆脱三个半世纪殖民统治，首次形成统一国家，承接多元多样辽阔领土和五色杂尘的语言、宗教、民族文化，迫切需要知识整合。民族学/人类学因而向致力各地农村社区政治、经济、文化生活研究。20世纪60年代，印尼人口、农村结构、移民社会、国民教育、国家整合及城市化现代化问题更加突出。苏哈托在矛盾旋涡中上台，敏锐地抓住经济发展现代化的合法性龙头。印尼民族学/人类学终于找到用武之地。学科前辈积极回应军政权的"发展"意识导向，投身发展研究。当时的印尼学人积极加入政府部门研究机构，自上而下研究农村发展、国家认同、贫困、工业、计划生育、移民、城市化、健康、生态环保等发展应用主题研究。20世纪80年代，苏哈托要求社会科学培养学生参与国家建设，压制地方民族民主自治要求，入侵东帝汶受挫更使他严格控制学术和言论自由。印尼学者在执行发展项目中积累部落民俗知识。1998年民主改革后，学术自由恢复，学人开始反思自身角色更多深入基层社区自下而上表达底边人群呼声。

二、知识权威

按照托马斯·库恩的范式论，知识权威的研究范例和结论范本，都能影响学科发展方向。学科权威是学术共同体核心人物，通常拥有国内外声望及个人魅力，身边还有专家团队，还能间接运用师生关系。印尼民族学/人类学核心人物对本学科发展方向的影响有两点表现突出。一是学科奠基先驱权威,后辈学者多出自其门下或听过其课程讲座。他们的理论方法观念,颇能影响学术共同体成员认知及研究兴趣,包括学生追随老师研究相似主题,使用相同理论方法,包括指定研究方向、建议课题和调查点等。二是权威人物靠近权力中心,通常拥有较多资源,包括人脉、圈子、项目及军政权强人后台。他们据此更能聚集合作者追随者,掌控潮流动向。同仁因偶像崇拜或赞同权威见识而开展相似研究得出相似结论。

印尼民族学/人类学初创时期的权威人物概有科恩、马斯里·辛加里姆本、帕苏迪·苏帕兰、詹姆斯·达南德札加、阿姆里·马扎里、苏布尔·布迪桑托萨、图库雅各伯、伊赫罗米等。前三者最为著名。他们不仅引领了印尼的民族学/人类学,还参与了新兴印尼国家的社会文化政策制定,影响到印尼经济社会和政治生态。辛加里姆本从澳大利亚留学回国后,任教加查马达大学,建立了人口研究中心。[1]他的人口和计划生育研究成果直接影响了印尼的人口政策,1977年,他的贫困研究,改变了政府的贫困指标认定和人口的政策方向。苏帕兰在世纪之交研究民族文化多样性并提出建议,影响了印尼民族政策制定。他的农村地区、贫困等问题研究对国家社会也深有影响。

“印尼人类学之父”科恩作为知识权威就本学科在印尼国家的知识生产而言,享有首屈一指的地位。他在印度尼西亚大学首先建立民族学/人类学系,进而受命在各地方高校创办相关专业系科。他几乎就是印尼民族学/人类学的代名词。同事和后生晚辈迄今称其为“科恩老爹”(Pak Koen)。[2]科恩的学科地位虽无文书任命,但当今印尼所有学科史书籍文章,无不承认他的重要贡献无人可比。当今印尼民族学/人类学专家几乎都是科恩的学术子孙。他从1957年在印尼大学建系到1988年退休,都是学科标杆。当年印尼民族学/人类学动态几乎都唯科恩马首是瞻。有印尼学者坦言:科恩身后的印尼社会文化学界再无中心人物。这也是后现代学术典型特征。

1997年,赫迪曾推崇科恩在印尼民族学/人类学界地位堪比美国的博厄斯,

---

❶ 现在是加查马达大学的“人口和政策研究中心”,曾改过几次名字。

❷“老爹Pak”是印尼语男性长者尊称。女性长者尊称“老妈Ibu”;年轻女性尊称“老姐Mbak”;年轻男性尊称“老兄Mas”。

英国的拉德克里夫-布朗，法国的列维-施特劳斯。[1]从区域国家学科建设角度看，这样评价接近事实。但从创新性角度看，美、英、法三位师尊都开创了学科理论方法新范式，奠定了学派思想观念根基。相比之下，科恩则是将欧美传统范式理论、方法和概念、案例传授给印尼同侪后生，然后对印尼社会文化提出认知模型。他对印尼民族学/人类学的真正贡献是学科建设，即凭借"知识青年老革命"身份人脉，依托国家资源回应时代要求，协助各地高校建立民族学/人类学系，编撰印尼语学科教材，授课培养学生，根据社会需求引领学科应用研究方向。他各方面的成果，尤其学科理论、方法、文化概念和现实感知能力，现在都是印尼民族学/人类学知识库重要存量。他的生活史叙事，包括反映不同时期的思想观念写作成果对理解印尼学科发展轨迹都有意义。马斯纳姆博沃主编的《科恩贾兰宁格拉特与印尼人类学》，弗瑞达·达摩佩维拉-安姆兰（Frieda Dharmaperwira-Amran）对科恩人生史的叙述，还有其他人访谈科恩的材料，都对印尼民族学/人类学学科史研究有重要参考意义。

科恩1923年6月15日出生于今印尼日惹特别行政区斯勒曼小镇（Sleman）的贵族家庭。科恩的祖母家是王侯贵族，父亲艾马万·波罗多科索莫（R. M. Emawan Brotokoesoemo）在政府环境部任职，母亲波拉蒂迪斯·迪尔多特诺约（R. A. Pratitis Tirtotenoyo）出身名门，母亲的兄弟姐妹都受过荷兰教育。科恩母亲在结婚前是荷兰语幼儿园教师，婚后辞职相夫教子，但常出任法院翻译。奶奶给科恩取名为"昆贾兰宁格拉特 Kuntjaraningrat"。"kuntjara"意为"知名的"，"ningrat"意为"在世界上"。名字寄托着奶奶期待他"举世闻名"。科恩当然希望实现奶奶的期望，但仍改名为"科恩贾兰宁格拉特 Koentjaraningrat"，且以此名闻名世界。

当时印尼受荷兰殖民统治，讲荷兰语才有发展前景。母亲坚持送科恩到荷兰学校读书，在家也只跟他讲荷兰语，营造荷兰语的成长环境。奶奶则教他爪哇语，给他唱爪哇歌曲和讲爪哇民间故事。科恩因而自小就会爪哇、荷兰双语，而且对爪哇文化兴趣极深。但母亲限制他深入接触地方文化。高中时，科恩的父母工作调动要去巴达维亚（今雅加达），把他留在日惹叔叔家继续读书。远离母亲监督而亲近奶奶，他才更有机会接触爪哇文化，了解地方民族礼仪、说话方式

[1] HEDDY SHRI AHIMSA-PUTRA. Antropologi Koentjaraningrat: Sebuah Tafsir Epistemologis[M]//E K M MASINAMBOW. Koentjaraningrat dan Antropologi di Indonesia. Jakarta: Yayasan Obor Indonesia, 1997: 25-48.

和文学艺术，特别是爪哇的传统音乐和舞蹈。他读中学后就会自己编舞，奠定钟爱民族学、人类学并研究撰写爪哇文化史的基础。

1941年，日本发动太平洋战争，次年占领印尼，科恩高中毕业，先在雅加达一所荷兰法律高校博物馆当助理。他的工作内容就是把日军弄得一片狼藉的图书重新捡回分类保存。在此期间，科恩学习了印尼语和英语。日本投降后，科恩回到日惹参加了独立革命，且把雅加达博物馆的藏书分两批运到日惹，保存在加查马达大学法学院和文学院的图书馆。科恩此时就读的加查马达大学，学校因战乱而不断流动，科恩就给在学校读书的游击战士讲语言和历史课。独立战争结束后，加查马达大学在日惹重建。科恩返校获得印尼语预科学历（Sarjana Muda）。荷兰军队撤出印尼时，加查马达大学受命派人到雅加达接管荷兰人建立的高校并将其纳入印尼本土大学体系。加查马达大学的部分学生奉派前往荷兰高校混校，科恩就是这批本土"种子"学生之一。1950年，科恩到印度尼西亚大学的文学院学语言学，1952年获得文学学士学位，随后留任印尼大学，成为人类学教授赫尔德的助教。他曾帮赫尔德在登加拉努沙群岛的松巴哇做调查，奠定了对民族学、人类学的专业兴趣。

印尼建国后选送学生留学印度、阿拉伯诸国、澳大利亚和美国，意在取代荷兰知识霸权并替代荷兰学者职位。1954年，经文学院院长普里约诺推荐，科恩获得福布赖特奖学金，名列首批赴美国留学生。他在耶鲁大学学习人类学，师从澳大利亚裔默多克教授。1955年奖学金到期，科恩又申请到一年延期，1956年获得人类学硕士学位。默多克当时正在建设"人文关系区域档案"，积累全球各地传统跨文化群体比较素材。科恩曾帮他完善印尼区域文化数据并研究部落民文化相互关系。他的硕士论文是结构功能论的典型命题《爪哇亲属制度的初步描述》（*A Preliminary Description of the Javanese Kinship System*）。获得硕士学位后，他跟新兴国家海外英才一样，放弃攻读博士学位机会受命回国建设本土学术体系。

1956年，科恩返回印尼大学，由阿拉德指导撰写博士论文。1958年，他的博士论文《印尼的社会和文化研究的几种人类学方法》（*Beberapa Method Antropologi Dalam Penjelidikan Masjarakat dan Kebudajaan di Indonesia*）通过答辩，科恩获得人类学博士学位。1957年，他与荷兰学者阿拉德、艾菲联手建立印尼大学文化人类学系并出任系主任，成为印尼民族学/人类学的中心人物。他在不同时期的研究和写作，是国家学科问题意识思想观念演进轨迹，也是不同时期的学术主题方向。他的教学对象是印尼青年民族学/人类学家，内容是辅助各高校学科制订专业定位定向。

作为曾经当过追求自由解放热血青年的知识权威，科恩从未试图把自家学科理论方法和发展理念强加给同仁和学生，而是努力推动学科多样化。他刻意派青年学人去往不同国家学习不同学派的范式传统和分支学科并移植回国促进本土学科发展。这种学术民主成果使印尼民族学/人类学能对多种理论流派兼收并蓄。前往东西方名校进修的学者回国多在高校任教。

20世纪70年代至80年代，科恩又刻意选派成批学生留学荷兰，因为荷兰"印度学"曾经撰写大量历史价值很高的印尼民族文化资料。但印尼学术传统已然断裂，年轻人不能高效使用荷语资源。于是科恩跟荷兰高校联手建立留学项目，派送印尼青年学者学生到荷兰高校学习语言和历史研究方法，以整理荷语资料。他首先从各地高校甄选青年教师本科毕业班学生，集中到印尼大学培训并授予专业学位，然后再派送荷兰莱顿等大学攻读高级学位。加查马达大学的赫迪·史利·阿姆萨-普特拉、拉卡索诺，巴查查兰大学的阿里·因德拉诺·马哈尔（Ari Indrayono Mahar）、谢里·里万蒂（Selly Riawanti）、布迪瓦媞·苏帮卡特（Budiawati Supangkat），萨姆拉图朗伊大学的伊丽莎白·苏马拉乌（Elizabeth Sumarauw）、罗里·阿鲁本（Ronny Aruben），乌达雅纳大学的瓦延·杰丽亚（I Wayan Geriya）、普图·苏哈纳·艾斯蒂卡（Putu Sudhana Astika），哈撒努丁大学的默罕穆德·唐（Mahmud Tang）、穆斯·拉佩（Munsi Lampe），森德拉瓦西大学的琼斯·曼索本（Johsz Mansoben）、梅杰·德·鲁比亚（Mientje de Rumbiak）、拉菲·桑根法（Naffi Sanggenafa）、阿古斯·杜马图本（Agus Dumatubun）等，都从中受益，他们回国后成为学界骨干。默罕穆德·唐和琼斯·曼索本在荷兰获得博士学位。

科恩格外关心学科师资培养，用心给学员指定研究方向：他让艾迪里卡·哈迪布托（Adrika Hadibroto）研究女性人类学，雅斯米勒·沙哈博（Yasmine Shahab）研究人口学，莫迪亚·斯瓦索诺研究医学和精神病学人类学等。科恩还努力推送印尼大学本学科毕业生到各地高校任教，传播学科知识，且鼓励各地高校发展地方特色专业：哈撒努丁大学研究布吉人—望加锡部落的文化和海洋文化，森德拉瓦西大学研究西伊里安的查亚伊里安部落的社会和文化，乌达雅纳大学研究巴厘岛的社会文化旅游人类学等。这些顶层设计保证了当今印尼民族学/人类学地域民族研究特色丰富。

科恩的文化概念和文化研究理论，深刻影响了日后的印尼民族学/人类学研究。他的《人类学概论I》指出：人类学的“文化”定义是“人类社会生活中形成且能习得的思想观念、情感、行动和工作成果整体”。[1]霍尼格曼（J. J. Honigmann）曾基于帕森斯和克罗伯的文化形态论提出文化三分法，即理念、行动、器物（artifacts）。科恩又在观念核心里增加了“价值”一层，再结合克罗伯的“普同文化元素”形成其文化体系概念框架（如图5-1所示）。

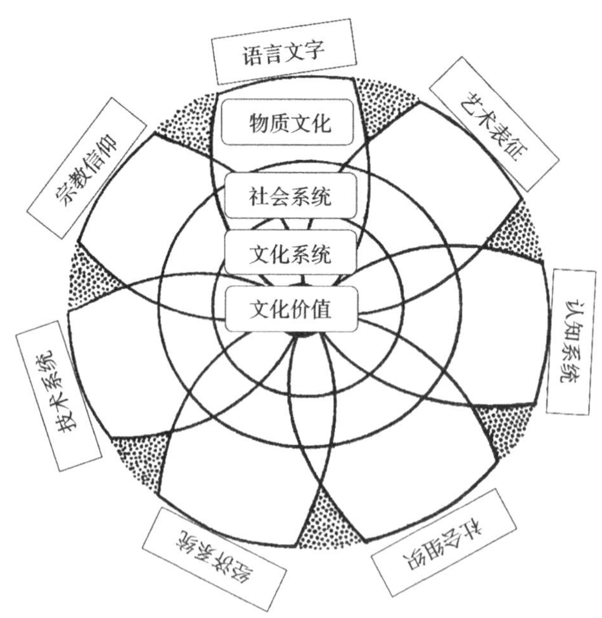

图5-1　科恩的文化框架

资料来源：KOENTJARANINGRAT. Pengantar Anytopologi I［M］. Cet. 4. Jakarta：Rineka Cipta，2014：92.

---

[1] KOENTJARANINGRAT. Pengantar Anytopologi I［M］. Cet. 4. Jakarta：Rineka Cipta，2014：72.

由图5-1可见，科恩的文化概念包含四层形态七种元素。四层形态是物质文化、社会系统、文化系统、文化价值。七种元素是语言文字、艺术表征、认知系统、社会组织、经济系统、技术系统、宗教信仰。物质文化在同心圆最外层，指具体可见的器物；内向第二层社会系统指行为行动；第三层文化系统指人类思想体系；第四层文化价值是同心圆动力内核。它由内向外而发挥作用，价值观念指导思想观念、促成行为行动包括知识生产，最后形成社会组织物质生产，进而抚掌知识生产及人口再生产。科恩认同自然生态对社会文化影响重大，人类社会也是环境产物，其行为受自然生态影响，同一社会可有不同文化。但他不是环境决定论者，而认为自然环境与社会结构共同构成文化生态体系。他告诫同仁学术研究不以表象描述为限，还应关心制度、规则、政策的制定。他还提出全球文化文明的广泛比较要基于三个步骤：一是广泛收集事实，二是概括普遍性质，三是用于实地验证。这些也都是泰勒、默多克的文化研究经验。但当时印尼的世界文化数据库有限，不能支撑跨国跨文化比较，科恩就做印尼国内中小规模社会文化比较。他在推动高校民族学/人类学专业、教材和教学规程的同时，还亲身做研究尝试归纳概括，《印尼的农村社会》就是不同类型农村的分类归纳。

20世纪70—80年代，科恩在学科基础研究之外，开始引导学科回应印尼国家经济发展诉求，推动应用和发展人类学致力农村经济社会发展研究。他认为民族学/人类学应用研究目的有二：一是解决社会问题促进国家发展建设；二是促进多民族国家文化认同社会团结整合。民族团结不能靠学者直接宣传，而应由学界撰写真实的民族志故事，为小说乃至儿童读物提供生活素材，方便大众阅读使他们放宽眼界更多了解印尼地方民族文化，面向世界拓宽胸襟视野。印尼很多高校公共管理专业招收警察军队学员也都开设民族学/人类学课程，为学员地方任职提供意识形态知识装备，让他们事先感知印尼多元多样的社会文化生活方式。印尼政学两界都认定，观念及理论上的认知和承认是理解包容的基础，“理论团结”是现实团结的前提。[1]科恩积极推动将印尼高校原属文化科学学院的民族学/人类学系科专业转隶社会和政治科学学院。他赞同文化相对论且认

---

[1] LEONTINE VISSER. An Interview with Koentjaraningrat [J]. Current Anthropology, 1988, 29 (5): 749-753.

定文化多样性是印尼的宝贵财富,本学科应是印尼高中和高校人文社科专业通识课业。

总之,科恩在印尼学科史上的贡献不是理论创新而是学科建设,包括系统平衡地引介欧美及东亚东南亚的民族学、人类学理论方法,协调同仁培养队伍,引领学科参与国家建设发展和民族政策制定。他退休后仍孜孜不倦地致力印尼文化多样性研究,直言不讳地批评印尼政府政策偏差。他经常对印尼国家政策包括民族识别政策和中央与地方城市关系等涉及国家发展整合的政治领域发表意见。他直言地方民族如西伊里安、巴布亚、亚齐的地方民族运动,绝非国外敌对势力操控那样简单,而是国内社会政治因素使然。国家制定地方民族政策要先用学术知识分析研究目标社区文化,在国民与地方民族文化认同之间建立有机关联。他的思想观念和研究写作对印尼学术和国家建设和民族团结国民整合都有重要作用。❶

三、传统与结构

1999年,科恩在印尼政治再次开放之初去世。印尼人类学论坛自2004年开始组织对科恩的年度纪念讲座,主旨是印尼国徽铭文"多元统一"。印尼国家基于异质混合复数传统,民族文化多样性是客观现实,国家要尊重差异、包容多样才能保持民族团结、国家统一。印尼学界使命就是不断揭示民族文化多样性的内涵意义,引导国民自觉奠定国家政策法规和维护民族团结、国家统一。这些都是印尼学界基本认知和普遍共识。学人的任务就是在承认民族文化多元复合的基础上寻找长治久安的政治路径和制度设计方案。重新开放的政界共识则是为学界发展配置资源,保障国家/社会科研预算和项目立项方向并主导心正意诚的学人配置。苏哈托"新秩序"时期,军政府垄断学术项目资金,严厉控制学术言论,学者研究的个性选题范围有限,只能参与政府主导的经济发展项目研究。这些项目多由政府把资源拨给机构权威领导人物,再由他们征召项目组成员。学术知识与政治权力的关系于此可见一斑。但联合国、世界银行、英、美、法等国际资助项目如生态环境保护大量增加,仍能吸引大批学者保持学术活力。

❶ FRIEDA DHARMAPERWIRA-AMRAN. Corat-Coret:Koentjaraningrat[M]. Jakarta:Yayasan Obor Indonesia,1997.

1998年民主改革后，高校自治恢复，学术自由放宽，学者选题范围扩大。中央政府明确地方分权自治方针，学者更能自主参与地方政府、NGO组织、国企、私企研究项目。印尼从军政强人极权到民主宪政分权转型的进程其实跟学界从现代化到后现代的范式转换同步。学界前辈权威人物相继退休、谢世，导致核心失重，学界情形跟随地方分权自治进程。项目资源多元吸引更多平民学人偏向应用研究。有些学者批判当今民族学/人类学沦为研究工具，年轻人不能像前辈那样从宏观角度思考人类、国家、社会宏观问题。但现实社会毕竟多元多样，焦点分散乃是开放社会学术常态，常人生活世界知识毕竟是家国天下根基。

第二节　结构与能动

所有时代、区域、国家的人文社会知识都有话语潜力。知识生产因而会受多种权势影响。但学者作为知识生产者也有主体能动性与价值关怀选择。本节拟从传统与现代、家国与天下、文化与社会的两元结构入手，透过印尼人类学"社会"与"文化"两派的论争，呈现民族学、人类学的后现代转型和印尼学者面对时代精神体现的主体能动性。

一、传统与现代

（一）现代化实践

艾恺的《世界范围内的反现代化思潮：论文化守成主义》指出，商业、技术和艺术层面的现代化，都源于靠近大中东的西南欧洲文艺复兴和随之而来的全球地理大发现；人类观念和制度层面的现代化源头，则是西欧英法的启蒙运动和美国、法国大革命。[1]启蒙运动倡导理性、文明、进步，大革命标榜自由、平等、博爱。两者都以普世诉求构成现代精神并向世界其他地方扩散，形成挑战各地的传统观念、社会制度的现代化潮流。拉美、日本、俄罗斯、中国、印度和其他各地面对现代化挑战的反应都有悖论性：一方面在物质、技术、制度层面拼命追求效法；另一方面在价值观、精神乃至艺术层面拼命反击抵制，且硬件追求效法也是

[1] 艾恺．世界范围内的反现代化思潮：论文化守成主义［M］．贵阳：贵州人民出版社，1991．

为软件抵制反击积累能力，即“师夷长技以制夷”。印尼面对现代化的反应也不出所料。

“现代化”要件包括市场经济、工商产业、科学技术、城镇生活、民主政治、流行文化和个体价值自由选择。这套标准貌似中立、中性、普世而无偏私，其实却有主观标准、尺度，即各时代、各区域的新兴国家地区的政治、经济、社会、语言、文化甚至价值观体系，都要面向欧美、日本发达国家演进达标，才能进入现代俱乐部。这里的前提假设就是西方政治、经济、社会、文化、科学、技术、价值观念都因其“现代”堪为先进师表；其他国家地区的相应指标则因其“传统”而“落后”，合当见贤思齐。这套指标简言之就是社会发展史霸权。

印尼建国之初质疑、批判民族学/人类学的理由除了殖民原罪，还有它热衷原始传统社会文化并为其辩护，于国家社会的现代发展建设有害。印尼教育部最终不取缔民族学/人类学专业，反而推进本土学科建设又有两个原因：一是其理论方法对民族文化多样性的认知理解确有功效而于国家社会整合有利；二是欧美民族学、人类学第二次世界大战后研究家园本土，证明了本学科研究复杂文明社会的潜力，新兴国家也要借此塑造自身发展治理的文明形象。科恩致力经济社会发展应用研究也能证明本学科解决国家社会现实问题的能力。

新兴国家建立后，通常都致力现代化建设力求向西方看齐，为此大力助推社会文化变迁，说服国民舍弃传统拥抱“现代”生产、生活方式。这种视角下的现代化与传统似乎势不两立。但人类社会存在宗亲与姻亲的事实就足以说明传统与现代的真实关系乃是互补而非互斥。离开传统去学的单维单向“现代化”绝非有利无弊，它会带来人口流动、城市化压力、生态环境破坏、贫富差距甚至民族宗教冲突等社会问题。国民迷失自我还会带来身份认同危机。理论上，如果“现代化”非要以历史传统为敌，就会造成否定之否定那种“为革命而革命”的悖论：过去的“现代”是如今的“传统”，今天的“现代”又跟明天的“现代”对立。这样一代代否定下去，人类认同和生命意义根基何在？这样的现代化后果令人望而生畏，人类不同区域国家因而会有反现代化思潮率先从文化价值、艺术精神层面兴起。这些思潮积累到20世纪70年代，就形成了世界范围内的“后现代主义”。当今国人对后现代思想解放价值评价偏低，认为它长于解构、短于建构。其实它解构的是主流精英的现代知识霸权，建构的是底层边缘特别是“大三农”和边疆民族的主体能动性。其根本诉求因而跟马克思学说并行不悖。印尼民族学/人类学领域的社会文化知识生产，就同时带有上述两种意涵：一方面通过现代考古、民俗发掘和历史书写来阐释弘扬传统文化，增强国民认同抵制外来文化的负面影响；另一方面用后现代精神挖掘、呈现地方民族文化多样性，特别是非物质文化遗产，促进地方民族文化旅游，带动现代化与传统和解。

（二）文化遗产

学科奠基人爱德华·泰勒的文化定义，即知识、信仰、道德、艺术、法律、习俗和人类作为社会成员习得的其他能力习惯复合整体，里面没有物质，因而都有非物质文化遗产属性。[1]换言之，非物质层面比物质层面更接近文化定义，因而也更接近人的初心本性。相比之下，物质层面即使强调科学技术，能在人与动物之间找出的也会是程度数量而不是根本性质上的区别性特征。但理论与实践毕竟有别。现代化的唯物拜物倾向如同权力，能对学界形成不可抗拒的结束管制，乃至高大上如联合国教科文组织的权威机构，也要在文化里另设物质范畴，然后再把原先就是文化本身的内涵定义成非物质。但无论怎样划分，人与动物的区域性特征即“自由运用象征符号的能力”，都能证明“非物质”比“物质”文化遗产更能体现人类本性，也更能跟前现代民族带来平等尊严，而得到学界更多重视。

印尼学界显然注意到非物质文化遗产研究和保护的意义，更能弘扬本土传统文化，从而在文化自觉、自尊、自信的基础上促进国民认同。印尼的文化遗产研究保护项目，多由考古学、语言学、民俗学领域的专家承担。但吊诡的是，欧美的民族学、人类学知识体系，不仅包含了这三个学科，而且比它们多出体质生物人类学根基。印尼本土民族学/人类学建立以来，就有考古、语言、民俗等学科分支，分头研究古文化遗址和各民族部落文化，包括收集民间故事、传说、谚语、戏剧和其他文艺形式，而且积累成果甚多，包括爪哇人、巽他人、巴厘人的民俗学研究。詹姆斯·达南德札加是印尼民俗学大师。他20世纪60年代关于加里曼丹、苏门答腊、巴厘岛舞蹈表演艺术的类别和心理人类学研究，构成印尼民俗学建设发展基础。

---

[1] 爱德华·泰勒．原始文化：神话、哲学、宗教、语言、艺术和习俗发展之研究［M］．连树声，译．桂林：广西师范大学出版社，2005：1.

印尼的博物馆与文化保护机构，都自觉资助考古、语言和民俗学研究。包括印度尼西亚国家博物馆发掘、维护了印尼古人类和动物化石，各民族部落文物、工具、建筑，以及佛教、印度教雕塑，并阐释其意义。位于雅加达的印度尼西亚缩影公园等比例呈现了地方民族部落传统建筑，园内各地方博物馆展示了本地民族传统文化。印尼文化保护机构考古修复了中爪哇省的佛教寺庙群婆罗浮屠与日惹特别行政区的印度教寺庙群普兰巴兰，并发掘保护了各地传统习俗遗产，包括：托拉查人的丧葬习俗，巴厘人的宗教仪式等，结果不仅能体现文化多样性价值，而且带来了文化旅游业繁荣。

外国游客到印尼旅游，除了欣赏各地自然生态环境如巴厘岛海滩之外，更多是要体验异域民族习俗。印尼能吸引国际游客的文化遗产包括世界最大佛教寺庙遗址婆罗浮屠，印度教寺庙遗址普兰巴兰，巴厘岛印度教风格仪式的建筑、服装、舞蹈艺术，爪哇佳美兰的音乐、舞蹈、皮影戏和传统美食，托拉查的悬棺葬、屋葬、僵尸节及丧葬仪式等。旅游人类学因此成为本土学科显要分支学科。

二、文化与社会

（一）欧美的社会/文化人类学

1908年，英国民族学、人类学家弗雷泽首先提出“社会人类学”概念。20世纪20年代，英国几所著名大学采用“社会人类学”称谓，现在是欧洲各国民族学、人类学通称。新派英国学人意在用这个名称跟注重文化史历时的进化论、传播论的古典研究范式拉开距离，表示它更注重实证科学、社会共时结构，解决现实问题为各国的亚非拉殖民地治理服务。相比之下，“文化人类学”由博厄斯派学人霍姆斯（W. H. Holmes）在1901年率先提出，当时专指美国的文化史民族志研究。[1]但深究之下，博厄斯派人类学受德国特别是德裔犹太人影响极深，因而着重采用文化圈、文化区、文化丛等术语概念，从地理分布角度构建各民族文化史多样性。欧美之外，亚洲、非洲、拉美各国民族学、人类学分别受欧陆、英美两大体系影响各有侧重。在承认共同学科屋顶和共同社会文化母题的前提下，文化与社会两个定语颇能显示学界同仁研究取向。采用“社会”定语者倾向用结构功

[1] 黄淑娉，龚佩华．文化人类学理论方法研究［M］．广州：广东高等教育出版社，2013：6-7.

能论为政府谋划治理制度，关注目标社区的经济社会制度结构。采用“文化”定语者倾向用文化史传播论呈现地域文化多样性，从文化生态角度解释各民族的传统风俗价值成因。“社会”承接了英法的“文明观”，“文化”承接了德国的“文化”即民俗观。

埃利亚斯《文明的进程：文明的社会起源和心理起源的研究》对此就有启示。[1]他指出“文明”首先在法语里出现。启蒙运动高潮即1744年后在英法两国流行，应用领域包括政治、经济、社会、宗教道德、科学技术等。文明首先指“有教养的”生活习惯、行为方式，细微的包括起居、交际、言谈、衣着，抽象的包括人的思想、观念、意识、眼光。作为理性进步尺度的文明是单数概念：英、法两国当然处于文明阶梯顶端，其他国家包括德国、美国都还等而下之需要进化。但当时德语区的“文明”流行范围就限于宫廷贵族上流社会的价值规范、行为礼节；中产阶级知识分子视这些派头为繁文缛节“虚伪做作”，是沽名钓誉的礼仪德行。真正精神包括艺术和宗教领域的规范都用文化不用“文明”。德国知识精英倡导用“文化”概念来表达自我意识而批判英法“文明”霸权，从而造成三重效果。一是用“文化”体现内在“精神”，把艺术、哲学、宗教乃至科学都归入精神领域而与物质甚至制度领域的经济、政治、社会活动做出区分并视之为“外在”。在这种视角下，国家与社会的区别性特征就不在物质制度而在理念精神。二是文化本质具有社会类型学“复数”属性，再加上内在优先于外在，就能从根本上解构英、法学界作为社会进步尺度的单数“文明”霸权。三是德国哲学意义上的“文化”属于“纵向分类”，跟民族平等亲和，有别于且相对于跟阶级亲和“横向分层”的英法“文明”社会，进而给文化相对论打开学术观念空间。事后看，德国的文化论虽然会打开民族主义的潘多拉魔盒，但也符合民族区域相互平等共待统一国家的时代精神。其思想解放功效跟后现代主义接近，符合政治经济学新制度主义的多样主体博弈和居民自治的公共事务治理之道。

欧洲启蒙运动在18世纪首先从西欧的英、法兴起。他们倡导科学理性，以经验归纳法作为人类文明史的实证解释工具，具体作法包括用西欧标准给世界各地社会排列进化序列，进而构建人类社会发展史，英、法当然处在人类进步顶

---

[1] 诺贝特·埃利亚斯．文明的进程文明的社会起源和心理起源研究[M]．王佩莉，袁志英，译．上海：上海译文出版社，2009.

端。1748年,法国孟德斯鸠在《论法的精神》里回溯归纳全球人类史上的政体概有共和、君主、专制三种并论述其法律形态;又从法学视角归纳人类历史概有蒙昧、野蛮、文明三个时代,其中蒙昧时代无政体,野蛮时代用专制,文明早期用君主制晚期用共和制。[1]1795年法国大革命高潮时,法国另一位启蒙哲学家孔多塞也用《人类精神进步史表纲要》演示了人类社会进步的四段阶梯,即游牧、农耕、古典城邦、现代欧洲。[2]英国社会学家斯宾塞提出社会进化论作为佐证,且成为生物学家达尔文的生物进化论模板。1859年,达尔文用《物种起源》为生物界从简单到复杂,低级到高级的进化提出权威论证,极大地鼓舞了英、法人文社会研究。[3]1871年,英国学科奠基人泰勒的《原始文化》系统论证了人类文化史的蒙昧、野蛮、文明分期。[4]英、法学界,社会发展史观、单线进化史观占据权威地位。

德国哲学自有传统但学界早期深受英、法启蒙运动影响。法国大革命后拿破仑率军东征西讨,严重伤害了文化相对统一、城市化程度不高且政治高度分裂的德国话语地位,激发德国学界用民族主义反抗法国文明霸权。德国哲学家强调启蒙重点不在城市、工业而在"个人自由、思想和宗教宽容、正当法律程序和经济自由要求",因而要更重精神不重物质,重文化不重社会。[5]滕尼斯在1887年的《共同体与社会》一书中特别对"共同体Gemeinshaft"与"社会Gesellschaft"的特质做出区分。[6]他赞赏共同体原生的本质意志——自我关怀、土地、家庭法、礼物、财产共享等,但对社会次生的选择意志、商品交换、价值、契约、市场相对看轻。博厄斯基于北美洲民族志论证"原始人"历史文化并不低于现代文明,倡导文化相对论,解构文明单数论。斯宾格勒在《西方的没落》一书中明确提出人类

---

[1] 孟德斯鸠. 论法的精神[M]. 许明龙,译. 北京:商务印书馆,2007.

[2] 孔多塞. 人类精神进步史表纲要[M]. 何兆武,何冰,译. 北京:生活·读书·新知三联书店,1998.

[3] 达尔文. 物种起源[M]. 周建人,叶笃庄,方宗熙,译. 北京:商务印书馆,1997.

[4] 爱德华·泰勒. 原始文化:神话、哲学、宗教、语言、艺术和习俗发展之研究[M]. 连树声,译. 桂林:广西师范大学出版社,2005.

[5] 格奥尔格·G. 伊格尔斯. 德国的历史观:从赫尔德到当代历史思想的民族传统[M]. 彭刚,顾杭,译. 南京:译林出版社,2006:19.

[6] 斐迪南·滕尼斯. 共同体与社会——纯粹社会学的基本概念[M]. 林荣远,译. 北京:商务印书馆,1999.

史必须用区域民族文化史支撑。各地各民族文化自成其类。各类观念、情欲、生活、愿望、感情不能相互化约。[1]

第二次世界大战后，德国文化史观被反思批判。但文化地理学派在荷兰和苏俄都有延续，文化相对论搭载美国民族学、人类学传播更广。欧陆民族学、人类学在第二次世界大战前曾为殖民统治服务。社会人类学奠基人马林诺夫斯基和拉德克里夫布朗的结构功能论也侧重殖民地社会结构、经济制度，旨在为现实服务。第二次世界大战后，英、法殖民地萎缩，学人田野点转向国内城市社区或综合研究前辈民族志成果。列维-斯特劳斯引领法国社会学派消化美国民族志，提出结构主义针对现象学、存在主义，强调普同人性和人文知识普及。美国人类学以自由主义融入德国文化相对论。博厄斯及其同仁学生成为学科核心团队，在美国运用德国的“文化区”理论、文化相对论、历史特殊论。本尼迪克特和米德跟心理学家合作发展文化人格论，斯图尔德结合古典进化论发展文化生态学。20世纪60年代，多线新进化论、文化唯物论、认知人类学、解释人类学成为美国人类学重要流派并影响欧洲学科，给英、法同仁注入文化史因素。汤因比的《历史研究》引领了英国的犹太和中国古典文明研究；法国历史学年鉴学派，特别是布罗代尔的《文明史》，引领了地中海经济社会和世界各地文明梳理。但美国人类学重文化，欧陆人类学重社会的结构依然稳定。

欧陆社会人类学关注现实问题，侧重社会构成、结构变迁、法权配置、城乡人口、宗教信仰等领域，曾在进化学派之后衍生出法国社会年鉴学派、结构功能派、结构主义人类学、布迪厄资本实践场域分析，总之聚焦“横向姻亲”、社会关联。美国文化人类学关注史前社会文化生态、习惯法，又参照德国传播论而形成历史特殊论、国民性格论、新进化论、文化唯物论等，直到格尔茨倡导阐释人类学意义深描，总之侧重“纵向宗亲”民族文化史。

理论上，欧美两种母体“范式”分别关注生活世界纵横两条轴线，如车之两轮鸟之两翼各有功效不能偏废。但福柯的后现代知识—权力分析也不容小觑，即一个国家地区或一种文明的知识生产在特定时期选择哪种范式仍要受制于当时当地的权力结构。欧洲虽然开放但集权程度仍高，法国更是如此，学界因而不能远离权力关注。美国虽然追求集权但资源仍然分散，学人自由度仍高因而能较

[1] 奥斯瓦尔德·斯宾格勒. 西方的没落：世界历史的透视[M]. 齐世荣，等译. 北京：群言出版社，2017.

多兼顾文化多样性及其意义。

(二)印尼学界的“社会”与“文化”之争

印尼民族学/人类学跟国家民族经历相同。首先是深受荷兰与美国影响而形成人类学“社会”与“文化”两大流派,然后是亚洲价值比欧美更重知识-权力结构即受政府干预更深。印尼民族学/人类学的“社会”(Antropologi Sosial)与“文化”(Antropologi Budaya)争论集中体现在人类学系的转院动议。民族学/人类学系原先多设在文学学院(Fakultas Sastra,后改名为文化科学学院 Fakultas Ilmu Budaya)。20世纪80年代初,苏哈托政府要求高校社会科学专业培养学生服务社会发展。这符合科恩那代先驱学人的治学初心,既要为国家建设服务,又要体现印尼人文资源价值,也符合美国的文化人类学定性且有反殖民价值。苏哈托军政统治高潮时反殖民情绪缓解,学科带头人逐渐把参与国家建设、解决经济社会问题、改良国策、促进和谐治理当成优先追求。他们支持把本学科从文学学院转隶社会与政治科学学院。印尼大学人类学系1983—1984年转院,其他高校多数效法形成风潮。

但印尼毕竟是历史悠久的多语言多民族多宗教泱泱大国而非小小城邦。坐落在古都日惹的加查马达大学等少数高校,仍坚持把学科学系留在文学学院(该校2001年将之改名为文化科学学院)。20世纪80—90年代转院高潮时,加查马达大学也曾争论是否转隶“社会与政治科学学院”。[1]人类学系老师概有三类意见:伊尔万·阿卜杜拉、史加弗利·赛琳、潘德·马德·库尔坦内加拉等支持转到社会与政治科学学院;柯蒂兰、苏哈迪·翁索、赫迪·史利·阿姆萨-普特拉、拉卡索诺等坚持留在文学学院;普若·瑟穆迪等同仁认为本学科对象就是社会文化,区分文化与社会意义不大因而弃权。支持转院用“社会人类学”的老师多有欧洲留学背景,而坚持留院用“文化人类学”的老师多有美国或美国盟友国家留学的背景。[2]

---

[1] 加查马达大学人类学系转院争论信息源于笔者2018年1月在印尼的访谈。

[2] 伊尔万·阿卜杜拉获荷兰阿姆斯特丹大学博士学位;史加弗利·赛琳获澳大利亚国立大学硕士学位;柯蒂兰获菲律宾的艺术与科学学院博士学位;苏哈迪·翁索获英国肯特大学博士学位;赫迪获美国哥伦比亚大学博士学位;拉卡索洛获美国康奈尔大学博士学位。科恩拥有美国硕士学位但作为牵头人面对争议保持中立。

支持转隶社会与政治科学学院的理由有：一是顺便改旗易帜号称“社会人类学”，名正言顺考察人类社会行为及其结构背景，更紧密地结盟社会学，放弃民族语言、历史、文化、人文命题。二是认为发展中的印尼民族学/人类学解决社会现实问题、参与国策制定才能更好地坚持人道主义。伊尔万·阿卜杜拉在2017年的文章指出：本学科应站在国家民族未来研讨前沿，确保自身解决未来人道主义问题的中心角色，而不能基于个人学术兴趣而做研究，因而必须跟社会学、政治学同在一块天花板下紧密接触、交流合作。[1]三是转院跟社会科学接轨能获得更多资源，资源包括更宽的人脉网络，有利于在竞争中提高学科地位，况且社会与政治科学学院毕业生更容易进入国家公务员体系和政府机构，拓宽就业前景提升影响力。

主张留在文化科学学院继续打“文化人类学”旗号的理由则有：一是认为考古、历史、语言、文学、艺术、宗教才是人与动物区别性特征，而相关学科都在文化科学学院。一旦转到社会与政治科学学院就会与友邻学科专业失联，最终丧失学科认同。二是本学科在文化科学学院是一级学科，转到社会与政治科学学院就会变成社会学下的二级学科，无异于自贬身份地位。三是本学科在文化科学学院远离政府治理需求更有自由空间，进了社会与政治科学学院更贴近政府治理需求，进入社会问题政策咨询智库，学术研究自由难免受制于人。四是本学科已在文化科学学院扎根30年，教学机制、课程设置、科研项目都跟文化科学学院的学科专业深深交叉，且有办公室、教室、图书馆等基础设施配置不可替代。

加查马达大学时任文化科学学院的院长佐科·苏尔若(Djoko Suryo，简称“佐老”)教授曾与社会与政治科学学院的院长组织了两院的专家研讨会，最终决定本学科隶属文化科学学院不变。佐老回忆，当时他对学科转院没有特别执着，人类学系创建以来就是文化科学学院大家庭成员之一，他当然乐见这个系留下，但如果该系老师愿意转院，他也不会挡驾。他也曾与社会与政治科学学院院长相约：如果人类学系转院，务必给人类学系提供资源空间包括研究经费、办公室、教室、图书馆。社会与政治科学学院院长想到资金空间资源吃紧，不愿接受人类学系转院。结果加查马达大学人类学系留在文化科学学院。一些地方高校随之。

---

[1] IRWAN ABDULLAH. Misrepresentation of science and expertise: Reflection on half a century of Indonesian anthropology[J]. Hunaniora, 2017, 30(1): 82-91.

加查马达大学的这次成功也有社会结构背景。20世纪90年代初，地方分权自治和自由民主声音高涨，国家对学界控制减弱。高校自治成为时尚。世界后现代转型对权力—文化机制的揭示解构，也增强了“文化人类学”人文导向的底气。印尼民族学/人类学如今存在“社会”与“文化”两派并存格局，正好说明了知识界文化生态平衡性。

三、后现代包容

苏哈托军政“新秩序”时期正是高速现代化时期。东北亚、东亚、东南亚多数国家包括四小虎、四小龙都有相似经历。现代化的成就弊端在这个时期都有典型表现。成就是经济发展、城市工商化高速实现，人民生活水平、国家声望同步提升；弊端是乡村凋敝、贫富分化、生态破坏，社会矛盾积累到危险程度，亟须政治改革拨乱反正、平反冤假错案、实现转型正义，用真相与和解偿还社会正能量赤字。印尼后现代转型始于20世纪90年代中后期，但作为其基础的全球后现代转型和民族学、人类学后现代范式转换早已兴起并在很多国家获得成就，影响到联合国生态、文化遗产、少数民族和原住民权益文献制订，地方分权自治、民主自由的呼声加强。1998年，印尼“民主改革”启动，言论宽松、学术自主、国际交流合作更加频繁。这就是印尼学术后现代转型和范式转换的社会政治背景。

（一）后现代范式转换

字面意义上的后现代相继或相对于现代。社会意义上的后现代是现代化升级版，即针对现代化弊端采取的补救措施。它不是要否认、摒弃现代化，而是要矫正其缺少人文社会关怀的暴戾。现代化虽能促进经济生产、科学技术，但在人文、社会、生态领域欠债也多，需要打补丁矫正升级。最大的补丁就是思想解放、承认他者的主体性、尊重他人感受、承认发展的人文代价，再用公平正义、制度建设加以矫正节制，具体讲就是让现代化跟前现代自然生态民族文化多样性和解，为人类可持续发展谋划和谐前景。后现代主义理论很难定义，不同学科领域各有论述，但笼统而言，它就是当代人类抵制、矫正、弥补启蒙运动科学理性文明进步的激进后果的人文努力总称。本书认为西方后现代社会思想源头能追溯到马克思、尼采；哲学源头能追溯到西南德意志学派的精神科学；艺术源头能追溯到西班牙画家毕加索的作品《格尔尼卡》，后来还有第二次世界大战以后的建筑设计创新；最重要的是20世纪60年代国际反殖民和各国民权民主运动。到20世纪70年代，加拿大率先将文化多元论作为国策，标志着后现代观念转型在发达国家完成。人文社会科学领域的后现代转型，包括批判欧美中心论的单线文化进化论霸权话语，破解非黑即白的二元对立思维，促使生活世界各方理解他者，同情底边弱势群体处境，最终超越仇恨话语寻求真相与和解，确保人类社会安定和讨论可持续性发展。

民族学、人类学领域的后现代转向前锋应属于爱德蒙·利奇1954年出版的《缅甸高地诸政治体系》。书中，利奇用“贡劳-贡萨”钟摆政治体系，论证特定时期的同一民族可有两套政治体系选择并以其中一种作为主导范式。[1]这个案例足以破解前辈学者“一个民族一种文化”的想象假设，也把非此即彼的历时二元论，换成两条腿走路前后脚轮换的共时结构，隐喻传统与现代并行不悖。1973年，萨林斯在《石器时代经济学》一书中论证史前社会礼物交换亲族互惠的原始丰饶悠闲生活模式，以此挑战现代化令人丧失本性疲于奔命造福致富神话。[2]

格尔茨1973年出版的《文化的解释》，1983年出版的《地方知识：阐释人类学论文集》，构成本学科后现代范式转换的标志。[3]他明言民族学、人类学须从建构整体实证论转向深层案例意义阐释，体现他者的主体能动意义体系。他大胆宣称民族学、人类学的本质不是科学而应是人文。其研究对象应是主体他者、象征体系、符号意义，而非客观法则、规律。学者工作不应是基于自我认知解释他者的行动及其社会制约，而是依托文化深描体验理解“他者”的主位意识并对其行动的文化意义加以阐释。后现代人类学关注历史“文本”叙事并阐释其文化意义，特别强调学者熟谙地方知识悬置武断推理。

马尔库斯、费彻尔1986年合著的《作为文化批评的人类学：一个人文学科的实验时代》，克利福德、马库斯合著的《写文化》，都是后现代学者批判现代人类学

[1] 艾德蒙·R.利奇．缅甸高地诸政治体系：对克钦社会结构的一项研究[M]．杨春宇，周歆红，译．北京：商务印书馆，2010.

[2] 马歇尔·萨林斯．石器时代经济学[M]．张经纬，郑少雄，张帆，译．北京：生活·读书·新知三联书店，2009.

[3] 克利福德·格尔茨．文化的解释[M]．韩莉，译．南京：译林出版社，2014；克利福德·格尔茨．地方知识：阐释人类学论文集[M]．杨德瑞，译．北京：商务印书馆，2011.

理论的标志性成果。《作为文化批评的人类学》直击人文学科表述危机，指出当今民族学、人类学使命有二：一是拯救那些濒危的独特文化生活方式，以免其毁于全球现代化；二是用实例反思批判主流社会西方中心论。他们指出人类学首先要在认识论上“变熟为生”将研究对象中性化、然后用比较方法“跨文化并置去神秘化”，最终回归文化批评人文关怀，争取主流社会参照他者经历、诉求做好自身建设。❶中东裔文学批评家萨义德的《东方学》更直接批判了西方的自我中心论文化霸权话语。詹姆斯·斯科特作为后现代多产学者，连续推出《国家的视角》《弱者的武器》《逃避统治的艺术》，证实底边弱势群体在长时段大范围重复博弈中的主体能动性不容忽视。

武汉大学朱炳祥教授在《社会人类学》里总结后现代人类学知识产品四大元素：一是批判“白种欧洲男性的傲慢”；二是指明“理论并不能赋予世界知识以真面目”；三是群体活动意义成于博弈互动，“不存在集体意识，意义是互动而成”；四是“没有象牙塔：写作本身就是一种政治”。❷简言之，民族学、人类学后现代知识包括四条认知：一是民族志作者对自身处境立场意识的反思；二是他者的文化不可能精准理解翻译阐释（只是猜谜）；三是世界上没有孤立社会暨单纯“集体意识”，文化意义会在博弈互动中生成嬗变；四是知识生产必有政治性暨主客体相互构建。

回到后现代转型的现实发展治理背景。1962年，蕾切尔·卡森出版《寂静的春天》，讲现代化造成的生态环境空难。❸1972年，罗马俱乐部推出《增长的极限》，论述现代工业经济迅猛增长必将超越地球承受极限不可持续。❹20世纪80年代，这些见解成为全球主流共识。

（二）印尼经验“求同存异”

1965年后，军政集权新秩序的印尼政治高压虽强，但对外没有高墙铁幕，对

---

❶ 乔治·E. 马尔库斯，米开尔·M. J. 费彻尔. 作为文化批评的人类学：一个人文学科的实验时代[M]. 王铭铭，等译. 北京：生活·读书·新知三联书店，1998.

❷ 朱炳祥. 社会人类学[M]. 武汉：武汉大学出版社，2009：107-112.

❸ 蕾切尔·卡森. 寂静的春天[M]. 韩正，译. 北京：商务印书馆，2017.

❹ 德内拉·梅多斯，乔根·兰德斯，丹尼斯·梅多斯. 增长的极限[M]. 李涛，王智勇，译. 北京：机械工业出版社，2013.

内仍有宗教组织，所以仍能通过信息交流较早感受世界后现代思想脉动。例如奥巴马母亲安·邓纳姆的博士学位论文调查研究就在此背景下进行。20世纪80—90年代之交，后现代转型的诸多趋向，包括解构建构、人权女权、文化生态保护、参与式发展，在印尼都有所表现。民族学、人类学研究要为底边弱势人群发声，因而较多采用农民和少数民族视角。

“新秩序”时期的“经济社会发展”不仅是国家导向，且是军政合法性基础，更是中央政府集权用权控制地方人民的工具。当年印尼的政治经济、文化教育、社会政策无不服务于“发展”，乃至为了确保实现发展目标而不计人文社会代价。全印尼权力权益都由雅加达少数精英控制，必然导致国家民族社会矛盾积累激化。后现代关于现代化“发展极限”及其严重后果的警示，揭示出现代世界体系“中心—半边缘—边缘”模式的压迫本质。当年苏联解体后的第三波民族主义和印尼的经济危机社会动荡，都对“新秩序”高压下的“发展”神话形成解构效应。印尼学者和地方精英开始质疑这种“发展”的长久正当性，挑战雅加达中央政权与地方边缘的不平等地位。思想活动具有跨时间的结构特性。上述反思不仅涉及苏哈托军政极权时中央对地方的财政剥削文化的同化，还延伸到政府军方在印尼建国时期的激进举措反思，进而要求政治改革及转变发展方式。

1999年3月14日本尼迪克特·安德森在雅加达的讲座上揭露，革命时期的亚齐不仅没有独立诉求，而且为印尼独立贡献了更高比例的人力物力。追根溯源，亚齐、西伊里安的独立或分离运动，本质上都是雅加达中央强政权的激进政策和歧视性待遇逼迫所致。只有认真落实宪法的自治承诺，让他们再次感到印尼家园主人的身份地位，才能得到真正的民族团结国家统一。宪法原则下的地方分权民族自治和民主体制因而势在必行。

世界范围内的后现代思潮对印尼新秩序强权下的国家治理和民族政策制定也有渗透。印尼的民族、语言、宗教、文化多样性根深蒂固，国家宪法立国原则对此都有承认承诺，关键是构建制度体制和社会包容氛围确保民族团结国家统一。西方的后现代转型包括民族学、人类学后现代反思批判写作，对印尼国策部门也有启示。后现代思想批判欧洲中心论，揭示科学理性霸权，用现象学生活世界理念提示精英高层认知自身局限，包括自我不可能完全理解他者文化并为其规划前途，因而只能用宪法原则和自治制度安排，确保各方公平博弈强化自信、互信，引领国家民族在可持续发展之路上前行。印尼国家认识到对文化多样性和民主自治的承认和“求同存异”势在必行。这就是本书第二章所述印尼文化塑造和地方民族自治政策法规完善的演进轨迹。印尼学科的后现代转型在此背景下展开。

后现代背景下，印尼开国宪法里的“多元文化”(Multiculturalism)、“多元社会”(Masyarakat majemuk)、“求同存异”(Bhinneka Tunggal Ika)等核心观念在学界悄然激活。20世纪70—80年代，科恩便开始阐释“文化多样性”是印尼国家财富。这样的民主改革思想不断发酵，终于促成苏哈托下台。

2000年，帕苏迪·苏帕兰撰文“多元社会及其关怀”，回顾印尼建国根基是国父苏加诺的“多元统一”思想。但苏哈托军政集权以摧毁地方民族多样性为代价，让雅加达少数权贵精英垄断国家政权。这样的现代化发展必然跟印尼的民心国本背道而驰。苏帕兰强调承认印尼多元文化的现实，才能提出维持国家文化多样性平等的整体方案。建国最初15年即“新秩序”之前的印尼国家文化是承认“各地的文化精髓 puncak-puncak kebudayaan di daerah-daerah……”，其中含有各地各民族文化含义，亦倡导各民族在保持自身特性的基础上构建国民文化。苏哈托“新秩序”时期，悄然删除了这句格言中的“di”，使之变成“地方文化精髓 puncak-puncak kebudayaan daerah……”。军政权去掉这个“di”字，就是要用无主体的文化“地方性”否认其有主体的“民族性”，体现的就是使民族文化“去主体”而去掉民族概念的政治功能含义。但脱离实际的主观愿意、顶层设计终归不能有效面对现实需求。掩盖矛盾也只会积累政治动荡和深化潜在解体危机。真正的出路还是承认多元文化公民社会来构建分权自治民主制度。[1] 2003年，苏帕兰重新阐释具有共同纲领意义的印尼开国座右铭“求同存异”的意义，重申多元文化的模式的前提是社会民主、公平、正义。[2]雷欧·舒尔雅迪纳塔论述了印尼国家华人政策从“同化”到“多样共存”的健康转轨。[3]

---

❶ PARSUDI SUPARLAN. Masyarakat Majemuk dan Perawatannya[J]. Antropologi Indonesia, 2000(63): 1-13.

❷ PARSUDI SUPARLAN. Bhinneka Tunggal Ika: Keanekaragaman Sukubangsa atau Kebudayaan? [J]. Antropologi Indonesia, 2003(72): 24-37.

❸ LEO SURYADINATA. Kebijakan Negara Indonesia terhadap Etnik Tionghoa: Dari Asimilasi ke Multikulturalisme? [J]. Antropologi Indonesia, 2003(71): 1-12.

学界这些进展的社会政治背景是印尼1998年开始“民主改革”，使“服务”和“赋权”成为国家角色定位。1999年，地方行政法和中央与地方财政平衡法通过，较充分地满足了地方政府的自治权和财政分配额度。“存异求同”的印尼国家座右铭嵌入国徽，更显示出这个南洋大国追求后现代转型的坚定决心。

第三节　东南亚、南亚与中国学科知识生产

一、区域国别研究

现代民族学、人类学最初专注研究西欧北美之外的异邦他者人文现象。欧洲的文艺复兴、地理大发现和科学革命揭示出，无论是自然界还是人文社会，“异邦他者”的数量、多样性和历史深度，都远超《圣经》知识范畴。全球的博物学知识积累强烈冲击了希腊哲学、希伯来宗教和罗马法统的逻各斯中心论，因而引发人类发展的“进化”与“退化”之争。但在欧洲中心论视角下，西欧仍自视为世界文明顶端：进化论说西欧洲进化更多，退化论说西欧洲退化更少。19世纪中叶，斯宾塞基于启蒙哲学文明理性进步史观提出社会进化论，并很快得到达尔文生物进化论的佐证。民族学、人类学在此背景下生成，首先围绕普世文明单线进化论展开知识生产，包括基于社会发展史视人类文明为单数实体，认定荷、英、法是进化阶梯顶端，其他各国各民族按其社会发育阶段分属进化阶梯不同位置。这种理论对正在向现代化转型的国家极为不利，因而很快受到急起直追的德国、美国文化论挑战。

新兴德国基于古典哲学深厚传统，基于地位知识提出“文化”概念对抗英、法文明霸权，进而用文化横向传播论引领空间分布格局研究并产生两大效应：一是用文化生态学的文化复数空间格局解构古典进化论单数文明时间轴线；二是用文化空间多向发展解构古典进化论单向矢量时序。博厄斯引领美国现代人类学结合自由主义传统弘扬德国文化哲学及文化地理学派理论，基于多样文化“圈、区、丛、层”倡导历史特殊论、复数文化观、文化相对论，主张文化性是多样主体应对多样地理、生态、历史格局的产物，内在价值如同艺术品在主位创作者眼里个个独特没有高低优劣差别。但“两刃相割，利钝乃知；二论相订，是非乃见”，客位

鉴赏者毕竟有偏好选择。

欧美以外各国包括日本、中国、印度、印尼的现代民族学、人类学均非自发原生，而是各自依据史地生态处境从欧美（包括荷兰、瑞典、俄罗斯）的同一学科四个传统分别摄取。东南亚各国都有多民族文化且有西方及日本殖民侵略经历，其学科传统中的宗主国元素自然更多。

近现代印尼受葡、英、荷、日殖民300多年，欧洲荷兰根基尤其深厚。20世纪60年代，美国通过苏哈托陆军政权把印尼重新拉回西方阵营，印尼前三代学科前辈多有美国留学经历，文化人类学逐居主导地位。但荷兰早期收集撰写的大量珍贵历史资料，又吸引印尼学界多派学生留学荷兰，导致荷兰影响变相回归。

马来西亚经历与印度尼西亚相似，只是英国传统更占优势：它早年也受佛教、印度教支配；10世纪伊斯兰教传入；16世纪欧洲葡、西、荷殖民先后到来；18世纪纳入英国殖民统治；第二次世界大战期间遭日本短暂占领及英国回返直到1957年真正独立。这些都给马来西亚民族学、人类学打下烙印。20世纪60年代前，“马来西亚的人类学研究绝大多数是由英国人类学家或在英国接受学术训练的人类学家完成”。[1]1969年，马来西亚族群冲突暴露三大族群的深刻矛盾。美国专家建议提升民族、人类、心理、社会、政治等人文社科地位，通过深化跨文化理解缓和族群关系促进国家团结统一。马来西亚本土民族学、人类学即社会文化人类学随之于20世纪70年代在大学独立建系，同时派遣青年学者、学者到美、英及英联邦国家攻读硕士、博士学位发展本土学科。

泰国跟印尼、马来西亚一样，16世纪开始受到葡萄牙、荷兰、英国、法国殖民扩张持续威胁。幸赖泰国王室知识积累深厚，深明国际大势，反复用内外资源化解殖民危机，并主动发展现代人文社会科学知识。泰国王室亲近英国学习君主立宪，民族学、人类学主要借鉴英国。第二次世界大战后，泰国主动远离邻国左翼深度交好欧美。康奈尔—泰国项目帮助泰国学者到美国学习文化人类学。但泰国学界更多用“地方智慧”（Phum Panya）指代“文化”。[2]

菲律宾位于西太平洋要冲跟印尼相似，但16世纪东来的殖民宗主国不是荷

---

[1] 康敏．马来西亚本土人类学发展述评[J]．国外社会科学，2013(6)：133-143.

[2] ERIC C THOMPSON. Anthropology in Southeast Asia: National Traditions and Transnational Practices [J]. Asian Journal of Social Science, 2012, 40(5-6): 664-689.

兰而是西班牙。19世纪末美国排挤西班牙殖民势力主导菲律宾政局。菲律宾1942年沦于日本军政，1946年独立建国仍然亲美。其现代学术深受美国传统影响包括文化人类学。

印度沦为殖民地的命运跟东南亚依稀但因地域广大人口众多本土精英先知先觉，所以过程曲折且独立浪潮兴起更早。16世纪葡萄牙在果阿捷足先登继而法国得手，但18世纪英国皇家海军和东印度公司把法国逼到东南亚即越南、老挝、柬埔寨。两次世界大战期间，圣雄甘地和穆斯林精英真纳联手在南亚次大陆掀起印度独立运动，英国被迫退让的同时挑起了印度教与伊斯兰教矛盾。1947年，印度与巴基斯坦（当时含东孟加拉）分别独立建国迄今纷争不断，特别是围绕克什米尔。南亚新兴大国印度的民族学、人类学也是欧洲特别是英国殖民遗产且深受英国社会人类学结构功能论影响。1920年，英属印度西孟加拉首府及先前殖民总督驻地的加尔各答大学（University of Calcutta）首创民族学/人类学系。

印度当代学人苏拉吉特·辛哈（Surajit Sinha）曾将印度民族学、人类学史分为三期：英国殖民期（1774—1919年）、前独立期（1920—1949年）和独立建国（1950年至今）。[1]殖民时期印度已有少数学人习得英国社会人类学研究印度部落社会；前独立期的印度学人普遍接受英国教育；独立建国后，英国社会人类学在印度占据支配地位，虽然美国学人实地调查研究学术影响迅速增加。印度本土学术因而深受英国影响。当年英国学界聚焦研究印度宗教、语言、法律、国家、政治经济和社会结构，关键词是梵文、种姓制度（卡斯特）、印度教、农村贫困和社会僵化等。这既是"印度的"特点，也是印度人类学叙事主题。19世纪末，英国的印度人类学主题又增加了卡斯特与社会分层、亲属制度、家庭和社会组织、宗教习俗仪式、信仰机构和民俗学及音乐、舞蹈、绘画、农村社区部落等。这些主题到20世纪仍有延续。[2]

我国发展现代学术的时间较晚，1860年洋务运动启动后才偶尔官派留美学

---

[1] SURAJIT SINHA. Is there an Indian tradition in social/cultural anthropology: retrospects and prospects [J]. Journal of Indian Anthropological Society, 1971(6): 1-14.

[2] VINEETA SINHA. "Indigenizing" anthropology in India: Problematics of negotiating an identity[M]//JAN VAN BREMEN, EYAL BEN-ARI, SYED FARID ALATAS. Asian Anthropology. London and Newyork: Routledge, 2005: 139-161.

生。20世纪初确认废科举兴学校，才有各学科前辈依托公立、私立、教会等学校，多渠道留学欧美和日本自觉追求现代教育旨在建设本土学科学术。此后民族学、人类学很快按照地域形成南北两派。南派关注民族共同体文史源流、知识构建，重镇在广州岭南中山大学，基地分在江南、厦门、杭州、上海、南京等高校和中央研究，范式多受德国地理学派和美国人类学文化史及历史特殊论影响。北派关注国家社会发展治理、现实应用，侧重研究国家社会经济、政治机制属性，重镇在清华和当时的燕京、辅仁等大学以及北平研究院，多受欧美社会学结构功能论影响。但南北两派也有重合点，即关心边疆、边政、少数民族，重视东北、西北、西南、东南沿海及海外华人社区研究，共同开辟边疆民族、海外华人民族志先河。两派的第一代导师都有留学英、法、德、美及日本经历。厦门大学林惠祥教授学位就从菲律宾大学读取。❶第二代前辈效法前贤也多留学欧美。❷ 1949年，南北两派在学习苏联体制高校院系调整中融合，但前期传统仍有印迹。

当时我国高校社会学、民族学被取消，人类学仅有体质人类学归入生物学。但中华人民共和国边疆民族事务治理需求又把两派学人聚集在“马克思主义民族问题研究”旗帜下简称“民族研究”，包括参与民族识别和少数民族语言社会历史调查，提升各民族文化地位和生态家园主体地位。民族学地位事实上得到提升并壮大了学术队伍。但苏联输入的社会发展史、单线进化论、五种社会形态说等知识霸权压制了多样范式丰饶资源，禁锢了国人观念更新学术创新。当年国民教育主流学校仍受落后于时代的单线进化论、社会发展史、五种社会形态说等观念话语支配并持续影响国家社会改革开放发展治理进程。

二、应用研究横向比较

民族学、人类学作为“改革者的科学”，必然注重现实应用需求。但不同时期、不同区域国家的应用研究都有不同的内外条件和不同侧重点。东南亚作为区域也有内部差别：越南、老挝、柬埔寨较多地受到法国大革命激进思潮和苏联革命意识形态的影响。这三国的社会史、学术史跟中国都有容易理解的相似之处。但东南侧其他国家都更多地承袭了欧美学术范式，将其用于自身社会文史

❶ 胡鸿保. 中国人类学史[M]. 北京：中国人民大学出版社，2006：39.

❷ 胡鸿保. 中国人类学史[M]. 北京：中国人民大学出版社，2006：4.

传统构建和经济发展、社会治理应用研究。

简·范·布勒门、艾雅·本·阿里、赛义德·法里德·阿拉塔斯合编的《亚洲人类学》文集综合多名学者观点指出：亚洲社会民族学、人类学与国家权力关联更紧，知识生产更加偏向发展和治理应用实学。维克多·金的《东南亚人类学》也指出东南亚各国学术的五大主题：农村变迁、种族认同民族主义、生态环境、性与社会性别、城市生活。[1]换言之，就是都关注社区发展、国家整合即民族研究、社会变迁、文化保护传承、环境保护、女权女性等现实问题。

例如，马来西亚人类学主题就侧重社会发展、身份认同、社会性别、生态保护。[2]20世纪70年代马来西亚本土学科建立初衷就是解决国家认同及民族宗教冲突等现实难题，因而把国民国家整合即国民身份认同作为重点目标之一。学界通过实地调查撰写民族志增进族裔群体相互认知理解减少矛盾冲突，促进国民团结认同。"社会发展"需求更为普遍。20世纪60年代之前，英国学界就致力于研究马来西亚农村经济问题，后来马来西亚本土学者更关注影响经济发展的社会政治结构。塞义德·胡辛·阿里（Syed Husin Ali）就是本土学界先驱人物。他认为新兴国家马来西亚追求现代化，势必涉及社会经济结构转型，引发移民、犯罪、城市病等问题，因而需要政治体制改革有效应对。马来西亚创建本土民族学、人类学院系后，首先派遣学者前往欧美留学。适逢欧美民权运动导致后现代文化批评和女权主义盛行，马来西亚留学海归因而引进社会性别研究。欧美各国关注全球变暖后果，马来西亚学界遂兴起生态环境研究。

泰国学界应用导向跟马来西亚相似，但多出南方穆斯林社区、北部山地部落和跨国泰人社区研究。相比之下，马来西亚伊斯兰教占据社会文化主导地位，学界关注全球穆斯林社区动态也是必然。

英国殖民时期的印度曾是"皇冠上的宝石"，人才积累丰厚。独立建国后发展问题突出，包括人口爆炸、极度贫困、经济社会发展不平衡、种姓歧视、环境和水资源污染、部落家园丧失，等等。印度民族学、人类学家积极参与国家社会发展计划，全力打造"更好的印度"形象，乃至成为官民一体认可的"应用科学"。印

---

[1] VICTOR T KING, WILLIAN D WILDER. The Modern Anthropology of South-East Asian[M]. London and Newyork: Routledge Curzon, 2003.

[2] 康敏. 马来西亚本土人类学发展述评[J]. 国外社会科学, 2013(6): 133-143.

度学界自觉其研究计划、知识生产目标均在解决现实问题，包括农村、教育、种姓平等、城市住房、人口移民和部落发展福利等。❶

相比之下，我国人文学术自从士大夫时期就强调“经世致用”。20世纪20年代本土学科建立以来，更强调强国、富民、发展、治理应用研究。周大鸣甚至强调：“一个学科能否发展很大程度上取决于其应用价值，人类学能否在中国本土兴旺发达的关键也在于应用研究……”❷我国规模和发展目标宏大且制度创新频仍，包括民族地区社会历史调查、民族区域自治制度、扶贫发展、生态保护和非物质文化遗产保护传承，都给我国民族学、人类学应用研究提供了广阔的舞台空间。

三、本土化努力与横向交往

亚非拉发展中国家学界包括我国在内，都有人文社会知识生产去殖民化即学科本土化使命诉求。印尼民族学/人类学在20世纪50年代学科初建时，就为了“去殖民化”而刻意聘用印尼学者淡化荷兰影响。时至今日，印尼学界的学科“本土化”建设仍在进行。印度学科“本土化”努力也在20世纪50—80年代盛行。当时印度学界倡导“本土学术独立”（Academic Independence）建构“解放话语”（Liberating Discourse），主张研究印度问题构建印度理论。❸他们批评欧美学者忽视印度教、部落、种姓卡斯特之外的印度生活常态。泰国学界也曾作出相应努力。

我国语言文字和学术传统自成一格，学术“本土化”时程更长且更加波澜壮阔。20世纪30—40年代，吴文藻在燕京、昆明、重庆倡导“社会学”中国化。20世

❶ VINEETA SINHA. “Indigenizing” anthropology in India: Problematics of negotiating an identity[M]//JAN VAN BREMEN, EYAL BEN-ARI, SYED FARID ALATAS. Asian Anthropology. London and Newyork: Routledge, 2005: 139-161.

❷ 周大鸣. “中国式”人类学与人类学的本土化[J]. 广西民族学院学报(哲学社会科学版), 1996(3): 30-35.

❸ SURAJIT SINHA. Is there an Indian tradition in social/cultural anthropology: retrospects and prospects[J]. Journal of Indian Anthropological Society, 1971(6): 1-14; VINEETA SINHA. “Indigenizing” anthropology in India: Problematics of negotiating an identity [M]//JAN VAN BREMEN, EYAL BEN-ARI, SYED FARID ALATAS. Asian Anthropology. London and Newyork: Routledge, 2005: 139-161.

纪70年代，杨国枢、文崇一在台湾地区倡导心理和社会科学中国化。20世纪90年代，我国学界再次推动学科中国化。中国化设想概有三种：一是基于我国需求选用外国优秀理论方法构建本土学术范式；二是用我国事实验证修订外国理论范式，证明我国虽有特色但历史发展进程跟世界大同小异、并驾齐驱甚至局部领先；三是用我国经典结合国外理论形成我国本土学科学术。❶

1979—1980年，我国各学科恢复重建，中国化问题再次浮出水面。学人主张"采用西方研究成果与经验以外，同时又能在问题、理论与方法等方面有所创新与突破……"❷。学科应基于中国历史文化，创建既不同于欧美又不同于苏联的中国民族学、人类学。简言之，就要基于文化自觉自省，让外来学科适应本土国情解决现实问题，促进经济社会发展。

其实学科"本土化"的真正要求也不是放弃欧美学术理论方法，而是基于本土需求运用学术创新、范式转换，更有效地改良国家社会发展方式。在此过程中，若能提炼出解释解决本国问题的创新理论方法才是"本土化"实实在在的收获。例如，基于多民族国家的历史国情，推动主流社会观念更新制度创新，在民主、法治基础上处理好民族、宗教关系，维护国家团结统一。新兴国家的学科学术共同体既有其文化生态独特根基的相对性，又有全球学术共同规范和共同关怀。这些事实决定了本土化的应有立场：既要尊重本土事实，又不能搞民族主义、民粹主义自我遮蔽，闭门造车，自说自话；既要借鉴发达国家先进的理论方法、观念体制，又要解构强国话语霸权，维护本土权益。简言之，在"一带一路"、"人类命运共同体"视角下，内向的"本土化"与外向的互联互通并行不悖，是推动知识生产、保护文化多样性的必要机制。他者和差异终归不是麻烦和负担，而是推动创新发展的真正动力。

---

❶ 王建民．中国民族学史（上卷）［M］．昆明：云南教育出版社，1997：278-279.

❷ 王建民，张海洋，胡鸿保．中国民族学史（下卷）［M］．昆明：云南教育出版社，1998：462-464.

第六章 结论:中国—印尼知识互鉴

民族学、人类学在欧美发达国家问世至今近200年,形成英、法、德、美四大传统理论范式。[1]其他国家包括俄罗斯、中东欧、日本、巴西、墨西哥、中国、印度、印尼等,就须打造本土理论体系追求学术尊严平等。各国学界对西方理论、方法在本国的适用性始终存疑,都努力创新但结果始终不如人意。各国民族学、人类学理论创新、实证探讨,不仅落后于欧美,而且滞后于本国现实需求;对欧美理论的批判也难挣脱其后现代人类学、文化批评、解构的套路。这种尴尬的成因是:民族学、人类学作为“改革者科学”,需要综合条件支撑,包括政治经济技术实力、知识生产要素和开放社会公平竞争机制。欧美现代化一步领先步步领先形成优势。它有政治、经济、科技支撑海外民族志考察,有理论、方法、哲学传统支撑话语垄断地位,有开放、竞争、优胜劣汰机制推动自我升华超越。欧美以外国家、地区现代学术要分庭抗礼,就须利用后发优势、拿来主义,包括参照、套用其理论方法,对照本土案例验证其适用性。而这形成两种意外后果,一是路径依赖强化了现有格局定势“望其项背、望尘莫及”;二是聚精会神赶超西方正统,限制了视野胸襟,忽视了相邻国家横向交流互鉴,导致学术创新努力事倍功半。

东北亚、东南亚、南亚、中亚各国的人文社会知识生产都跟我国有更多的同质兼容互补性,但各地各国都多与欧美各国纵向交流,少有学术横向交流。试看我国和印尼两国的民族学、人类学发展,各自都有大量的欧美著作翻译作为经典案例,都有大量的印欧语借词作为学科术语,但我们和印尼都少有对方术语的借词和案例的翻译、互译。这种学术生态错位显然反常并有待矫正。

中国与印尼文史学术无疑存在差异。我国很早就形成统一的多民族国家传统框架,中华人民共和国成立后遵行马克思主义学说、社会主义体制,在20世纪60—70年代经历苏联版单线进化论社会发展史教育。印尼领土统一和文史传

---

[1] 弗雷德里克·巴特,安德烈·金格里希,罗伯特·帕金,西德尔·西尔弗曼.人类学的四大传统:英国、德国、法国和美国的人类学[M].高丙中,等译.北京:商务印书馆,2008.

统都跟西方殖民扩张相关，包括荷兰战胜英国确立殖民印尼领地，以及第二次世界大战后美国、苏联重塑世界秩序确立民族国家体系根基。两国知识精英学术使命差异也大。印尼前现代知识精英的根基不在世俗王宫而在更为分散、更接地气的宗教寺庙，新兴国家知识精英意识、地位形成较晚根基不深，历史大传统、思想史包袱也轻。苏哈托军政集权的高压强制，更使印尼学人主动规避国家政治研究，侧重地方社会发展进步现实应用，包括彰显地方层面的民族、宗教多样性。印尼民族学/人类学主要出自荷兰教育体系，晚期美国人类学影响显著且在20世纪60年代后期成为主流。第二次世界大战后，印尼留在欧美阵营，不曾受苏联古典进化论、社会发展史理论范式的影响，因而能较快接受后现代社会转型和学术范式转换。西方语言、宗教学者也始终在印尼活跃。印尼使用拼音文字，与欧美学术文化信息包括作品交流互译容易，不像我国使用汉语与欧美学术交流互鉴需要“绝对的”翻译且有偏差迟滞。印尼学界研究地理、宗教，关注发展应用，较少关注国族、国史。

但文化差别不能掩盖我国与印尼地缘格局历史命运经历。相较于远方欧美，印尼与我国毕竟相互靠近，有更强的人文联系、国情结构，因而更适合学术比较研究、应用互鉴。我国近年推动“一带一路”倡议，促进欧亚非大陆和海洋互联互通，显示出我国发展纵深视线开始转向发展中国家。东南亚印尼与我国地缘上同属“东方”，历史上都曾经历西方强权压迫挑战，现在都要在民族文化多样性基础上应对西方现代化冲击争取社会创新转型。两者的人文社会知识生产命题也大同小异。两国都是统一的多民族国家，都要整合中央与地方、宗教与社会、城市与乡村及阶级阶层关系。两国都有人口过剩导致贫困痼疾资源开发导致环境恶化、城市化野蛮生产导致人口流动都市病、社会变迁要求文化认同文化保护、农村社区需要保育发展改良教育促进就业等问题。

第一节　印尼学科知识生产与国家发展治理

一、印尼学科特色

印尼民族学/人类学研究概有三个突出特点：一是主流学界始终回应国家社

会现实需求，参照国际社会特别是联合国文件重视发展应用研究；二是高校分层分工兼顾国家和地方民族、文化、语言、宗教特色需求，首都高校和地方名校侧重国家顶层需求，地方高校侧重本地特色需求；三是整体借鉴西方学科框架，重学习不重创新，未能像印度那样基于本土原生基业（Legacy），在印度教、佛教、伊斯兰教、华人移民文化资源组合基础上做出重大理论创新。

（一）应用发展先行

所有人文社会科学无不强调人的因素。民族学、人类学尤其强调在生物文化整体论和文化相对论的指导下，不断通过研究“他者”文化增强自我反思，进而改善自身社会体制。19世纪古典进化论学派侧重研究非西方部落部族社会文化，利用他者的“原始”“蒙昧”“野蛮”“传统”特性建构人类进步阶梯，证实西方列强后来居上主导世界合情合理，为殖民统治提供辩护。但很快就有德国传播论、美国历史文化特殊论、法国社会学年鉴学派特别是莫斯以互惠论对古典（单线）进化论发起挑战，力主思想解放且为20世纪后现代转型思想奠定基础。相比之下，英、法结构功能论学派强调科学实证则有巩固西方知识霸权地位的功效，因而受到后现代文化批评的特别诟病。

第二次世界大战后，苏联阵营异军突起，原先的亚非拉殖民地纷纷独立，改变了欧美民族学、人类学的田野版图形势。很多欧美学者转而研究本国基层社区传统文化或做人文关系区域比较。但冷战格局使得埃及学、印度学、中国学、阿拉伯学等广义区域研究得以保留甚至扩张。当年的印尼、印度等新兴统一的多民族大国，都有两个“他者”，一是作为对立面的西方殖民势力学术霸权残余，二是有别于主流社会的边疆部落部族文化及其认同。当年印尼学界颇多学者就是出自这些地方民族部落。印尼本土民族学/人类学跟新兴国家政治权力的关系和服务方式因而就有两面，一是研究民族文化以构建国民认同、提升国民整合程度，二是研究经济社会发展以影响政策制定，针对地方民族、语言、宗教多样性满足国家社会建设需求。

20世纪80年代，苏哈托政府要求社会科学培养学生参与国家社会经济建设助推发展。印尼文化教育部则推动民族学/人类学系从文化科学学院转到社会与政治科学学院。科恩等学术权威也认同学科参与促进国家现代发展建设和解决现实问题的“社会人类学”导向,因而支持转院。科恩的问题意识颇似我国费孝通,都认为学术不仅要描述社会现象概括普遍性质,还要付诸实践验证,参与制定国家政策和社会规则。故而科恩任教的印度尼西亚大学人类学系率先于1983—1984年转隶社会与政治科学学院并改称“社会人类学”(Antropologi Sosial)并引动多数高校跟风。仅有少数高校如日惹特别行政区的加查马达大学仍坚持把人类学系留文化科学学院且用“文化”而不用“社会”冠名,继续研究人类起源文化属性。科恩对“新秩序”下印尼学科任务的判断到印尼民主改革后仍然有效,印尼学界迄今仍主要关注国家发展、社会整合、人口流动、社区建设、社会变迁、文化教育和生态环境保护等。

(二)地方特色侧重

印尼各地高校民族学/人类学始终关注地域特色。爪哇岛各地高校站位都向首都高校印度尼西亚大学看齐,侧重综合研究涉及学科的所有分支领域,田野涵括全国各地甚至关照邻国。位于雅加达的印度尼西亚大学和日惹特别行政区的加查马达大学人类学都涉及学科范式、理论、方法且兼顾国际交流。其他各岛地方高校则更关注当地文化,例如,南苏拉威西的哈撒努丁大学研究布吉人—望加锡人部落传统和海洋文化;巴布亚的森德拉瓦西大学研究西伊里安查亚部落的社会文化;巴厘岛的乌达雅纳大学研究巴厘社会文化和旅游人类学等;苏门答腊岛的北苏门答腊大学、安达拉斯大学等研究伊斯兰教和苏门答腊岛民文化。

这种地域分工格局的成因有二。一是爪哇岛的雅加达、日惹、万隆、泗水等地是印尼政治、经济、人口、文化中心。顶级高校如印度尼西亚大学、加查马达大学,要代表国家学术水准为各地做出示范,因而要侧重理论、方法创新,统筹全国学术发展。地方高校没有这些使命压力,更能聚焦地方特色知识生产。这也是科恩当年布局各地高校人类学专业的初衷。二是爪哇岛上的高校汇聚了全国各地、各民族的师资,而各岛高校教师则更多为本地人,对当地文化了解更深,研究兴趣更浓。这些地缘关联给田野研究带来更多便利,使各地学者更能反哺爪哇岛师辈同仁。

(三)理论创新前景

早年的印尼本土民族学/人类学追求“去殖民化”,学界限于体制急务缺少理论创新动能。其一是为印尼学界承袭欧美传统及其学科理论方法。国家新建时期急需发展治理，学界无暇做理论思考，只能对欧美理论方法实行拿来主义。其二是军政极权“新秩序”限制学术自由与知识生产，学者不敢触及政治敏感线，因而多研究民俗学、民族志或自上而下参与政府发展项目实施，少有学术理论探讨空间。其三是印尼的知识精英构成有别于我国和印度。我国周、秦以来就有相对的精英阶层文人士大夫，他们秉承儒学平治天下情怀而关注人心世道，热衷用道德哲学构建理论以经天纬地。我国文人关心宗教但用意不在“治国平天下，经世致用”而在个人修身养性。英国殖民前的印度曾是宗教热土，文人精英多依附宗教寺庙神权少依附宫廷王权。但英国高校向地方精英开放较早，使甘地、尼赫鲁等印度精英较之印尼早熟，学界更能在20世纪70年代抓住后现代转型机遇推出后结构、后殖民学术话语强音。印尼精英同样多寄身宗教，世俗精英成熟晚于印度，所以成效至今不彰。20世纪末至21世纪初，印尼第一代世俗精英相继退休或辞世更使创新动能削弱。但前述知识积累显示印尼学界的创新潜力值得期待。相比之下，“社会”与“文化”之争则关乎知识偏好、资源配置。而无关学理。

二、国家发展和治理

当今世界各国知识生产机制不同，但也跳不出高层决策方委托政府智库、研究机构或大学院系协助论证、制订发展治理规划文稿，然后在推行中加以调整的范畴。经济学、政治学、法学、社会学学科通常挺在前沿。民族学、人类学学者虽能参与但不能影响决策，更不能及时矫正决策者的成见和偏见。印尼民族学/人类学学者在发展治理、社会整合中的角色有相互关联的两个方面：一是基础研究即通过知识生产研究写作，用民族志故事、案例提供政治价值观，提升或拓宽决策者思想境界从而影响政策制定；二是跟其他学科专家加入国家、地方政府和企业规划团队，按照权力意志目标制订发展策略和治理计划，再收集实施数据，评估效果，提供改进建议。[1]

在解决社会现实问题方面，印尼民族学/人类学知识生产颇有贡献，包括避孕方式、出生预防研究成果影响国家计划生育、人口控制政策；贫困研究成果影

[1] KOENTJARANINGRAT. Sejarah Teori Antropologi II[M]. Jakarta：Penerbit Universitas Indonesia，2015：281-285.

响政府贫困认定与扶贫政策;地方习惯法的研究成果影响国家法律尤其是婚姻法的修订;农村发展研究成果影响国家对村庄多样性的认识从而思考不同的发展策略;多元文化财富的论证及国家整合的成果影响国家民族文化政策。这些前文均有呈现,不再赘述。

此处主要论述印尼学科知识生产对民族团结尤其是地方自治制度建设的影响。印尼地方自治制度经历曲折发展。[1]其独特的地理生态环境养成丰富多样的民族、语言、文化、宗教。殖民地的共同经历,使各地各民族能在20世纪中期摆脱殖民统治后,基于1945年宪法和"潘查希拉"基础建成独立统一的多民族共和国。在建国之初的开放氛围里,国家相对和谐稳定,但形势很快变质。1957年,印尼国父苏加诺鼓吹"指导性民主",倾向集权。苏哈托军政极权更把权力、权益收拢在雅加达少数精英之手且为维持个人权威建立镇压机构,全方位监控社会政治。包括打着"普选"旗号用各种手段扭曲公正选举;强力禁止民族、种族、宗教、族群等政治问题讨论,禁止国民质疑政府政策和官员行为。宪法宣称的地方自治在军政国家统一发展旗号下名存实亡。"新秩序"政权严重歧视亚齐、巴布亚等地人民,同时放手攫取地方资源增加财政收入,动辄出兵镇压反抗运动。但武力不能消除亚齐、巴布亚反抗,继续坚持"自由巴布亚"和"亚齐独立"等运动。20世纪90年代末,东帝汶在联合国支持下公投独立,印尼各地欲效仿而分离运动频发,包括加里曼丹、马都拉、马鲁古民族宗教冲突。

20世纪80—90年代,印尼地方分权呼声持续高涨。科恩等民族学/人类学家开始论证"文化多样性"价值。1994年,文化教育领域地方分权取得进展,各地中小学开始给地方文化分配专门课时。1998年,苏哈托被迫辞职由哈比比继任,拉开"民主改革"大幕。1999年,印尼地方行政法和中央与地方财政平衡法通过,政治领域地方分权自治终于实现且程度较高。苏帕兰等专家开始论证"联邦制""文化多样性"等,指明多元文化模式须在民主正义的社会才能健康成长,最终推动印尼宪法2000年修正案,将"求同存异"嵌入印尼国徽,"求同存异"成为印尼国家座右铭。2001年,印尼地方自治制度正式施行,各地拥有政治、经济、文化自治权更多,亚齐和巴布亚省自治权更高,地方长官不再由中央选派而

[1] H SYAUKANI, AFAN GAFFAR, M RYAAS RASYID. Otonomi Daerah Dalam Negara Kesatuan[M]. Yogyakarta: Pustaka Pelajar dan Puskap(Pusat pengkajian Etika Politik dan Pemerintahan), 2002.

由居民选举，中央与地方财政分配调整给地方财政收益更多，中央政府对地方的权力由控制转为监督。自由民主地方自治带来人民安居乐业，地方民族分离势力削弱，但仍有少数极端分子实施恐怖活动。原因之一是亚齐和巴布亚地区民生仍待改善。

第二节 中国—印尼知识互鉴

我国与印尼同属东方且都是统一的多民族国家，具有相似文化生态环境和相似社会问题。前述印尼学科经历也跟我国相似但有两处差异：一是我国中心城市诸多学者任教于边疆高校；二是我国接壤国家更多，边疆高校均承担国际交流使命。这也促使我国与印尼民族学/人类学存在诸多可以交流互鉴的潜力领域。本书且从我国与印尼民族学、人类学历史进程比较研究角度，提出三个拓展领域。

一、文化知识互鉴

文化是人类社会生活的产物，是基于人类生存生活需求而产生的物质与精神文化。在此意义上，人类文化具有普遍性。文化又因不同社会群体的生态环境与历史遭遇的差异而具有独特性。生老病死、繁衍生息是生命本质过程。人类生活需要食物裹腹、衣着蔽体、居所安身、秩序维护和平、医疗减轻病痛、婚丧嫁娶保持生息繁衍，由此产生社会文化体系。马克思指出生产力决定生产关系，经济基础决定上层建筑。不同社会群体，适应各自生态环境而发展出不同生计方式、服装、建筑材料与风格，这些基础又形成不同社会组织结构、信仰、艺术、道德、法律、风俗习惯，即不同社会文化。随着人类群体生活经验的增长与文化的传播交流，群体认知与技术跟进，文化处于不断积累与变动的过程。

斯图尔德多线进化论与文化生态学指出文化与生态环境相互影响、相互作用、互为因果。文化变迁过程就是改造与适应环境的过程。斯图尔德也指出不能过度强调文化相对性，而忽视文化相似性，民族学、人类学的文化生态研究的主要目的之一便是发现文化生产发展的普遍规律。类似生态环境、技术经济发展水平与社会政治意识形态，会生成类似文化类型，包括采集狩猎文化、农业文化、工业文化、网络文化,奴隶社会、封建社会、资本主义社会与社会主义社会等。

随着通信技术的革命,世界互联网联系日益紧密,不同区域国家都是网中一个个节点,文化互联互通。不同区域国别的文化,基于人类生存繁衍共同需求、相似生态环境、经济技术发展水平与社会政治意识形态的文化类型,可以相互沟通借鉴。反之,对文化知识生产的研究,也可以反映区域国家生态环境、经济技术与社会政治意识形态的情况。

欧美国家民族学、人类学因其学科出身,多研究异国他乡,始终有较强的全球意识与跨文化比较研究视野。其他新兴国家民族学、人类学因其学科次生性与民族文化多样性,多研究本国内部社会与跨境民族文化。自21世纪,我国对海外民族认知需求激增,世界民族研究兴趣增强,但对区域国别地方民族知识仍然薄弱。东盟建立后各国政治、经济、文化交流增加,印尼民族学/人类学的本土和东南亚海洋知识更显强项。相比之下,我国民族学、人类学更擅长大陆本土及亚洲乃至东北亚内陆边疆研究。我国与印尼的文化知识生产因而可以互鉴补充各自的知识盲点及薄弱环节,增加对亚太、印太地区的全局观,从而促进各方政治、经济、文化各个领域的交流与合作。

双方文化知识互鉴,也有利于促进对人类社会知识的全面理解。我国幅员辽阔,气候复杂多样,从南到北地跨热带、亚热带、暖温带、中温带、寒温带,又有各种气候类型。亚洲内陆边疆且有草原生态环境,形成游牧生活方式、社会组织结构与相应的文化风俗习惯。印尼则跨赤道南北,是典型的热带雨林气候,全年分雨、旱两季,常年温度适宜,植物生长不息,形成不同的生活方式。且印尼地处亚洲板块与大洋洲板块交界处,地壳运动使得火山地震频发,形成独特的宗教信仰文化。印尼作为"万岛之国"更有6000多个岛屿有人居住,海洋生态文化丰富。这些知识以及菲律宾、马来西亚、印度尼西亚之间海域的巴瑶人船民文化,都能形成与我国知识互鉴的丰富人文知识类型和文化生态学观念视角。

二、多元一体政治智慧

多民族国家担心民族文化多样性将导致国家分裂,关心如何维持国家团结统一的问题。其实,正如利奇"贡劳-贡萨"钟摆模型,"多元"与"一体"乃多民族文化国家存在的两极,二者并存且任何一方过度都将过犹不及。

印尼政学两界在国际后现代转型时代背景下，总结国家社会发展治理经验教训，认识到多元文化社会只能在民主、正义、自治社会中实现统一，文化多样性是财富并非负担。印尼对文化多样性的态度从“同化”转向“求同存异”即多元一体。印尼1999年制定地方自治法，2001年正式施行。2000年，“求同存异”被加在印尼国徽上，与潘查希拉“建国五基”并列，作为国家执政基础之一。巴布亚与亚齐地方自治权的确立，使两地分离独立声音式微，虽仍有少数极端恐怖主义势力，印尼的安全统一日益稳固。

我国是统一的多民族国家，我国的“多元一体”观念源于费孝通1988年首次提出的“中华民族多元一体格局”，意为中国各民族在历史过程中形成的你中有我、我中有你的统一不可分割的中华民族整体。[1]其实我国早有多元一体意识，“五族共和”便是辛亥革命共和取代帝制的最高共识。20世纪50—60年代，我国对400多个民族进行民族识别工作，设置民族区域自治区、自治州、自治县，实行“民族区域自治制度”，最终确定56个民族。“五族共和”的观念与“民族区域自治制度”，正是我国多民族团结统一的基础。党的十八大以来，习近平总书记提出“中华民族共同体”概念，并在党的十九大上正式提出“铸牢中华民族共同体意识”，写入党章。铸牢中华民族共同体意识成为我们民族团结统一工作的主线。

我国多元一体的“多元”元素是“民族”，强调休戚与共、同生共死、一荣俱荣一损俱损的命运共同体，“一体”先于并高于“多元”。印尼多元一体的“多元”元素是“地方”，指印尼多元地方政府组成印尼整体，而地方政府一体又由多元部落群体组成。印尼国家文化是各地方民族文化精髓的总和，尊重地方政治、经济、文化平等权利，共同发展。我国推动“一带一路”合作倡议和“构建人类命运共同体”，中国作为“多元”之一，与各国平等，相互尊重，求同存异，共同发展。

印尼采用“地方自治”而不用“民族区域自治”政策，概有两方面的原因。一是东西方阵营关于“民族”概念的意识形态区别；二是印尼民族部落繁多且密集分布的社会现实考虑。比较而言，社会主义国家基于马克思主义民族解放理论，对“民族”地位和利益的承认高于西方阵营。西方“民族”（Nation）与民族国家

[1] 费孝通．中华民族的多元一体格局[J]．北京大学学报（哲学社会学科学版），1989(4)：1-19.

(Nation-state)主权密切相关,在此层次下仅承认“原住民”(Indigenous)、“部落”(Tribe)、“少数群体”(Minority group),不肯用“民族”称谓,甚至在现代化早期多采用同化政策,导致后现代世界围绕少数民族权利的“人权”问题突出。后现代转型后,国际社会在原先关注“国民少数民族”问题的基础上,又先后提出移民少数民族和“原住民”的权利问题。1989年,国际劳工组织通过169号协议承认原住民的土地主张、语言权利和习惯法。1993年,联合国起草关于原住民权利的宣言草案,又强调了原住民少数民族的自身文化集体权利问题。

第二次世界大战后,美国为首的西方阵营遏制东南亚蓬勃发展的共产主义运动,对社会主义国家的民族解放运动更是充满疑惧。这些观念影响到“南方”各国,例如印度也只是承认到部落、语言和种姓并采用国家政策“表列”扶植,就是不肯用“民族”一词。印尼政府也用“部落”(Suku Bangsa)替代“民族”(Etnik),以维护国家安全稳定为由否定地方民族法律地位。20世纪80年代末至90年代初,印尼实施“地方分权”“地方自治”源于两方面的动力,一是巴布亚、亚齐等地方分离、独立运动的内部张力,二是西方阵营和联合国对原住民权利的承认。印尼学者分析印尼地方冲突的地域、语言、部落、宗教、文化等“原生情感”的因素,提倡文化多样性的重要性,推动地方分权与自治。印尼制定“地方自治”制度,基于“政治正确”,不用“民族区域自治”制度称谓,因而也没做官方民族识别,导致印尼不论官方还是学界,至今都没有民族数目确切数据。20世纪70年代,苏哈托政府在雅加达修建印尼迷你缩影公园时,备受反对的原因之一就是担心公园的建造将强化民族部落自身身份认同,刺激中央与地方、地方各民族部落之间的冲突。1997年,祖雅尼·希达雅编写《印尼部落百科全书》,罗列了印尼700多个部落的特色及分布。其中苏门答腊岛近百,加里曼丹岛近百,苏拉威西岛百余,巴布亚岛两百余。印尼因而只能采用地方自治政策加以治理。印尼各地自治强度不同,巴布亚、亚齐、日惹自治权限更大,尤其亚齐地区实行伊斯兰教法平行于印尼国家法律。自治权限的区别是各地政治、历史、文化博弈结果。但无论是我国的民族区域自治,还是印尼的地方自治,体现的都是民族文化多元一体格局。

第三节　海外民族研究

一、海外民族研究问题意识

欧洲殖民者早期的海外研究多为其殖民统治服务，了解当地的语言、宗教、风俗习惯、思维方式、社会结构、经济生活等以更好地直接或间接治理殖民地，谋取最大利益。第二次世界大战后，美国海外研究的兴趣盎然，但更多是为了构建新的世界秩序。随着地方知识、文化多样性成为后现代时代潮流，欧美民族学、人类学经过反思决心转换使命做出两条承诺：一是“拯救那些独特的文化与生活方式，使之幸免于激烈的全球西方化破坏”；二是“使自己的研究成为对我们西方自己的文化进行批评”。[1]先前曾是殖民半殖民地的新兴国家独立建国后，难免对当年的民族学、人类学展开质疑批判。但新兴国家的发展治理毕竟需要本土学科发展，以求服务于新兴国家权力意志。多民族国家如印尼的学科使命更是明确：一是参与和促进国家现代化发展建设解决社会现实问题；二是作为多民族文化沟通理解桥梁，促进国家统一、民族团结、国民认同，包括参与印尼地方自治制度建设。因此，新兴国家民族学、人类学兴趣多在本土国家发展治理与民族文化多元一体，少有海外民族研究激情。

2018年，中国人类学民族学年会在西安召开，此次会议以“铸牢中华民族共同体意识：中国人类学民族学的使命与担当”为主题，全国各地的学者探讨“多元关系、民族文化、民生建设、地域连接与族群互动”。[2]“中华民族共同体意识”被突出强调，开宗明义地指出了我国民族学、人类学研究使命，这种“共同体意识”的“铸牢”，换句话说是实现“中国人的认同”，即实现国家整合、多元一体格局。“民生建设”议题凸显民族学、人类学对国家社会发展建设的责任与担当。2013年以来的“一带一路”合作倡议，新添中国民族学、人类学关怀人类命运的使命。

---

[1] 乔治·E. 马尔库斯，米开尔·M. J. 费彻尔. 作为文化批评的人类学[M]. 王铭铭，蓝达居，译. 北京：生活·读书·新知三联书店，1998：16；王铭铭. 社会人类学与中国研究[M]. 桂林：广西师范大学出版社，2005：9.

[2] 王卫东. 铸牢中华民族共同体意识：中国人类学民族学的使命与担当——中国人类学民族学2018年年会综述[EB/OL].（2018-12-04）[2019-01-04]. http://csmz.jrmznet.org.cn/topnews/2018/12/04/8728. html.

其实早在2003年，中央民族大学张海洋教授便敢为人先在人类学高级论坛上呼吁："长期占全球人口1/5甚至更多的中国人在两千多年的历史中积累的经验教训，理应对全球化世界的发展有所启迪，更应对未来世界的治理格局有所贡献"。[1]基于这些使命，中国民族学、人类学关注海外民族研究，关心人类命运共同体互利共生的可能。

"一带一路"倡议呼吁沿线国家全面合作，共商、共建、共享，迫切需要中外文化交流以促进各领域的沟通合作。海外民族研究不是单方面的文化输出或吸收，而是以双向文化的理解包容作为更好合作的基础。因此，我国海外民族研究不能只基于自身关心关注的问题和兴趣视角，而要对当地民族学、人类学问题意识有初步了解，切身感受当地人民关心关注的问题意识。一方面需要转译当地文化知识，包括地方民族语言、宗教法律、风俗习惯、社会结构与经济体系，理解地方文化底蕴、思维方式和诉求；另一方面也需要传播自身的文化与诉求。在理解包容基础上，寻求有效的合作，互利共赢。

二、语言文字自觉

民族学、人类学知识生产的最终成果是民族志撰写。语言文字翻译是中外文化知识互鉴从而取长补短的关键。海外区域国别民族志撰写尤其如此。汉语是当今世界基于象形表意的文字而且大范围流通乃至列为联合国六种工作语言之一，所以我国学者撰写海外民族志尤其要有汉语问题敏感意识。

象形表意的汉字的长处不胜枚举。最大的好处是有利于统一的多民族国家维护多元一体格局，使各民族"修其教不易其俗，齐其政不易其宜"。汉字有编码分类功能，可通过偏旁部首自动体现分类。汉字有具体形象，表意穿透力强，更能影响思维，有利于统一意志。但汉字的局限也不容忽视。汉字是象形文字而非语音摹写，发音相同的字却千差万别，每一个字都有专门的意涵，虽然穿透力强，在描述有形的物质性的事物上有优势，但在翻译拼音文字尤其是专有名词如人名、地名等的音译方面却很难理解。拼音文字之间，只要知道各自发音造词的规则，就很好互译不会有歧义且容易逆转。而拼音文字与汉字之间音译会因为

---

[1] 张海洋．中国民族学人类学学者的时代使命[M]//杨圣敏．民族学人类学的中国经验：人类学高级论坛2003卷，哈尔滨：黑龙江人民出版社，2005：488-495.

不同人选择的汉字不同而难以统一，更难逆转。尤以人名翻译为难，不仅不同的译者会有不同写法，即使同一个人也有可能前后不一。例如，把参与伊斯兰教创建的著名人物阿布·伯克尔（Abu Bakr al-Siddiq，573—634年）写成白克尔或贝克尔；美国著名人类学家"阐释人类学"创始人Clifford Geertz汉语翻译有格尔茨、格尔兹两种翻译；与马克思、韦伯齐名的Émile Durkheim汉语翻译有杜尔凯姆、迪尔凯姆、涂尔干、杜尔干等多种译法；又比如把某个村名转写成"阿痴"会令人不快，写成"阿池"则效果不同。而印尼语多有梵语、阿拉伯语、荷兰语、英语借词，同属拼音文字，只管发音与逻辑，相互间转译比较容易，且少有歧义。就印尼语与英语而言，印尼语的基督教Kristen即英语的Christian，咖啡Kopi即Coffee，大多数Mayoritas即Majority，干涉Intervensi即Intervene，适应Adaptasi即Adapt，人口普查Sensus即Census，克利福德·格尔茨Clifford Geertz即Clifford Geertz，印尼地名苏门答腊Sumatera即Sumatra，爪哇Jawa即Java，加里曼丹Kalimantan即Kalimantan。

另外，汉语没有单复数、性别、宾格和时态的区分，对文字依赖性强，也使得汉语缺乏内在逻辑性，交流需要手语、表情、音调等外在表现来辅助。这就使得汉语和其他语言文化互译和交流时，难免产生误解，如我们以为自己理解了，外国人也以为我们理解了，但实际上我们可能并没有真正理解。汉语音译可能会丢失原本拼音文字的深层意涵，使之难以理解。佛经的转译就是一个突出的例子。佛教源于印度传到中国，古代高僧西天取经翻译佛经，弘扬佛法。而后佛教在印度被印度教洗劫，佛教经典流失严重，欲把曾经翻译为中文的佛经再译为梵语，却是难以逆转，失其真义。

就汉语与印尼语而言，凡此种种体现了如下难处：一是专有名词如人名、地名等音译的单向性与歧义；二是转译过程中丧失原有意涵。如印尼语Kapitan即英语Captain，意指地方群体的首领，翻译后不会丧失原意，而汉语将之译为"甲必丹"，作为地方首领的专称，单独视之不知其意。Pancasila是印尼建国五基，源于印度佛教"五戒"，汉字音译为"潘查希拉"失去原有意涵。与汉语名字一样，拼音文字人名也多包含长辈对晚辈的期许而有独特意涵，而汉字音译却使之完全成为发音的组合，以印尼人类学之父Koentjaraningrat为例，包含祖母对其"闻名于世"的美好期许，而不论是张继焦译为昆扎拉宁格拉特还是笔者译为科恩贾兰宁格拉特,都失去原有意涵。类似情况很多,此处不再赘言。

因此,我们在做海外民族志、转译地方文化、谈论地方知识时,要有语言语义自觉意识,意识到跨语言研究的局限性。如在音译时,不妨多点主位观,同时备注拼音文字原有意涵。

参考文献

中文文献

著　作

[1]艾伦·巴纳德. 人类学:历史与理论[M]. 王建民等,译. 北京:华夏出版社,2006.

[2]爱德华·泰勒. 原始文化:神话、哲学、宗教、语言、艺术和习俗发展之研究[M]. 连树声,译. 桂林:广西师范大学出版社,2005.

[3]艾德蒙·R. 利奇. 缅甸高地诸政治体系:对克钦社会结构的一项研究[M]. 杨春宇,周歆红,译. 北京:商务印书馆,2010.

[4]艾凯. 世界范围内的反现代化思潮:论文化守成主义[M]. 贵阳:贵州人民出版社,1991.

[5]埃莉诺·奥斯特罗姆. 公共事物的治理之道:集体行动制度的演进[M]. 余逊达,陈旭东,译. 上海:上海三联书店,2000.

[6]安·邓纳姆. 困境中求生存:印度尼西亚的乡村工业[M]. 徐鲁亚,等译. 北京:民族出版社,2013.

[7]奥斯瓦尔德·斯宾格勒. 西方的没落:世界历史的透视[M]. 齐世荣等,译. 北京:群言出版社,2017.

[8]弗雷德里克·巴特,安德烈·金格里希,罗伯特·帕金,西德尔·西尔弗曼,等. 人类学的四大传统:英国、德国、法国和美国的人类学[M]. 高丙中等,译. 北京:商务印书馆,2008.

[9]本尼迪克特·安德森. 比较的幽灵:民族主义、东南亚与世界[M]. 甘会斌,译. 南京:译林出版社,2012.

[10]C. A. 托卡列夫. 外国民族学史[M]. 汤正方,译. 北京:中国社会科学出版社,1983.

[11]陈衍德,彭慧,等. 全球化进程中的东南亚民族问题研究:以少数民族的边缘化和分离主义运动为中心[M]. 厦门:厦门大学出版社,2008.

[12]陈永龄,王晓义. 二十世纪前期的中国民族学[M]//民族学研究第一辑——首届全国民族学学术讨论会论文集. 北京:民族出版社,1980:264-301.

[13]达尔文. 物种起源[M]. 周建人,叶笃庄,方宗熙,译. 北京:商务印书馆,1997.

[14]德内拉·梅多斯,乔根·兰德斯,丹尼斯·梅多斯. 增长的极限[M]. 李涛,王智勇,译. 北京:机械工业出版社,2013.

[15]斐迪南·滕尼斯. 共同体与社会:纯粹社会学的基本概念[M]. 林荣远,译. 北京:商务印书馆,1999.

[16]冯承钧. 中国南洋交通史[M]. 北京:商务印书馆,2011.

[17]付赫男. 冷战初期澳大利亚对印度尼西亚的政策(1947—1949)[D]. 上海:华东师范大学,2009.

[18]福柯. 词与物[M]. 莫伟民,译. 上海:上海三联书店,2001.

[19]福柯. 疯癫与文明[M]. 刘北成,杨远婴,译. 北京:生活·读书·新知三联书店,2012.

[20]福柯. 规训与惩罚[M]. 刘北成,杨远婴,译. 北京:生活·读书·新知三联书店,2003.

[21]弗兰西斯·福山. 历史的终结及最后之人[M]. 黄胜强,许铭原,译. 北京:中国社会科学出版社,2003.

[22]格奥尔格·G. 伊格尔斯. 德国的历史观:从赫尔德到当代历史思想的民族传统[M]. 彭刚,顾杭,译. 南京:译林出版社,2006.

[23]顾定国. 中国人类学逸史:从马林诺夫斯基到莫斯科到毛泽东[M]. 胡鸿保,周燕,译. 北京:社会科学文献出版社,2000.

[24]古小松. 东南亚:历史、现状、前瞻[M]. 广州:世界图书出版广东有限公司,2013.

[25]H. A. 西莫尼亚. 东南亚各国的中国居民[M]. 林克明等,译. 南洋问题资料译丛,1963(1):1-80.

[26]哈登. 人类学史[M]. 廖泗友,译. 济南:山东人民出版社,1988.

[27]哈正利．社会变迁与学科发展：台湾民族学人类学简史[M]．北京：民族出版社，2009.

[28]黄剑波．人类学理论史[M]．北京：中国人民大学出版社，2014.

[29]黄淑娉，龚佩华．文化人类学理论方法研究[M]．广州：广东高等教育出版社，2013.

[30]胡鸿保．中国人类学史[M]．北京：中国人民大学出版社，2006.

[31]贾东海，孙振玉．世界民族学史[M]．银川：宁夏人民出版社，1995.

[32]卡尔·曼海姆．意识形态和乌托邦：知识社会学引论[M]．霍桂桓，译．北京：中国人民大学出版社，2013.

[33]克利福德·格尔兹．尼加拉：十九世纪巴厘剧场国家[M]．赵丙祥，译．上海：上海人民出版社，1999.

[34]克利福德·格尔兹．文化的解释[M]．韩莉，译．南京：译林出版社，2014.

[35]克利福德·格尔兹．地方知识：阐释人类学论文集[M]．杨德瑞，译．北京：商务印书馆，2016.

[36]克洛德·列维-斯特劳斯．结构人类学(1-2)[M]．张祖健，译．北京：中国人民大学出版社，2006.

[37]孔多塞．人类精神进步史表纲要[M]．何兆武，何冰，译．北京：生活·读书·新知三联书店，1998.

[38]蕾切尔·卡森．寂静的春天[M]．韩正，译．北京：商务印书馆，2017.

[39]李立．在学者与村民之间的文化遗产[M]．北京：人民出版社，2010.

[40]李学民，黄昆章．印尼华侨史[M]．广州：广东高等教育出版社，2016.

[41]列宁．论民族自决权[M]．莫斯科：外国文书籍出版局，1950.

[42]列维-布吕尔．原始思维[M]．丁由，译．北京：商务印书馆，1981.

[43]梁敏和，孔远志．印度尼西亚文化与社会[M]．北京：北京大学出版社，2002.

[44]梁敏和．印度尼西亚文化概论[M]．广州：世界图书出版广东有限公司，2014.

[45]林惠祥．文化人类学[M]．北京：商务印书馆，1996.

[46]林耀华．民族学通论[M]．北京：中央民族大学出版社，1997.

[47]路易·迪蒙．论个体主义：对现代意识形态的人类学观点[M]．谷芳，译．上海：上海人民出版社，2003.

[48]马克思恩格斯选集(第2卷)[M]. 2版. 北京:人民出版社,1995.
[49]麻国庆. 人类学的全球意识与学术自觉[M]. 北京:社会科学文献出版社,2016.
[50]马哈茂德·马姆达尼. 界而治之:原住民作为政治身份[M]. 田立年,译. 北京:人民出版社,2016.
[51]马歇尔·萨林斯. 石器时代经济学[M]. 张经纬,郑少雄,张帆,译. 北京:生活·读书·新知三联书店,2009.
[52]迈克尔·皮尔逊. 印度洋史[M]. 朱明,译. 上海:东方出版中心,2018.
[53]孟德斯鸠. 论法的精神[M]. 许明龙,译. 北京:商务印书馆,2007.
[54]孟航. 中国民族学人类学社会学史(1900—1949)[M]. 北京:人民出版社,2011.
[55]孟慧英. 西方民俗学史[M]. 北京:中国社会科学出版社,2006.
[56]彭尼曼. 人类学一百年[M]. 和少英,高屹琼,熊佳艳,译. 昆明:云南大学出版社,2008.
[57]诺贝特·埃利亚斯. 文明的进程[M]. 王佩莉,袁志英,译. 上海:上海译文出版社,2009.
[58]乔治·E. 马尔库斯,米开尔·M. J. 费彻尔. 作为文化批评的人类学[M]. 王铭铭,蓝达居,译. 北京:生活·读书·新知三联书店,1998.
[59]塞缪尔·亨廷顿. 文明的冲突与世界秩序的重建[M]. 周琪,等译. 北京:新华出版社,1998.
[60]斯大林. 马克思主义与民族问题[M]//斯大林全集(第2卷). 北京:人民出版社,1953:289-358.
[61]斯大林. 民族问题和列宁主义[M]//斯大林全集(第11卷). 北京:人民出版社,1955:286-305.
[62]施正一. 西方民族学史[M]. 北京:时事出版社,1990.
[63]史蒂文·德拉克雷. 印度尼西亚史[M]. 郭子林,译. 北京:商务印书馆,2014.
[64]史为乐. 中国历史地名大辞典[M]. 北京:中国社会科学出版社,2005.
[65]舍勒. 知识社会学问题[M]. 艾彦,译. 北京:华夏出版社,1999.
[66]通猜·威尼差恭. 图绘暹罗:一部国家地缘机体的历史[M]. 袁剑,译. 南京:译

林出版社,2016.
[67]托马斯·库恩.科学革命的结构[M].四版.金吾伦,胡新和,译.北京:北京大学出版社,2012.
[68]王汎森.执拗的低音:一些历史思考方式的反思[M].北京:生活·读书·新知三联书店,2014.
[69]王建民.中国民族学史(上卷)[M].昆明:云南教育出版社,1997.
[70]王建民,张海洋,胡鸿保.中国民族学史(下卷)[M].昆明:云南教育出版社,1998.
[71]王铭铭.人类学是什么[M].北京:北京大学出版社,2002.
[72]王铭铭.社会人类学与中国研究[M].桂林:广西师范大学出版社,2005.
[73]王铭铭.人生史与人类学[M].北京:生活·读书·新知三联书店,2010.
[74]王蓉.印度尼西亚与马来西亚的对抗(1963—1965年)[D].上海:华中师范大学,2011.
[75]王延中,祁进玉.民族学如何进步[M].北京:社会科学文献出版社,2018.
[76]吴崇伯,等.举足轻重的东南亚大国:认识印度尼西亚[M].济南:山东大学出版社,2010.
[77]夏建中.文化人类学理论流派:文化研究的历史[M].北京:中国人民大学出版社,1997.
[78]杨圣敏.中国学派的道路:"费孝通、林耀华百年诞辰纪念会暨民族学中国学派理论与方法学术研讨会"论文集[M].北京:中央民族大学出版社,2012.
[79]伊·沃勒斯坦.现代世界体系(第一卷)[M].罗荣渠,等译.北京:高等教育出版社,1998.
[80]伊·沃勒斯坦.现代世界体系(第二卷)[M].庞卓恒,等译.北京:高等教育出版社,1998.
[81]伊·沃勒斯坦.现代世界体系(第三卷)[M].庞卓恒,等译.北京:高等教育出版社,2000.
[82]张海洋.中国的多元文化与中国人的认同[M].北京:民族出版社,2006.
[83]张海洋.中国人类学民族学界的南北特色[M]//和龚,等.中国民族历史与文化.北京:中央民族学院出版社,1988:208-219.

[84]张海洋. 中国民族学人类学学者的时代使命[M]//杨圣敏. 民族学人类学的中国经验:人类学高级论坛2003卷,哈尔滨:黑龙江人民出版社,2005:488-495.

[85]赵恺. 荷兰:海上马车夫的海权兴亡:1568—1814[M]. 武汉:华中科技大学出版社,2018.

[86]中村俊龟智. 文化人类学史序说[M]. 何大勇,译. 北京:中国社会科学出版社,2009.

[87]中国印度见闻录[M]. 穆根来,汶江,黄倬汉,译. 北京:中华书局,1983.

[88]朱炳祥. 社会人类学[M]. 二版. 武汉:武汉大学出版社,2009.

论　文

[89]阿诺德·C. 布拉克曼. 印度尼西亚"9·30"事件前夕的形势[J]. 蔡仁龙,译. 南洋资料译丛,1981(4):103-112.

[90]阿南·甘加纳潘. 亚洲全球化与泰国人类学——来自乡土东南亚的视角[J]. 龚浩群,译. 中国农业大学学报(社会科学版),2010(2):72-81.

[91]B. 哈利逊. 十六世纪前东南亚的印度化国家[J]. 桂光华,译. 南洋资料译丛,1983(1):88-105.

[92]包智明. 海外民族志与中国人类学研究的新常态[J]. 中央民族大学学报(哲学社会科学版),2015(4):5-8.

[93]布塞尔. 东南亚的中国人(卷一·总论)[J]. 徐平,译. 南洋问题资料译丛,1957(4):1-22.

[94]仓田勇. 印度尼西亚习惯法的研究轨迹[J]. 周星,摘译. 民族译丛,1991(4):28-36.

[95]曹荣湘. 国外发展观演变的新趋势[J]. 精神文明导刊,2009(1):19-21.

[96]陈国强. 中国人类学发展史略[J]. 广西民族学院学报(哲学社会科学版),1995(1):21-25.

[97]陈永龄. 西方民族学之传入中国[J]. 中国民族,1982(9):36-37.

[98]崔绪治,浦根祥. 从知识社会学到科学知识社会学[J]. 教学与研究,1997(10),43-46,65.

[99]戴万平. 印尼中央地方关系的发展与展望[J]. 亚太研究论坛,2005(3):

157-178.

[100]费孝通.关于社会学的几个问题[J].社会科学研究,1982(5):9-15.

[101]费孝通.中华民族的多元一体格局[J].北京大学学报(哲学社会学科学版),1989(4):1-19.

[102]福田省三.荷属东印度的华侨[J].李述文,译.南洋问题资料译丛,1963(2):1-25.

[103]甫榕·沙勒.印度尼西亚的少数民族问题[J].廖岷殿,译.南洋问题资料译丛,1957(3):35-37.

[104]甫榕·沙勒.在荷兰东印度公司以前居住印度尼西亚的中国人[J].廖岷殿,译.南洋问题资料译丛,1957(2):83-88.

[105]G. W. 史金纳.爪哇的中国人[J].力践,译.南洋问题资料译丛,1963(2):26-32.

[106]高丙中.凝视世界的意志与学术行动——海外民族志对于中国社会科学的意义[J].广西民族大学学报(哲学社会科学版),2009(5):2-6.

[107]高丙中.海外民族志:发展中国社会科学的一个路途[J].西北民族研究,2010(1):20-33.

[108]高丙中.关于中国人类学的基本陈述[J].西北民族研究,2013(2):79-87.

[109]戈帕拉·沙拉纳,达尔尼·辛哈.印度社会文化人类学的状况[J].李培茱,译.民族译丛,1980(3):28-33.

[110]郭苏建.中国国家治理现代化视角下的社会治理模式转型[J].学海,2016(4):16-20.

[111]郝时远.改革开放四十年民族事务的实践与讨论[J].中央社会主义学院学报,2018(4):82-91.

[112]哈正利.资本主义背景下的台湾人类学——1965年以来台湾人类学史述论[J].中南民族大学学报(人文社会科学版),2007(4):10-14.

[113]哈正利.社会环境与学科发展——台湾人类学史三题[J].广西民族研究,2014(3):56-61.

[114]何星亮.关于"人类学"与"民族学"的关系问题[J].民族研究,2006(5):41-50,108.

[115]井上治. 走向分裂的印度尼西亚[J]. 司韦,译. 南洋资料译丛,2002(2):22-30.

[116]康敏. 马来西亚本土人类学发展述评[J]. 国外社会科学,2013(6):133-143.

[117]昆扎拉宁格拉特. 印度尼西亚文化人类学的教学与研究[J]. 张继焦,译. 民族译丛,1992(2):43-49.

[118]E. M. 勒布,R. 汉·格顿. 苏门答腊民族志[J]. 林惠祥,译. 南洋问题资料译丛,1960(3):1-128,1-30.

[119]雷韵. 全球视野下的中国与东南亚文化研究[J]. 广西民族大学学报(哲学社会科学版),2009(6):91-98.

[120]利奥·苏利亚蒂那塔. 苏哈托政权的华侨政策[J]. 林淑娟,译. 南洋资料译丛,1977(1):58-70.

[121]李艳辉. 战后中国与印尼的关系[J]. 南洋问题研究,1994(2):14-22.

[122]林惠祥. 南洋马来族与华南古民族的关系[J]. 厦门大学学报(社会科学版),1958(1):189-213,215-221,223-234.

[123]林耀华. 人类学与民族学方面的中美学术文化交流[J]. 社会科学辑刊,1983(1):87-91.

[124]林耀华. 创办民族学系培养民族学人才[J]. 中央民族学院学报,1983(3):24-26.

[125]麻国庆. 中国人类学的学术自觉与全球意识[J]. 思想战线,2010(5):1-7.

[126]马玉华. 20世纪中国人类学研究述评[J]. 江苏大学学报(社会科学版),2007(6):11-21,48.

[127]赛斯·利普斯基,拉斐尔·普拉. 印度尼西——"新秩序"的考验时期[J]. 严志钰,译. 南洋资料译丛,1979(3):1-18.

[128]沙赫. 发展经世致用的人类学:印度人类学管窥[J]. 中国民族报,2007年7月6日(006).

[129]W. J. 卡德. 中国人在荷属东印度的经济地位[J]. 黄文端,等译. 南洋问题资料译丛,1963(3):1-62.

[130]W. J. 卡德. 中国人在荷属东印度的经济地位(续)[J]. 黄文端,等译. 南洋问题资料译丛,1963(4):83-148.

[131]王建民.社会复建和学科发展——1945—1965年间台湾人类学史述论[J].中南民族大学学报(人文社会科学版),2007(4):5-9.

[132]王丽敏.中国和西方对东南亚称谓略考[J].东南亚纵横,2014(1):61-65.

[133]温广益.忽必烈的劳师远征与印尼的改朝换代——对忽必烈用兵爪哇的一些看法[J].南洋问题,1982(3):65-70.

[134]翁乃群.美、英社会文化人类学研究的时空变迁[J].民族研究,2000(1):17-26,107.

[135]徐杰舜.中国人类学的现状及未来走向[J].广西民族学院学报(哲学社会科学版),1997,19(4):8-16.

[136]杨慧.中国人类学研究50年回顾[J].思想战线,2000,26(1):71-76.

[137]杨启光.二战后印尼原住民的印尼民族观[J].东南亚研究,1990(4):72-82.

[138]杨圣敏.当前民族学人类学研究中的几个问题[J].广西民族大学学报(哲学社会科学版),2012(1):72-78.

[139]俞可平.推进国家治理体系和治理能力现代化[J].前线,2014(1):5-8,13.

[140]于小刚.印尼古人类生存环境及石器文化[J].东南亚,1987(4):29-34.

[141]增田与.论印度尼西亚革命和各个阶级[J].李景禧,译.南洋问题资料译丛,1966(1):12-23.

[142]曾庆捷."治理"概念的兴起及其在中国公共管理中的应用[J].复旦学报(社会科学版),2017(3):164-171.

[143]曾少聪.东南亚国家的民族问题——以菲律宾、印度尼西亚、泰国和缅甸为例[J].世界民族,2008(5):35-44.

[144]曾天雄,李小辉.论联合国发展观的嬗变及其在我国的实践[J].长沙理工大学学报(社会科学版),2009(1):113-117.

[145]张丽梅,胡鸿保.中国民族学学科史研究概述[J].北方民族大学学报(哲学社会科学版),2011(4):109-115.

[146]周大鸣."中国式"人类学与人类学的本土化[J].广西民族学院学报(哲学社会科学版),1996(3):30-35.

[147]周巍,沈其新.社会治理研究的文献计量学分析[J].求索,2016(4):88-92.

[148]竹林勳雄. 印尼华侨发展史概况[J]. 李述文,译. 南洋问题资料译丛,1963(1):81-98.

英文文献

著 作

[1]BRIJ V LAL, ALLISON LEY. The Coombs: A House of Memories[M]. Canberra: ANU Press,2014.

[2]BRONWEN DOUGLAS, CHRIS BALLARD. Foreign Bodies: Oceania and the Science of Race 1750—1940[M]. Canberra: ANU Press,2008.

[3]GEORGE W STOCKING. Victorian Anthropology[M]. New York: The Free Press, 1987.

[4]GOH, BENG-LAN. Decentring and Diversifying Southeast Asian studies: perspectives from the region[M]. Singapore: Institute of Southeast Asian Studies,2011.

[5]JAN VAN BREMEN, EYAL BEN-ARI, SYED FARID ALATAS. Asian Anthropology[M]. London and Newyork: Routledge,2005.

[6]MARTIN RAMSTEDT. Anthropology and the nation state: Applied anthropology in Indonesia [M]//JAN VAN BREMEN, EYAL BEN-ARI, SYED FARID ALATAS. Asian Anthropology. London and Newyork: Routledge,2005:201-223.

[7]KOENTJARANINGRAT. Anthropology in Indonesia: A Bibliographical Review[M]. Hague: Koninklijk Instituut voor Taal-, Land- en Volkenkunde,1975.

[8]MARTIN SLAMA, JENNY MUNRO. From "Stone-Age" to "Real-Time": Exploring Papuan Temporalities, Mobilities and Religiosities[M]. Canberra: ANU Press,2015.

[9]MARVIN HARRIS. The Rise of Anthropological Theory: A History of theories of Culture[M]. Walnut Greek: Alta Mira Press,2000.

[10]MICHAEL PRAGER. From Volkenkunde to Djurusan Antropologi: The emergence of Indonesian anthropology in postwar Indonesia[M]//JAN VAN BREMEN, EYAL BEN-ARI, SYED FARID ALATAS. Asian Anthropology. London and Newyork:

Routledge,2005:179-200.

[11]G L RIBEIRO. Global Anthropologies(全球化人类学)(英文)[M]. 北京:知识产权出版社,2011.

[12]ROBERT CRIBB. Developemnt Policy in the Early 20th Century[M]//JAN-PAUL DIRKSE,FRANS HUSKEN,MARIO RUTTEN. Development and Social Welfare: Indonesia's Experiences under the New Order. Leiden: Koninklijk Institutut voor Taal-,Land-en Volkenkunde,1993:225-245.

[13]VANESSA CASTEJON,ANNA COLE. Ngapartji,Ngapartji. In turn,in turn,Ego-histoire,Europe and Indigenous Australia[M]. Canberra:ANU Press,2014.

[14]VICTOR T KING,WILLIAN D WILDER. The Modern Anthropology of South-East Asian[M]. London and Newyork:RoutledgeCurzon,2003.

[15]VINEETA SINHA. "Indigenizing" anthropology in India:Problematics of negotiating an identity [M]//JAN VAN BREMEN, EYAL BEN-ARI, SYED FARID ALATAS. Asian Anthropology. London and Newyork:Routledge,2005:139-161.

论 文

[16]ANGELA HOBART,MICHAEL HITCHOCK. Professor Dr I Gusti Ngurah Bagus (1933—2003)[J]. Anthropology Today,2004,20(2):6.

[17]BENEDICT R O'G ANDERSON. Indonesian Nationalism Today and in the Future [J]. Indonesia,1999(67):1-11.

[18]BENEDICT R O'G ANDERSON. Old State,New Society:Indonesia's New Order in Comparative Historical Perspective[J]. The Journal of Asian Studies, 1983,42(3):477-496.

[19]BRIAN KEITH AXEL. Anthropology and the New Technologies of Communication [J]. Cultural Anthropology,2006,21(3):354-384.

[20]CLIFFORD GEERTZ. Culture and Social Change:The Indonesian Case[J]. Man, New Series,1984(4):511-532.

[21]CHRISTOPHER BJORK. Local Responses to Decentralization Policy in Indonesia [J]. Comparative Education Review,2003,47(2):184-216.

[22]CHRIS FULLER. Legal Anthropology: Legal Pluralism and Legal Thought[J]. Anthropology Today, 1994, 10(3): 9-12.

[23]DAVID BREWSTER. The Relationship between India and Indonesia an Evolving Security Partnership?[J]. Asian Survey, 2011, 51(2): 221-244.

[24]DIANE LEWIS. Anthropology and Colonialism[J]. Current Anthropology, 1973, 14(5): 581-602.

[25]EDWARD M BRUNER. Return to Sumatra: 1957, 1997[J]. American Ethnologist, 1999, 26(2): 461-477.

[26]ELIZABETH DREXLER. History and Liability in Aceh, Indonesia: Single Bad Guys and Convergent Narratives[J]. American Ethnologist, 2006, 33(3): 313-326.

[27]ERIC C THOMPSON. Anthropology in Southeast Asia: National Traditions and Transnational Practices[J]. Asian journal of science, 2012, 40(5-6): 664-689.

[28]FELICIA HUGHES-FREELAND. Art and Politics: From Javanese Court Dance to Indonesian Art[J]. The Journal of the Royal Anthropological Institute, 1997, 3(3): 473-495.

[29]I P TROUFANOFF. 250th Anniversary: Museum of Anthropology and Ethnography of the Academy of Sciences of the U. S. S. R[J]. Current Anthropology, 1966, 7(2): 231-233.

[30]JAMES J FOX. An Interview with P. E. de Josselin de Jong[J]. Current Anthropology, 1989, 30(4): 501-510.

[31]JAMES PEACOCK, CARLA JONES. Koentjaraningrat (1923—1999)[J]. American Anthropologist, 2001, 103(4): 1142-1144.

[32]JANE MONNIG ATKINSON. Religions in Dialogue: The Construction of an Indonesian Minority Religion[J]. American Ethnologist, 1983, 10(4): 684-696.

[33]J M COOPER, MELVILLE J HERSKOVITS. Anthropology during the War[J]. American Anthropologist, New Series, 1946, 48(2): 299-304.

[34]JOEL S KAHN. Anthropology and Modernity[J]. Current Anthropology, 2001, 42(5): 651-680.

[35]JUSTUS M VAN DER KROEF. Society and Culture in Indonesian Nationalism[J].

American Journal of Sociology,1952,58(1):11-24.

[36] KOENTJARANINGRAT. Anthropology in Indonesia [J]. Journal of Southeast Asian studies,1987,18(2):217-234.

[37] LEONTINE VISSER. An Interview with Koentjaraningrat[J]. Current Anthropology,1988,29(5):749-753.

[38] M C RICKLEFS. The Birth of Abangan[J]. Bijdragen tot de Taal- , Land- en Volkenkunde,2006,162(1):35-55.

[39] MARK HOBART. Anthropology in Indonesia: A Bibliographical Review by Koentjaraningrat[J]. Bulletin of the School of Oriental and African Studies, University of London,1979,42(1):173-174.

[40] MARY MARGARET STEEDLY. The State of Culture Theory in the Anthropology of Southeast Asia[J]. Annual Review of Anthropology,1999(28):431-454.

[41] MICHAEL HITCHCOCK. Margaret Mead and Tourism: Anthropological Heritage in the Aftermath of the Bali Bombings[J]. Anthropology Today,2004,20(3):9-14.

[42] MYRNA EINDHOVEN, LAURENS BAKKER, GERARD A PERSOON. Intruders in Sacred Territory: How Dutch Anthropologists Deal with Popular Mediation of Their Science[J]. Anthropology Today,2007,23(1):8-12.

[43] NEIL L WHITEHEAD, JAN VANSINA. An Interview with Jan Vansina[J]. Ethnohistory,1995,42(2):303-316.

[44] ORTNER, SHERRY. Theory in anthropology since the sixties [J]. Comparative studies in society and history,1984,26(1):126-166.

[45] PETER T SUZUKI, HAN F VERMEULEN. Patrick Edward de Josselin de Jong (1922—1999)[J]. American Anthropologist,2000,102(3):577-581.

[46] R MICHAEL KEENER. Indonesian Movements for the Creation of a 'National Madhhab'[J]. Islamic Law and Society,2002,9(1):83-115.

[47] RIZAL SUKMA. Indonesia-China Relations: The Politics of Re-engagement [J]. Asian Survey,2009,49(4):591-608.

[48] RICHARD HANDLER. An Interview with Clifford Geertz[J]. Current Anthropology,1991,32(5):603-613.

[49]ROBERT CONKLING. Power and Change in an Indonesian Government Office[J]. American Ethnologist, 1984, 11(2):259-274.

[50]ROBERT CONKLING. Expression and Generalization in History and Anthropology [J]. American Ethnologist, 1975, 2(2):239-250.

[51] ROBERT W HEFNER. Global Violence and Indonesian Muslim Politics [J]. American Anthropologist, 2002, 104(3):754-765.

[52]SERGE D ELIE. World Anthropologies: Disciplinary Transformations within Systems of Power by Gustavo Lins Ribeiro and Arturo Escobar[J]. The Journal of the Royal Anthropological Institute, 2007, 13(2):501-503.

[53]SHERRY B ORTNER. Clifford Geertz (1926—2006)[J]. American Anthropologist, New Series, 2007, 109(4):786-789.

[54]SURAJIT SINHA. Is there an Indian tradition in social/cultural anthropology: retrospects and prospects[J]. Journal of Indian Anthropological Society, 1971(6):1-14.

[55]TOM BOELLSTORFF. From the Editor: Anthropological Innovations[J]. American Anthropologist, New Series, 2008, 110(1):1-3.

印尼语文献

著 作

[1]AMRI MARZALI. Antropologi dan Kebijakan Publik [M]. Jakarta: Prenada Media Group, 2012.

[2]AMRI MARZALI. Klasifikasi Tipologi Komunitas Desa di Indonesia [M]//E K M MASINAMBOW. Koentjaraningrat dan Antropologi di Indonesia. Jakarta: Yayasan Obor Indonesia, 1997: 139-150.

[3] CLIFFORD GEERTZ. Agama Jawa: Abangan, Santri, Priyayi dalam Kebudayaan Jawa [M]. ASWAB MAHASIN, BUR RASUANTO, terjemah. Depok: Komunitas Bambu, 2014.

[4] HEDDY SHRI AHIMSA-PUTRA. Antropologi Koentjaraningrat: Sebuah Tafsir

[31]SJAFRI SAIRIN. Dimensi Budaya Program Inpres Desa Tertinggal[M]//E K M MASINAMBOW. Koentjaraningrat dan Antropologi di Indonesia. Jakarta: Yayasan Obor Indonesia, 1997: 151-164.

[32] SULISTYOWATI IRIANTO. Konsep Kebudayaan Koentjaraningrat dan Keberadaannya dalam Paradigma Ilmu-Ilmu Sosial[M]//E K M MASINAMBOW. Koentjaraningrat dan Antropologi di Indonesia. Jakarta: Yayasan Obor Indonesia, 1997: 49-57.

[33]SUMIJATI ATMOSUDIRO. Repertoire: Fakultas Ilmu Budaya UGM[M]. Cetakan 2. Yogyakarta: Unit Penerfitan dan Perpustakuaan Fakaltas Ilmu Budaya, 2008.

[34]SUWARDONO, Sejarah Indonesia: Masa Hindu-Buddha[M]. Cetakan 3. Yogyakarta: Penerbit Ombak, 2017.

[35]SYARIF MOEIS. Pembentukan Kebudayaan Nasional Indonesia[R]. Bandung: Fakultas Pendidikan Ilmu Pengetahuan Sosial, Universitas Pendidikan Indonesia, 2009.

论　文

[36] AMRI MARZALI. Pendidikan Antropologi dan Pembangunan Indonesia [J]. Antropologi Indonesia, 2000(62): 96-107.

[37]Pertemuan Antropologi di Tugu[J]. Berita Antropologi, 1969(3): 41-48.

[38]IRWAN ABDULLAH. Dari Bounded System ke Borderiess Society: Krisis Metode Antropologi dalam Memahami Masyarakat Masa Kini[J]. Antropologi Indonesia, 1999(60): 11-18.

[39]Irwan ABDULLAH. Misrepresentation of science and expertise: Reflection on half a century of Indonesian anthropology[J]. Humaniora. 2018, 30(1): 82-91.

[40]KOENTJARANINGRAT. Bibliografi Mengenai Indonesia[J]. Berita Antropologi, 1974(15): 1-10.

[41] LEO SURYADINATA. Kebijakan Negara Indonesia terhadap Etnik Tionghoa: Dari Asimilasi ke Multikulturalisme?[J]Antropologi Indonesia, 2003(71): 1-12.

[42]MEUTIA F SWASONO. Penelitian Antropologi yang Seang Dilakukan di Indonesia

[J]. Berita Antropologi, 1980(36): 108-115.

[43] MUHAMAD TAUFIK HIDAYAT. Antropologi Islam di Indonesia[J]. Jurnal Kebudayaan Islam. 2013, 11(1): 31-45.

[44] PARSUDI SURPARLAN. Paradigma Naturalistik dalam Penelitian Pendidikan: Pendekatan Kualitatif dan Penggunaannya[J], Antropologi Indonesia, 1997(53): 91-115.

[45] PARSUDI SURPARLAN. Kemajemukan, Hipotesis Kebudayaan Dominan dan Kesukubangsaan[J]. Antropologi Indonesia, 1999(58): 13-20.

[46] PARSUDI SURPARLAN. Konflik Sosial dan Alternatif Pemecahannya[J]. Antropologi Indonesia, 1999(59): 7-19.

[47] PARSUDI SURPARLAN. Masyarakat Majemuk dan Perawatannya[J]. Antropologi Indonesia, 2000(63): 1-13.

[48] PARSUDI SURPARLAN. Menuju Masyarakat Indonesia yang Multikultural[J]. Antropologi Indonesia, 2002(69): 98-105.

[49] PARSUDI SURPARLAN. Bhinneka Tunggal Ika: Keanekaragaman Sukubangsa atau Kebudayaan?[J]. Antropologi Indonesia, 2003(72): 24-37.

[50] RUSDI MUCHTAR. Daftar Bibliografi Antropologi Mengenai Indonesia Tahun 1971—1973[J]. Berita Antropologi, 1974(18): 45-90.

[51] RUSDI MUCHTAR. Daftar Thesis Sarjana Jurusan Antropologi Fakultas Sastara Universitas Indonesia, Jakarta Sampai Tahun 1975[J]. Berita Antropologi, 1976(25): 85-88.

[52] Sardjana-sardjana Antropologi F. S. U. I 1962—1968[J]. Berita Antropologi, 1969(2): 39-40.

[53] THUNG JU LAN. Masalah Cina: Konflik Etnis yang Tak Kunjung Selesai[J]. Antropologi Indonesia, 1999(58): 21-26.

后　记

本书改自我的博士论文“印尼民族学人类学叙事:学科知识生产与国家发展治理关联研究”。本书的完成,离不开很多人的帮助,在这里,我仅能简要罗列,感谢那些帮助过我的师友、亲人与机构。

感谢我的博士生导师张海洋教授。他在我的博士论文选题、研究计划、田野工作、资料整理、论文撰写与修改的整个过程,都付出了极大的心力。每每阅读批改及长时间的交流指导,都给了我极大的启发与帮助,这是很多导师无法达到的。犹记得田野期间给老师汇报田野体会与阶段性成果,老师总是很快回复修改意见与进一步田野建议。老师的重视与建议,督促着我更好地完成研究任务。论文初稿完成后,十几万字的内容,老师均逐字逐句修改,纠正错别字、病句、外国人名、地名翻译,加注资料考证补充等意见。老师渊博的史地知识、宏大的国际视野、可敬的人文社会情怀以及对学术资料考证的严谨态度,克服了我思维与视野的狭隘,奠定了论文写作的基调,也避免了论文资料的一些错误。惭愧的是,我的论文并未达到老师想让我呈现的那种高度,论文有任何疏漏和错误,一切责任均在于我。

感谢国家留学基金委员会、中央民族大学国际合作处、中央民族大学世界民族学人类学研究中心给予我机会与资助,让我到印尼访学一年,完成田野调查。

感谢我在印尼加查马达大学的两位导师普若·瑟穆迪和班邦·波万多教授,以及印尼其他给予我帮助的所有机构、老师、同学与朋友们。他们的热情帮助及对学术的赤诚,是我论文能够完成的重要基础。

加查马达大学文化科学学院行政秘书雪蒂(Swetty)女士细心周到,指导我填写表格履行各类手续。租住寓所所在的村长宾特伦(Bintarum)先生很是热心,带领我找各位负责人签字并提供生活咨询。我旁听了普若导师的生态人类学(Antropologi Ekologis)和农村经济发展概论研讨课,向老师和同学们咨询印尼民族学人类学课程设置、教材与培养情况。我还参加了普若老师组织的到中爪哇北加浪岸(Pekalongan)为期三天的实习考察。荷兰莱顿大学人类学家亨克·诺都特(Henk Schult Nordhout)教授来加查马达大学讲学并接受我的访谈，教授极有风度，对我不成熟的问题也能耐心解答，结果我不仅对荷兰学科史有所了解，还得到诸多研究建议。班邦导师介绍了重要学科信息，即印尼民族学人类学略分两派，分别侧重“文化”与“社会”，并引荐我去请教文化科学学院退休老院长佐科·苏尔若教授。佐老详谈了当年转院事件经过及他个人的主张，又一一回答我的问题。伊尔万与赫迪是加查马达大学人类学社会与文化两派代表的资深教授，分别接受我的访谈请求，讲述了他们的学术经历，对印尼学科使命及研究取向的看法，还讲到印尼学科史代表人物、国家政策对学术的影响等。他们撰写的一些印尼学术研究范式文章对本研究助益甚大。伊尔万教授还邀我到南苏拉威西省的帕洛波(Palopo)市参加学术会议。这次会议让我结识了帕洛波市许多热情朋友，也熟悉了伊尔万教授全家，后来又两次登门拜访，增强了我对印尼中产家庭生活和社会关系的直观感受。拉卡索诺教授的“印尼人类学概论”课程(Pengantar Antropologi di Indonesia)揭示了印尼人类学史和各期热点问题。穆罕默德·尤素福(Mohamad Yusuf)的“印尼部落关系动态”(Dinamika Hubungan antar Suku Bangsa di Indonesia)课程和班邦·胡达雅纳(Bambang Hudayana)的“政治和文化的动态”(Dinamika Politik dan Kebudayaan)课程，颇能呈现印尼民族文化政策演进情况。导师班邦·波万多教授的“印尼历史民族志：印尼史主题选集”(Historiografi Indonesia：Kapita Selekta Sejarah Indonesia)和“印尼经济史”(Sejarah Eknomi Indonesia)课程，对印尼历史的经济社会文化均有述及。我在课堂上结识的一位印尼中加里曼丹省独立自强的女生狄娜(Dina)，是历史系研究生，与我交流印尼历史文化知识颇多。班邦老师指导的历史学博士生艾迪·苏普拉诺(Edy Supratno)，是一位成熟稳重的中爪哇省大哥，他给我讲的印尼资源分布、国际博弈、地方自治政策等知识，对论文第二章极为重要。班邦老师还让我参加他主持的文化科学学院2017级博士生研讨课程。这门课程给博一学生开设，旨在启发指导他们的博士论文选题和框架思路，包括博士生研究计划展示。同班同学布迪·艾斯哈里-阿夫万(Budi Asyhari-Afwan)、莱克斯米(Laxmi)、潘格兰(Pangeran)及评委老师尤素福针对我的研究计划给出了宝贵的意见和建议。

印尼国家档案馆、国家图书馆、国家博物馆、印尼认知科学研究所(Lembaga Ilmu Pengetahuan Indonesia)、印尼人类学协会(Asosiasi Antropologi Indonesia)等机构为我查阅资料给予了许多方便和帮助。认知研究所的释利·波万宁希(Sri Sunarti Purwaningsih)主任和维查简蒂·萨托索(Widjajanti M. Santoso)研究员给我提供了诸多帮助,包括介绍研究所架构和研究成果,查阅研究所图书馆资料。印尼人类学协会没有固定办公地点,但人类学协会秘书还是通过邮件给我很大帮助,使我明确了印尼23所高校机构设有民族学人类学专业,还有印尼人类学协会工作动态。印度尼西亚大学人类学系艾哈马德·费德雅尼·赛福丁(Achmad Fedyani Saifuddin)教授、托尼·路迪安斯贾(Tony Rudyansjah)老师接受了我的访谈。尤尼塔·维纳托(Yunita Triwardani Winarto)教授则通过回应邮件提供了一些信息。艾哈马德教授指导的学生阿里夫(Arif)对我的帮助最大,他推荐了两本重要的书:一是马斯纳姆博沃(E. K. M. Masinambow)主编的《科恩贾兰宁格拉特与印尼的人类学》(1997),二是弗瑞达·达摩佩维拉-安姆兰(Frieda Dharmaperwira-Amran)的《科恩贾兰宁格拉特》(1997)。我还在印度尼西亚大学人类学系的小图书馆找到了期刊《人类学故事》从1969年建刊到1988年的刊物,仅有少数阙如,补充了印尼20世纪60年代到80年代诸多成果。

感谢论文开题、盲审、答辩的各位老师,给了我很多意见与修改建议,让我更好地完成和完善我的论文。龚浩群、潘蛟、祁进玉、周少青、周竞红教授基于我的研究计划,提供了大量建设性的意见与建议。丁宏、李娜、李丽、祁进玉、色音、苏发祥、吴楚克、杨圣敏、曾少聪、张亚辉、张小军等教授针对论文初稿,指出不足,给出很多意见和建议。也要感谢中央民族大学与世界民族学人类学研究中心所有辛勤的老师,他们对我的培养与教育,潜移默化在论文的字里行间。

感谢我的先生与家人,他们在物质与情感上给予我支持,让我能无后顾之忧地啃文献与写作。尤其我的先生在论文的写作过程中,帮助我梳理思路,修改与排版,在我焦虑苦闷时给我鼓励。没有他们的包容、支持与付出,我无法安心完成论文。

感谢书稿的责任编辑王辉先生,他认真负责极尽耐心地逐字逐句修改了书稿字里行间的错漏之处,并给了我很多建设性的修改意见。但因我个人的知识储备、认识能力和印尼语功底有限，书中难免有错漏之处，责任皆在于我，敬希读者不吝指正。

唐　欢

2023年8月于贵州贵阳